DAG
HAMMARSKJÖLD
DAS UNMÖGLICHE MÖGLICH MACHEN

HENRIK BERGGREN

DAG HAMMARSKJÖLD
DAS UNMÖGLICHE MÖGLICH MACHEN

DIE BIOGRAFIE

AUS DEM SCHWEDISCHEN VON SUSANNE DAHMANN

URACHHAUS

Die Originalausgabe erschien 2016 unter dem Titel
Dag Hammarskjöld, Att bära världen bei Bokförlaget Max Ström, Stockholm

Die deutsche und die englische Übersetzung dieses Buches wurden
durch die freundliche Förderung des Swedish Arts Council unterstützt.

Der Schwedischen Akademie danken wir für den
freundlich gewährten Zuschuss für Lektorat und Übersetzung.

ISBN 978-3-8251-5125-6
Erschienen im Verlag Urachhaus
www.urachhaus.com

© 2017 Verlag Freies Geistesleben & Urachhaus GmbH, Stuttgart
© 2016 Bokförlaget Max Ström
Text: Henrik Berggren
Bildredaktion: Marcus Erixson
Konzeption: Patric Leo
Layout: Amelie Stenbeck-Ramel
Redaktion: Karin Abbor-Svensson, Frida Axiö, Charlotta Broady,
Sigrid Gruener, Jeppe Wikström und Annika Östman
Gedruckt in Italien

INHALT

VORWORT 6

PROLOG: EAST SIDE STORY 9

IM ANFANG WAR DIE VERHANDLUNG 15

ER WAR EINER VON UNS 39

IM DIENST DES WOHLFAHRTSSTAATS 59

DAG HAHM-MAHR-SHOLD 99

ÜBERLASS DAS MAL DAG 137

DIE MISSION IM KONGO (LÉOPOLDVILLE) 179

TOD EINES BEAMTEN 207

NACHWORT 229

VORWORT

Im Alter von 47 Jahren steigt Dag Hammarskjöld in New York aus dem Flugzeug und gleichermaßen hinein in seine neue Aufgabe als der zweite Generalsekretär seit Gründung der Vereinten Nationen. Es ist ein heller Apriltag im Jahr 1953, und sein Vorgänger, der Norweger Trygve Lie, begrüßt ihn mit den Worten, die auch heute noch als Stellenbeschreibung gelten können: »Willkommen zum unmöglichsten Job der Welt.« Es muss ihn geschwindelt haben vor den Herausforderungen. Die Umgebung stellte ungeheure Forderungen, und selbst die Organisation innerhalb der UN hegte hohe Erwartungen an die neue Führungsperson. Die ständigen Mitglieder des Sicherheitsrates glaubten, sich auf einen bekanntermaßen kompetenten, aber vor allem fügsamen Bürokraten geeinigt zu haben, der die herrschende Ordnung nicht infrage stellen würde. Es wird sich herausstellen, dass sie sich darin gründlich getäuscht hatten. Hammarskjöld wird das herrschende System nachhaltig herausfordern und weiterentwickeln, indem er während seiner Führungszeit zwei Rollen einnehmen und schultern wird: die des »Generals« ebenso wie die des »Sekretärs«.

Hammarskjöld findet eine junge, aber beschädigte UNO in einer vom Erbe zweier Weltkriege geprägten Welt vor. Die Entkolonialisierung steht hoch oben auf der Agenda, wird aber von den Widerständen der Großmächte des Kalten Krieges immer mehr verkompliziert – eines Krieges, der dort, wo er zu bewaffneten Konflikten führt, alles andere als kalt ist. Eine geopolitische Lage mit wachsender Polarisierung und grenzenlosen Herausforderungen in Sachen Entwicklung, die zu regeln die UNO eingesetzt wird. Hammarskjöld nimmt sich seines Auftrags mit größtem Ernst an. Er entwickelt die UNO weiter, macht sie effektiv und leitet friedensstiftende Operationen ein. Doch der Preis ist hoch. Erst 56 Jahre ist er alt, als er in der Nacht zum 18. September 1961 bei einem Vermittlungseinsatz im Kongo-Konflikt durch ein Flugzeugunglück ums Leben kommt.

Dag Hammarskjöld stach in seinem Amt heraus, weil er seiner Überzeugung folgte und mithilfe der UNO-Statuten durch Dialog und die Integrität des überstaatlichen Beamten die Voraussetzungen für Frieden und Fortschritt schaffen wollte. Dabei reformierte er das UN-System und definierte die Rolle des Generalsekretärs neu. Mit einzigartiger Integrität und Geschicklichkeit wandelte er grundlegend die Rolle und den Einfluss der UN-Organisation. Für seine Einsätze wurde ihm postum der Friedensnobelpreis verliehen.

Wer war dieser Mensch, den Zufälle auf den höchsten der Posten gebracht hatten? Woher stammte er, was formte ihn und was trieb ihn an? In der Schriftensammlung *Zeichen am Weg*, die nach seinem Tod gefunden und publiziert wurde, zeichnete er sein eigenes Profil. *Zeichen am Weg* gewährt einen wichtigen Einblick in seine Gedankenwelt, doch um es zu verstehen, benötigt man Wissen um seine Person und um seine Zeit. Man kann nie den Anspruch erheben, ein vollständiges Bild von Dag Hammarskjöld zu zeigen – doch man kann ein Porträt zeichnen. Deshalb hoffen wir, mit dieser bebilderten Biografie zum Wissen um sein Leben und seine Taten beitragen zu können und damit auch einen Einblick in das zu geben, was mithilfe der UNO-Statuten tatsächlich ausgerichtet werden kann. Hammarskjöld hat das Unmögliche möglich gemacht.

Henrik Hammargren
Geschäftsführender Direktor
Dag Hammarskjöld Stiftung

PROLOG
EAST SIDE STORY

Am Nachmittag des 20. September 1960 herrschte um das UNO-Hauptquartier im Osten Manhattans der Belagerungszustand. Die First Avenue war von Absperrungen eingerahmt, Polizeisirenen durchschnitten mit ihrem messerscharfen Ton die feucht-graue Herbstluft, und Limousinen mit Diplomatenkennzeichen rollten durch die Tore hinein und hinaus. Es war die größte Versammlung internationaler Staatsmänner seit der Friedenskonferenz in Versailles nach dem Ersten Weltkrieg. Dreiundzwanzig Regierungschefs und zweiundfünfzig Außenminister waren vor Ort in New York, um an der fünfzehnten Generalversammlung der Vereinten Nationen teilzunehmen: Eisenhower, Chruschtschow, Macmillan, Nehru, Tito, Castro, Nkrumah, Nasser, Sukarno, König Hussein …

Der Aufwand war ein Zeichen dafür, welche Bedeutung die UNO im Lauf der fünfzehn Jahre, die seit ihrer Gründung in San Francisco vergangen waren, erlangt hatte. Doch das ungewöhnlich massive Aufgebot spiegelte auch die wachsende Spannung zwischen Ost und West wider. Die Überlegenheit der USA im Kalten Krieg schien durch die politischen und wissenschaftlichen Erfolge der Sowjetunion bedroht. Im Mai hatte russisches Militär das amerikanische Erkundungsflugzeug U2 abgeschossen und den Piloten gefangen genommen. Anfang August beschlagnahmte die revolutionäre kubanische Regierung allen amerikanischen Besitz auf Kuba, und einige Wochen später hatte die erfolgreiche Reise der Hunde Belka und Strelka mit dem Sputnik 5 die fortgesetzte russische Herrschaft im All signalisiert.

Wie um die Amerikaner noch mehr zu reizen, war Kubas charismatischer, Zigarre rauchender Anführer Fidel Castro auch in New York. Am Abend vor der Generalversammlung waren er und die übrige kubanische Delegation in das UN-Gebäude gestürmt und hatten sich über die Behandlung in dem Hotel, in dem sie einquartiert waren, beschwert. Castro drohte zunächst

Das modernistische UNO-Hochhaus war ein Symbol für die neue, friedliche Welt, die nach dem Zweiten Weltkrieg geschaffen werden sollte. Das gelang nicht ganz, doch Dag Hammarskjöld machte die Weltorganisation zu einem politischen Machtfaktor, den auch die Großmächte gezwungen waren zu berücksichtigen.

damit, er werde im Central Park zelten, doch am Ende akzeptierte er den Umzug in ein Hotel in Harlem. Die amerikanische Satirezeitschrift *Mad* verglich die Situation mit der Schlägerei zwischen den beiden Gangs The Sharks und The Jets im Musical *West Side Story*, das mit großem Erfolg am Broadway lief: Westen und Osten waren zu den Vereinten Nationen gekommen, um ein für alle Mal klarzustellen, wer der Stärkste war.

Zwischen ihnen stand Dag Hammarskjöld, seit nunmehr sieben Jahren Generalsekretär der UNO. Bei seiner Berufung hatte man in ihm einen politisch blassen Beamten gesehen, der vielleicht die Bürokratie der Vereinten Nationen dirigieren, aber sonst nicht viel mehr würde ausrichten können. Doch unter seiner Führung hatte sich die Weltorganisation zu einem globalen Machtfaktor entwickelt. Der zurückhaltende Schwede mit dem jungenhaften Lächeln bewies die seltene Fähigkeit, internationale Krisen zu lösen. Er hatte immer weitreichendere Mandate und größere Ressourcen zur Verfügung gestellt bekommen – nicht zuletzt die Blauhelme, die friedensbewahrenden Kräfte der UN. Das Vertrauen in ihn war groß. »Leave it to Dag«, hieß es in der Presse, wenn die Vereinten Nationen vor einem scheinbar unlösbaren Problem standen.

Genau so war man im Sicherheitsrat auch im Fall von Kongo-Léopoldville verfahren, das am 1. Juli 1960 die Unabhängigkeit von Belgien errungen hatte. Der junge Staat war nach nur wenigen Wochen zusammengebrochen, und Hammarskjöld hatte rasch mit UN-Kräften interveniert. Doch die politische Lage war diffizil, und im Hintergrund intrigierten die Großmächte. Gegen Ende des Sommers hatte der Führer der Sowjetunion Nikita Chruschtschow damit begonnen, böse Anschuldigungen nicht nur gegen die USA, sondern auch gegen die UNO und Hammarskjöld selbst zu richten, weil sie dem Imperialismus des Westens zuarbeiten würden.

Die Angriffe hatten Wochen vor dem großen UN-Treffen begonnen. Nun wurde die Rhetorik weiter gesteigert. Am dritten Tag des Treffens nahm Chruschtschow auf dem Rednerstuhl in dem raumschiffartigen Saal, in dem sich die Generalversammlung traf, Platz. In einer zweieinhalb Stunden langen Rede behauptete der Sowjetführer, dass die USA »durch den UNO-Generalsekretär und seinen Stab ihr schmutziges Handwerk im Kongo« verrichtet hätten. Er forderte, das geltende System mit einem Generalsekretär solle durch eine »Troika« ersetzt werden, deren Mitglieder jeweils ihren Block in der Welt repräsentieren sollten: die Westmächte, die sozialistischen Staaten und die neutralen Länder.

Hammarskjöld war der Meinung, dass dies die UNO kaputt machen würde. Obgleich für seine kühle Art bekannt, begegnete er Chruschtschow einige Tage später doch mit einer gewissen Empörung: »Ich würde lieber sehen, dass dieses Amt daran zerbricht, dass wir an dem Grundsatz der Selbstständigkeit, Unparteilichkeit und Objektivität festhalten, als dass wir es durch zu große Kompromissbereitschaft ins Schlingern geraten lassen.« Chruschtschow hatte gehofft, seine antikolonialistische Rhetorik würde den Delegierten aus der Dritten Welt zusagen. Doch für diese war Hammarskjöld ein Generalsekretär, der ihre Interessen gegenüber den Großmächten vertrat. Der Kommunistenführer erhielt keine Unterstützung für seinen Vorschlag. »Endlich ein schwedischer Sieg. Hammarskjöld schlägt die Sowjetunion mit 70:0«, lautete tags darauf die Eishockey-Schlagzeile im *Expressen*, einer der beiden größten schwedischen Abendzeitungen.

Eine Woche später ging Chruschtschow erneut zum Angriff über. Jetzt verlangte er mit deutlichen Worten Hammarskjölds Absetzung: »… wenn er selbst nicht genug Mut aufbringen kann, um auf ritterliche Weise abzutreten, dann werden wir die unvermeidlichen Schlüsse aus dieser Situation ziehen.« Da verlor Hammarskjöld ausnahmsweise die Fassung. Von seinem Platz auf dem Podium hinter dem Rednerpult bat er, weiß vor Zorn, den Vorsitzenden der Generalversammlung, Frederick Boland, um das Wort. Doch Boland,

Als Fidel Castro im Herbst 1960 zur UNO in New York kam, war die kubanische Revolution erst ein knappes Jahr alt. Er kritisierte die Politik der USA gegenüber Kuba und klagte darüber, wie seine Delegation behandelt worden war, lobte aber das einfache Hotel in Harlem, das ihn und seine Kameraden aufgenommen habe. Dort traf er auch Malcolm X.

ein mit allen Wassern gewaschener Ire, riet ihm, zu warten und seine Antwort in Ruhe vorzubereiten. In der Mittagspause dann diktierte Hammarskjöld seiner Sekretärin einen Text und ließ seine Berater ihn gegenlesen, wobei er aber ausschließlich um stilistische Änderungen bat.

Am Nachmittag des 3. Oktober ereigneten sich dann die wahrscheinlich bekanntesten Momente in der Geschichte der Generalversammlung. Auf Englisch, mit deutlichem schwedischen Akzent, der sich verstärkte, wenn er wütend wurde, trug Hammarskjöld in dezidiertem Tonfall seinen Text vor. Die Ausführungen waren sehr kurz und bestanden hauptsächlich aus der Zurückweisung der sowjetischen Vorwürfe, den Kongo betreffend, und der Wiederholung der Argumente für die Selbstständigkeit des Generalsekretärs. Er schloss, indem er auf die Rücktrittsforderungen einging:

> Es ist nicht die Sowjetunion oder auch eine der anderen Großmächte, welche die UNO zu ihrem Schutz benötigen: Es sind alle anderen. In dieser Hinsicht ist die Organisation vor allem ihre Organisation, und ich bin zutiefst von der Klugheit überzeugt, mit der sie diese

Chruschtschow donnerte die Fäuste auf den Tisch, als die übrige Generalversammlung Dag Hammarskjöld huldigte. Später am selben Tag begegneten sich die beiden auf einem Empfang der russischen Delegation, und jeder strengte sich an zu zeigen, dass es hier nicht um persönliche Animositäten ging.

benutzen und lenken werden. Und ich werde bis zum Ende meiner
Amtszeit als Diener der Organisation und solange es der Wunsch
aller dieser anderen Nationen ist, in ihrem Interesse *auf meinem
Posten verbleiben*.

Als er zu den Worten »auf meinem Posten verbleiben« kam, brach in der
Generalversammlung ein donnernder Applaus los. Er versuchte, ihn mit
einer abwehrenden Geste aufzuhalten, war aber doch gezwungen, den Satz
noch einmal vorzulesen: »Ich werde auf meinem Posten …« Nun dröhnte
der Applaus noch lauter, und dann begannen die Delegierten sich einer nach
dem anderen von den gelben und blauen Stühlen zu erheben. Angeführt von
Tunesien, der Türkei und Panama, stellte sich ein Land nach dem anderen
hinter seinen Generalsekretär. Die donnernden Ovationen schienen kein
Ende nehmen zu wollen. Chruschtschow, der demonstrativ sitzen blieb,
schlug frustriert mit den Fäusten auf den Tisch.

Dann ergriff Hammarskjöld wieder das Wort:

Der Repräsentant der Sowjetunion hat in diesem Zusammenhang
von Mut gesprochen. Es ist sehr leicht, zurückzutreten, hingegen
nicht so leicht, zu bleiben. Es ist sehr leicht, sich den Wünschen einer
Großmacht zu beugen. Eine andere Sache ist es, Widerstand zu
leisten. Wie alle Mitglieder dieser Versammlung wissen, habe ich das
schon früher zu vielen Gelegenheiten und in viele Richtungen getan.
Wenn es von den Nationen, die in der Organisation ihren besten
Schutz in der Welt von heute sehen, gewünscht wird, dann werde ich
es wieder tun.

Am nächsten Tag reichte die Headline in Versalien auf der *New York Times*
über mehrere Spalten: HAMMARSKJÖLD TROTZT CHRUSCHTSCHOWS
RÜCKTRITTSFORDERUNG. Es war ein persönlicher Triumph. Sein Vorgänger, der Norweger Trygve Lie, war wegen sowjetischer Attacken zum Rücktritt genötigt worden. Mit der Unterstützung der kleineren Länder in Afrika,
Asien und Lateinamerika war Hammarskjöld gelungen, was Lie nicht
geschafft hatte: die russische Kampagne gegen ihn abzuwenden.

Es sollten neue Attacken von Chruschtschow kommen. Die Situation im
Kongo wurde noch chaotischer und verwickelter. Und binnen weniger als
einem Jahr würde sich Dag Hammarskjöld auf den UNO-Auftrag begeben,
der sein letzter werden sollte.

IM ANFANG WAR DIE VERHANDLUNG

Die Welt, in der ich aufwuchs, wurde von Grundsätzen und Idealen aus einer von unserer eigenen weit entfernten Zeit beherrscht und war scheinbar weit weg von den Problemen, vor die ein Mensch in der Mitte des 20. Jahrhunderts gestellt wurde. Doch ich bin auf meinem Weg nicht von diesen Idealen abgewichen.

Dag Hammarskjöld, 1953

Im Sommer 1905 war die Stimmung auf der ansonsten sehr friedlichen skandinavischen Halbinsel ungewöhnlich aufgeheizt. Fast hundert Jahre lang hatte zwischen Schweden und Norwegen Frieden geherrscht. Doch nun schienen die beiden kleinen Länder im Norden Europas auf dem Weg zu einem militärischen Konflikt. Streitthema war die Union zwischen den beiden »Brüdervölkern«, die 1814 in den Nachwehen der Napoleonischen Kriege geschaffen worden war.

Die Krise war Anfang Juni kulminiert, als das norwegische Storting, der Reichstag, die Unionsabsprache einseitig aufgekündigt hatte. Der schwedische König zeigte sich tief gekränkt von der norwegischen »Revolution«. Die schwedische Armee – die viel stärker war als die norwegische – begann ebenfalls mobilzumachen: 45.000 Soldaten wurden einberufen und an die norwegische Grenze verlegt. Doch Ende August kamen die Verhandlungen in Gang. Jedes Land schickte seinen Ministerpräsidenten an der Spitze einer vier Mann umfassenden Delegation in die värmländische Residenzstadt Karlstad, auf halbem Weg zwischen Oslo und Stockholm.

Einer der schwedischen Unterhändler war Hjalmar Hammarskjöld, Justizminister und Präsident des Göta Hovrätt, des Oberlandesgerichts in Jönköping. Er war dreiundvierzig Jahre alt, hatte eine hohe Stirn, trug den für die Zeit typischen Bart mit Schnurrbart und pflegte ein arrogantes Benehmen, das seine Umgebung manchmal verärgerte. Seine Begabung und Fähigkeit waren allgemein anerkannt, er vereinte, einem begeisterten Kollegen zufolge, »allumfassende Erkenntnisse, Aufnahmefähigkeit und Arbeitskraft«.

Zudem besaß er eine besondere Kompetenz. Obwohl er zur konservativen schwedischen Beamtenelite gehörte, war er in der internationalen Friedensbewegung engagiert, die sich dafür einsetzte, dass Konflikte durch Schlichtungen beigelegt werden sollten. Solche Gesellschaft passte eigent-

»Weit entfernt von unserer eigenen Zeit« – so beschrieb Dag Hammarskjöld seine Kindheit als Sohn des Landesoberhauptes in Uppsala. Hier um 1907/1908 mit Mutter Agnes und den älteren Brüdern Åke und Bo vor dem Schloss Uppsala.

lich nicht gut zu ihm – er hatte nur wenig für Pazifisten und radikale Idealisten übrig –, doch Gesetzlosigkeit im Umgang zwischen Nationen störte sein Ordnungsgefühl. »Die internationale Gemeinschaft besitzt weder Regierung, noch Polizei oder Reichstag«, drückte er es aus. Seit einem Jahr war er einer der Richter am Internationalen Schiedsgericht in Den Haag, eine Art Vorgängerinstanz der UNO, die Konflikte zwischen in Streit geratenen Staaten löste. Jetzt sollte er sein eigenes Land in den Verhandlungen mit den Norwegern vertreten, einem Volk, von dem er selbst nicht sonderlich viel hielt.

Eine echte Kriegslust herrschte zwar nicht, weder auf der schwedischen, noch auf der norwegischen Seite. Zudem waren die Großmächte von dem skandinavischen Zwist nur wenig begeistert. Doch selbst unter den besten Bedingungen können Verhandlungen schiefgehen. Hammarskjölds Geschick als Jurist und seine offensive Verhandlungstechnik waren wichtige Pfunde in Karlstad – eines der Themen, die er am hartnäckigsten verfolgte, war, dass zukünftige Streitfälle zwischen Norwegen und Schweden an den Internationalen Gerichtshof in Den Haag verwiesen werden sollten.

Die Villa der Familie Hammarskjöld in Jönköping, wo Dag im Sommer 1905 geboren wurde. Vater Hjalmar war da in Karlstad und verhandelte über die Auflösung der Union zwischen Norwegen und Schweden. »Du hast doch wohl nicht vergessen, dass du ein Baby hast?«, schrieb Agnes wütend an ihren Ehemann.

Die Verhandlungen wurden am 23. September abgeschlossen, und einen Monat später unterzeichneten die Ministerpräsidenten beider Länder einen Vertrag, der die Selbstständigkeit Norwegens anerkannte. Die Karlstad-Konferenz wurde zu einer Feder, mit der sich der karrierebewusste Hammarskjöld persönlich schmücken konnte. In den Folgejahren wurde die Auflösung der Union zwischen Norwegen und Schweden als vorbildliches Beispiel für eine freundliche Konfliktlösung zwischen vernünftigen Staaten betrachtet.

Als Hjalmar Hammarskjöld nach Karlstad reiste, war seine Ehefrau Agnes wenig erfreut in der großen Villa der Familie in Jönköping zurückgeblieben. Am 2. September, nur wenige Tage nach Beginn der Verhandlungen, sah er sich genötigt, einen Entschuldigungsbrief zu schreiben. Es war der fünfzehnte Hochzeitstag des Paares:

»Ein lustiger Zusatz zur Familie«, wurde Dag von einem Bekannten genannt.

> Per Brief kann ich Dir nur herzlich danken für alle Liebe, alle Unterstützung und Geduld im Verlauf der vergangenen Jahre, für alles Glück, das Du mir geschenkt, und für alles Vertrauen, das Du mir gegeben und auch verdient hast, sowie, nicht zuletzt, für die vier Jungen, die Du geboren und aufgezogen hast. Mögen sie Dir zur Freude und Geborgenheit in Deiner Einsamkeit sein, während ich durch die wichtigen Geschäfte, die mir auferlegt wurden, ferngehalten bin. Und möge der Gedanke daran, dass es ein Opfer ist, das ich für das Vaterland bringe, morgen alle Bitterkeit von meiner Abwesenheit wenden.

Agnes Hammarskjöld ging es vielleicht nicht so sehr um den Hochzeitstag selbst – sie war es gewohnt, dass der Gatte häufig abwesend war. Doch in diesem Moment war ihre Situation außergewöhnlich fordernd. Es stimmte, dass sie vier Söhne geboren hatte, doch mit dem Großziehen des Jüngsten hatte sie eben erst begonnen. »Du hast doch wohl hoffentlich nicht vergessen, dass du ein Baby hast«, schrieb sie ärgerlich an ihren Mann, »und eine tüchtige Frau, die selbst stillt, während sie gleichzeitig sowohl als Präsidentin wie als Staatsrätin fungiert.« Das Baby, um das es hier ging, war der zukünftige Generalsekretär der Vereinten Nationen, Dag Hammarskjöld, der am 29. Juli 1905 zur Welt gekommen war.

Ein Grund für den säuerlichen Kommentar seiner Ehefrau war, dass es durch Hjalmars Abwesenheit bis gut in den Herbst hinein dauerte, ehe der neugeborene Sohn getauft werden konnte. Als Erinnerung daran erhielt Dag als Patengabe einen Silberpokal mit der Inschrift »Dem allzu lange Namenlosen« und den Unterschriften des Ministerpräsidenten Christian Lundeberg, des Außenministers Fredrik Wachtmeister und des Parteivorsitzenden der Liberalen Karl Staaff – der drei Politiker nämlich, mit denen zusammen Hjalmar Hammarskjöld die Unionsverhandlungen in Karlstad geleitet hatte. Der Pokal bekam später dann einen Ehrenplatz in Dags Wohnung in New York.

Wie sein Vater, so wurde auch Dag Hammarskjöld ein herausragender Beamter, der herbeigerufen wurde, wenn es galt, internationale Krisen zu lösen, wenn diese auch weitaus komplizierter sein würden als der schwedisch-norwegische Unionsstreit von 1905. Zwar lagen seine politischen Sympathien völlig anders als die des Vaters, doch sollte er sein ganzes Leben lang dessen Auffassung der eigenen Rolle in der Welt teilen: Er war ein neutraler Beamter, der einem höheren Zweck diente als dem Interesse gewisser Gruppen, Parteien oder Ideologien. »Aus Generationen von Soldaten und Beamten aufseiten meines Vaters erbte ich den Glauben, dass kein Dasein zufriedenstellender sein kann als das, welches selbstlos seinem Land – oder der Menschheit – gewidmet ist«, erklärte er, als der amerikanische Rundfunk ihn 1953 als neu angetretenen Generalsekretär interviewte.

Agnes Hammarskjöld auf Schloss Uppsala, fotografiert von Dag.

Hjalmar Hammarskjöld war einer der am meisten respektierten Beamten Schwedens, doch er war auch für seine Arroganz und sein Desinteresse an anderen Menschen bekannt. Sein ganzes Leben lang sollte Dag ein ambivalentes Verhältnis zu seinem Vater haben: »Mein Vater und ich denken in fast allem unterschiedlich, und dennoch beruhen meine Ansichten – im tiefsten Sinn des Wortes – ganz auf den seinen.«

Die Vorstellung von der Beamtenpflicht gegenüber dem Staat ist in der schwedischen Verwaltungstradition tief verwurzelt. Im 17. Jahrhundert war der schwedische Adel, der sich zuvor meist darauf konzentriert hatte, die Monarchie zu unterlaufen, in den expansiven Staatsapparat von Reichskanzler Axel Oxenstierna integriert worden. Nicht zuletzt nutzte die Krone ihr neu gewonnenes Recht, Adelsprivilegien zu vergeben, dafür, einen verlässlichen Kader an Beamten und militärischen Befehlshabern zu schaffen. Einer von diesen war der småländische Rüstmeister Peder Mikaelsson, der zu Beginn des 17. Jahrhunderts von Karl IX. als Hammarskjöld geadelt wurde.

Während der folgenden Jahrhunderte sollten seine Nachkommen eine beträchtliche Anzahl von Offizieren und Beamten für den Dienst des schwedischen Staates liefern, von denen eine Handvoll es sogar bis in die Regierungsebene schaffte und Staatsrat wurde. Hjalmar war einer der ärmsten, begabtesten und ehrgeizigsten Repräsentanten der Familie. Er war 1862 als Sohn eines Gutsbesitzers und Eisenbahnenthusiasten, der seinen Hof mit Spekulationen auf Eisenbahnaktien verlor, in der Nähe von Vimmerby in Småland geboren. Die schlechte wirtschaftliche Lage des Vaters beeinflusste sehr wahrscheinlich Hjalmars Berufswahl. Als Student in Uppsala hatte er zunächst ein Examen in Sprachen abgelegt, war dann aber zum für den Broterwerb verlässlicheren Jurastudium übergegangen.

Hjalmars Studienzeit zu Beginn der 1880er-Jahre fiel mit einem neu erwachten politischen Interesse unter den Studenten zusammen. Die beiden zukünftigen Vertreter der Linken, Hjalmar Branting und Karl Staaff, studierten zur gleichen Zeit in Uppsala – gehörten aber wohl kaum zu seinen Freunden. Der junge Adlige hielt an dem konservativen, vordemokratischen

Weltbild fest, in dem er erzogen war. Dieses gründete sich nicht auf explizite ideologische Werte – die galten als suspekt und luden zu Debatten und Infragestellung ein –, sondern auf den Respekt vor Traditionen und nicht zuletzt Gesetzen und Regeln, die im Zuge der Zeitläufte erwachsen waren.

Hjalmars prinzipientreue Beamtenmentalität wurde von einer asozialen Persönlichkeit verstärkt. Es gibt viele Zeugnisse seiner Arroganz und Ruppigkeit im gesellschaftlichen Leben. Er scheint in den Hotels und Pensionen Schwedens gefürchtet gewesen zu sein; andere Gäste wichen im Frühstücksraum zur Seite, um nicht mit seinem kalten Blick bedacht zu werden. Das Desinteresse an anderen Menschen war in seiner Arbeit als Jurist, Beamter oder unparteiischer Experte nicht hinderlich, ja, es gereichte ihm sogar manchmal zum Vorteil, wurde allerdings zu einer ernsthaften Belastung, als er später in seiner Laufbahn zunehmend in repräsentative und politische Funktionen genötigt wurde. – Zunächst einmal setzte er auf die akademische Laufbahn und wurde 1891 Professor für Privatrecht an der Universität Uppsala. Zur gleichen Zeit heiratete er die vier Jahre jüngere Agnes Almqvist. Ihr Vater war der Halbbruder von Carl Jonas Love Almqvist, einem der bedeutendsten und radikalsten Schriftsteller des schwedischen 19. Jahrhunderts, dessen Botschaft von freier Liebe in dem Roman *Det går an* (»Es ist möglich«) um 1840 das schwedische Establishment erschütterte.

Agnes war keine gesellschaftliche Rebellin – dann hätte sie kaum Hjalmar heiraten können –, doch sie war eine gläubige und sozial engagierte Frau. »Agnes Hammarskjöld war in fast jeder Hinsicht das Gegenteil ihres Mannes«, meinte Dags Kommilitone Sven Stolpe. »Sie war warmherzig, überschwänglich, manchmal wusste man nicht, ob sie lachte oder weinte, und sie besaß ein so überströmend reiches und warmes Mutterherz, dass niemand, der in ihre Nähe kam, sich vor ihrer eifrigen, manchmal etwas unbedachten, aber immer herzenswarmen Fürsorge retten konnte.«

Agnes besaß die vergeistigte Art und empathische Sensibilität, die Hjalmar abging. »Von Männern der Wissenschaft und Priestern aufseiten meiner Mutter«, erklärte Dag Hammarskjöld in dem bereits erwähnten amerikanischen Radiointerview, »erbte ich den Glauben, dass im wirklich radikalen Sinne der Evangelien alle Menschen als Gottes Kinder gleich sind und von uns so angesprochen und behandelt werden sollten, als seien sie unsere Herren in Gott.« Doch dieser Einfluss der Mutter betraf nicht allein das religiöse Interesse, das nach Dags Tod so viele Menschen faszinieren sollte, sondern auch eine soziale und existenzielle Einstellung: Authentische menschliche Beziehungen werden von Gleichheit und Selbstständigkeit geprägt.

Hjalmar war Vorsitzender der Bibelgesellschaft und besaß das zerlesenste Exemplar der Bibel in der Familie. Agnes und Dag aber waren es, die jeden

---

»Sie war überschwänglich, manchmal wusste man nicht, ob sie lachte oder weinte.« Für die kleinsten Buben Sten (links) und Dag stand Agnes Hammarskjöld für die Zärtlichkeit in der leistungsorientierten Familie. Ihr Vater war der Halbbruder des Schriftstellers Carl Jonas Love Almqvist und Agnes besaß etwas von dessen Sensibilität.

Sonntag zusammen zur Kirche gingen. Der christliche Individualismus der Mutter war also nicht vollkommen unvereinbar mit der strengen Staatsmoral des Vaters. Vielmehr spiegelten Agnes und Hjalmar Hammarskjöld jeweils eine Seite des lutherischen Paradigmas wider, das Schweden seit der Reformation bestimmt hatte: Das Individuum schuldet den weltlichen Behörden strengen Gehorsam, doch in Glaubensfragen ist es frei und mit allen anderen Menschen gleichgestellt.

Im Herbst 1907, als Dag zwei Jahre alt war, brach die Familie von Jönköping auf, um nach Uppsala zurückzukehren. Wenn auch nicht so alt und architektonisch imponierend wie Oxford, Heidelberg und andere mittelalterliche Universitätsstädte, hat Uppsala doch eine lange Geschichte als geistiges und kulturelles Zentrum. Hier wurde in der Wikingerzeit Thor und Odin geopfert, nach der Einführung des Christentums wurde die Stadt zum Erzbischofssitz, und 1447 gründete man die Universität Uppsala als Schwedens erste höhere Lehranstalt.

In den Jahren vor dem Ersten Weltkrieg zeichnete sich Uppsala durch akademische Ruhe aus. Mit 25.000 Einwohnern war es immer noch eine Kleinstadt, deren gesellschaftliches Leben von der Universität und nicht zuletzt den Studentenvereinigungen der verschiedenen schwedischen Provinzen, den sogenannten »Nationen«, bestimmt wurde. Auch wenn kontroverse Fragen von Wahlrecht, Verteidigung und Parlamentarismus Debatten auslösten, herrschte unter Lehrern und Studenten ein starker Zukunftsoptimismus. Seit über drei Jahrzehnten hatten auf dem europäischen Kontinent Frieden und Stabilität geherrscht – und in Schweden sogar fast hundert Jahre. *La belle époque*, so nannte die französische Bürgerschicht die Zeit vor dem Ersten Weltkrieg. In Schweden sprach man von der »Nationalromantik«: der Idee, dass Klassengegensätze durch ein gemeinsames patriotisches Nationalgefühl überbrückt werden könnten.

Hjalmar Hammarskjöld war zum Regierungspräsidenten der Provinz Uppsala län erkoren worden. Dem Amtsinhaber wurde eine standesgemäße Dienstwohnung zur Verfügung gestellt: das Schloss von Uppsala, die rote Vasaborg aus dem 16. Jahrhundert, die mit Blick über die fruchtbaren Äcker von Uppland mitten in der Stadt auf einem Hügel lag. Im Schloss von Uppsala hatten sich viele zentrale Ereignisse der schwedischen Geschichte abgespielt: Hier wurden Svante Sture und seine Söhne auf Befehl von Erik XIV. ermordet, hier fasste Gustav II. Adolf den Beschluss, dass Schweden in den Dreißigjährigen Krieg ziehen sollte, und hier dankte Königin Kristina 1654 ab, um zum Katholizismus konvertieren zu können.

In dieser strengen Umgebung mit Turmzimmern und widerhallenden Waffensälen verbrachte Dag Hammarskjöld seine Jugend. Auch wenn die

Die Bilder von Dag mit langen Haaren haben manchen glauben lassen, dass seine Mutter lieber ein kleines Mädchen gehabt hätte. Doch lange Haare und auch der wie ein Kleid aussehende Kittel waren zu Beginn des 20. Jahrhunderts für Jungen in Schweden üblich. Im Hintergrund die Türme der Domkirche Uppsala.

Wohnung, die für den Regierungspräsidenten eingerichtet worden war, mehr bürgerlich und dem 19. Jahrhundert verpflichtet war als dem Mittelalter, so war er doch von steten Erinnerungen an die finstere Geschichte der schwedischen Großmachtzeit umgeben. In *Zeichen am Weg*, seinem postum herausgegebenen literarischen Tagebuch, finden sich eine Reihe von Haikus über die Kindheit und melancholische Erinnerungen an Mauern, den Horizont der Uppsala-Ebene und den gellenden Schrei der Schwalben:

> Flachlandnacht. Leerer Saal.
> Die Frau in der Fensternische
> hofft auf Sonne.

Doch hatte er auch lichte Erinnerungen, wie in dem Essay *Slottsbacken*, »Schlosshügel«, welches ebenfalls nach seinem Tod veröffentlicht wurde:

> Am Abhang herunter zu dem alten Schlossteich blühen Wildrosen und Lichtnelke. Die Schwärmer haben den Weg zum Geißblatt gefunden, das an der östlichen Mauer hinaufrankt. Die Bäume stehen in dichtes Grün gekleidet. Unten am Bach glitzern die Lampen vom [Lokal] Flustret. An stillen Abenden verirren sich Takte aus der Restaurantmusik hinein in das graue Julidunkel unter den Linden des Hügels.

Familie Hammarskjöld hielt entschieden an den bürgerlichen Traditionen des 19. Jahrhunderts fest, nicht zuletzt große Abendessen im Speisesaal der Wohnung des Landesoberhauptes im Schloss Uppsala gehörten dazu.

Er war ein Einzelgänger, doch vor allem dank der warmherzigen Fürsorge der Mutter kein sonderlich unglücklicher Junge. Im Alltag lebte die Familie ein Leben des gehobenen Bürgertums mit Bediensteten und vielen Gästen. Die Sommer verbrachte man in Marstrand und an anderen modernen Ferienorten. Dag war der Jüngste einer Schar von vier Brüdern, die neben ihm aus Bo (geb. 1891), Åke (geb. 1893) und Sten (geb. 1900) bestand. Einer der Freunde der Brüder beschrieb den Kleinsten ein wenig herablassend als »einen ulkigen Zusatz zur Familie«. Als Jüngster war er in eine Welt gekommen, die von Eltern und älteren Brüdern bereits fertig geformt war.

Das bedeutete auch, dass er manchmal um Aufmerksamkeit kämpfen musste. »[Dags] einziger Fehler derzeit«, so schrieb der sechzehnjährige große Bruder Åke in einem Brief an den Vater 1909, »ist eine Faulheit, die sich darin äußert, dass er gefüttert werden will«, fügte jedoch vernünftig hinzu: »Das wird schon vergehen, wenn Papa erst nach Hause kommt.«

Doch aus Tagebüchern und Briefen kann man herauslesen, dass Dag ein gutmütiges und pflegeleichtes Kind war. Er war auch ein wenig altklug, doch das war im Hinblick auf den hohen Erwartungsdruck des Vaters vielleicht nicht weiter verwunderlich. Schon als Sechsjähriger beherrschte er die lateinischen Namen zahlreicher Pflanzen. »Dag ist interessierter denn je an Blumen und Pflanzen und weiß gar nicht so wenig darüber [...] es würde mich nicht wundern, wenn er Biologe würde«, schrieb Åke 1911 in einem Brief.

Im selben Jahr begann Dag seine Schulzeit in einem privaten Heim, das in Sichtweite des Schlosses lag. Zu jener Zeit schickte die Oberschicht ihre Kinder nicht in die Volksschule, sondern ließ sie zu Hause oder in Privatschulen unterrichten, um sie dann später in eine staatliche Lehranstalt wechseln zu lassen. Villa Tomtebo, wie die Privatschule hieß, wurde von einer an den Rollstuhl gefesselten Frau ohne formale Ausbildung, doch mit großem Engagement und Gespür für Kinder geleitet. Noten gab es nicht, doch in einem Brief an Agnes schrieb sie, Dag fiele das Lernen »ausgesprochen leicht«. Das machte sein Leben in der hoch ehrgeizigen Familie Hammarskjöld leichter. Bo und Åke besuchten beide schon die höhere Schule und konnten dem fordernden Vater zufriedenstellend gute Noten präsentieren.

Im Winter 1914, als Dag acht Jahre alt war, trat ein entscheidendes Ereignis ein, das ihn sowohl kurzfristig wie auch auf lange Sicht beeinflussen sollte. »Papa bildet die Regierung«, schrieb er am 17. Februar lakonisch ins Tagebuch. Der König hatte seinen Vater in das höchste zivile Amt, das Amt des Ministerpräsidenten, berufen. Nachdem Gustaf V. im Zuge der »Borggårdskrise« das vom Reichstag unterstützte liberale Kabinett von Karl Staaff bloßgestellt und zum Rücktritt genötigt hatte, versuchte der König zunächst, die Vertreter der Rechten im Reichstag zu überreden, eine königstreue

Kampfregierung zu bilden. Als er damit keinen Erfolg hatte, wandte sich der Monarch an Hjalmar Hammarskjöld, der den Auftrag erhielt, eine »Beamtenregierung« zu bilden. Mit seiner pflichttreuen Staatsmoral konnte dieser sich kaum weigern, doch die Entscheidung hatte schicksalhafte und demütigende Konsequenzen für seinen historischen Nachruhm.

Für Dag hatte es ganz unmittelbare Auswirkungen. Das ruhige Familienleben auf dem Schloss wurde durch ein unstetes Dasein in Stockholm ersetzt. Während Hjalmars Zeit als Ministerpräsident lebte die Familie an fünf verschiedenen Adressen, und Dag musste mindestens zweimal die Schule wechseln. Anfang August 1914, ein halbes Jahr nachdem der Vater zum Ministerpräsidenten ernannt worden war, und nur wenige Tage nach Dags neuntem Geburtstag, brach zudem noch der Erste Weltkrieg aus.

Schweden war neutral, sollte aber dennoch von diesem unerwarteten und totalen Zusammenbruch der bürgerlichen Kultur, die Europa seit der Französischen Revolution geprägt hatte, erschüttert werden. Alles in der Familie drehte sich jetzt um den Vater. »Möge Gott Papa leiten, stärken und helfen«, schrieb Agnes am 1. August, dem Tag der Kriegserklärung an Russland, ihrem Sohn Bo. »Er ist jetzt bedeutsam und bewundernswert, so großartig, so ruhig und denkt an alles.«

Zu Beginn wirkte Hjalmar Hammarskjöld auch wirklich bewundernswert und großartig. Mit seiner Erfahrung in Sachen Völkerrecht und seinem Beamtenverständnis jenseits der Parteistreitigkeiten war er der Mann der Stunde. Die Sozialdemokraten erklärten einen politischen »Burgfrieden« und unterstützten die Neutralitätspolitik der Regierung. Doch innerhalb der höchsten Kreise, sowohl am Hofe als auch in Hammarskjölds Beamtenregierung, gab es aktivistische Kräfte, die Schweden an der Seite Deutschlands im Krieg sehen wollten – vor allem im Kampf gegen den schwedischen Erbfeind Russland.

Doch Dag hatte an anderes zu denken als an den Krieg. Im Sommer 1915 erkrankten er, Åke und Agnes an Diphterie und wurden ins Epidemiekrankenhaus in Stockholm eingeliefert. Åke wurde rasch gesund, doch Dag und seine Mutter mussten eine lange Zeit in der Isolation verbringen. In einem Brief an Bo beschrieb Agnes ihre »kleine Raupe«:

> Dag ist die wunderbarste Gesellschaft. So zärtlich, so fröhlich. So einfallsreich, so lustig – doch es tut mir weh für den kleinen Schatz, dass sein ganzer Sommer für die Diphterie draufgeht, mal abgesehen von den beiden Wochen in Marstrand. Zum Glück hatte er die! Er legt großen Wert darauf, dass ich an allen seinen Unternehmungen teilhabe und mich dafür interessiere. Ist außer sich, wenn er sieht,

Dag war ein gutmütiger Junge. Er mochte Tiere und Pflanzen, doch fiel es ihm schwer, im Gymnasium, in das er 1916 eintrat, Freunde zu gewinnen. Er hatte das Gefühl, seine Gegenwart würde als ein »Minus« betrachtet.

dass mir der Kopf wehtut, oder wenn er glaubt, dass mein Hals zuschwillt. Dann weint er, glaubt, ich würde ihm wegsterben. Deshalb beschäftige ich mich den ganzen Tag mit ihm, wir räumen auf, gehen spazieren und lesen, spielen Twiddlywinks [ein Laufspiel], machen den Kamin an, braten Äpfel usw. und die Tage vergehen, ohne dass ich irgendetwas anderes schaffe als Dags Belange. Das tue ich, damit ihm die Zeit nicht zu schwer und zu lang wird.

Zwischen Dag und Hjalmar Hammarskjöld gab es keine vergleichbare Nähe. Der Vater war imponierend, aber auch furchteinflößend. In einem Brief an Sten berichtet der bald vierzehnjährige Dag, dass er gern im Kino den schwedischen Filmerfolg *Sången om den eldröda blomman*, ein finnisches Flößer-Epos, sehen würde. An der Kinokasse war stets eine Schlange, und die meisten seiner Klassenkameraden hatten den Film bereits gesehen: »Ich habe beim Abendessen wohl mit Papa über den Film gesprochen. Doch einfach darum zu bitten traue ich mich nicht.«

Im Herbst 1916 zog Agnes zusammen mit Dag und Sten zurück nach Uppsala. Hjalmar blieb in Stockholm, und Bo und Åke hatten schon ihre jeweilige Berufslaufbahn begonnen. Die Jungen wurden auf die Höhere Allgemeine Lehranstalt Uppsala gegeben. Die Schule ließ sich bis ins 13. Jahrhundert zurückverfolgen und gehörte aufgrund der Nähe zum akademischen Umfeld zu den prestigereichsten des Landes. Für Dag war die Zeit auf der höheren Schule in Uppsala von einem Gefühl der Einsamkeit und des Ausgeschlossenseins bestimmt. Obwohl – oder vielleicht gerade weil – er im zentralen Gebäude der Stadt aufgewachsen war, fühlte er sich wie ein »Außenseiter«:

Durch meine Stellung hier als Schuljunge – einsam, kann man gut und gerne sagen, mit Jungen, die mich aus unterschiedlichen Gründen als einen recht kritischen Fremdling betrachteten – musste ich in mir das Gefühl Wurzeln schlagen lassen, dass man meine Gegenwart nicht nur gleichgültig betrachtete, sondern – zumindest in gewissem Grad – als ein Minus.

Auch in den Haikus in *Zeichen am Weg* tauchen vergleichbare quälende Erinnerungen an den Schulhof auf. Dag unternimmt zögerliche Versuche, Freunde zu finden, aber wenn die Schule aus ist und »der Hof sich leert«, haben diese schon »neue Freunde gefunden«. Vielleicht haben die Klassenkameraden seine Kontaktversuche auch nicht immer als solche begriffen. Glaubt man seinem Schulkameraden Jarl Hjalmarson, dem späteren Parteivorsitzenden der Högerpartiet, der »Rechtspartiet«, hielt Dag Abstand zu seiner Umgebung:

> Er war ein sehr netter Kamerad, doch er war reserviert. Wir hatten Respekt vor ihm, so wie man alle respektiert, die gut sind. Er war ganz und gar kein Streber, sondern an allem ungeheuer interessiert. Er war hilfsbereit und loyal – in derselben Bedeutung, wie Erwachsene es mit dem Wort kollegial ausdrücken.

Dags distanzierte Art und sein Unbehagen gegenüber Körperkontakt, als er älter war, sind immer wieder hervorgehoben worden, während gleichzeitig viele seine Fähigkeit bezeugt haben, Loyalität bei seinen Mitarbeitern zu wecken. Später sollte Hammarskjöld, sowohl als Beamter in Schweden wie auch bei der UNO, die Gemeinschaft wertschätzen, die aus der Arbeit für ein gemeinsames Ziel entstand.

Die Schwedische Höhere Schule war zu jener Zeit eine Eliteinstitution, deren vornehmste Aufgabe es war, eine kleine Gruppe auserwählter Studenten an Universitäten und Hochschulen zu bringen. Für Schüler mit Dag Hammarskjölds sozialem Hintergrund war es selbstverständlich, dass sie das Gymnasium durchlaufen würden, woraus sich die Berechtigung zu einer höheren Ausbildung ergab. Doch unter seinen Klassenkameraden gab es auch Schüler, die das Abitur nicht schafften oder es sich nicht leisten konn-

Man empfand Respekt für Dag, meinte einer seiner Schulkameraden – doch er war zurückhaltend und es war schwer, Kontakt zu ihm zu bekommen. Auf dem Bild ist Dag der zweite von rechts.

Nächste Seite:
Das Schloss Uppsala war ursprünglich von Gustav Vasa als eine Festung gebaut worden, nach einem Brand im 18. Jahrhundert erhielt es seine moderne Form. Während seiner gesamten Kinder- und Jugendzeit lebte Dag in der roten Vasaburg mit Blick über die Stadt und die sie umgebende Ebene.

ten und sich stattdessen als Sechzehnjährige mit einem Realschulabschluss auf den Arbeitsmarkt begaben.

Diese soziale Mischung war sicherlich sinnvoll, doch für den bald halbwüchsigen Dag keine durch und durch angenehme Erfahrung. Allein die Tatsache, dass er Sohn des Regierungspräsidenten war, hatte ihn in Uppsala schon auffällig gemacht, und als er nun ins Gymnasium kam, war sein Vater seit zwei Jahren der Ministerpräsident des Landes. Auch wenn das einigen Schulkameraden und Lehrern sicher Respekt einflößte, so schloss es ihn doch aus der Gemeinschaft aus. Er war öffentlich und damit verletzlich. Eine seiner Erinnerungsnotizen aus diesen Jahren weist darauf hin, dass es zumindest nicht ganz unproblematisch war:

> Ohrfeigen lehrten den Knaben,
> dass seines Vaters Name
> ihnen verhasst war.

Dass der Name Hammarskjöld verhasst geworden war, beruhte auf der sturen Neutralitätspolitik der Regierung. Im Herbst 1916 machte sich die

Als Zwölfjähriger musste Dag den ausgeprägten Hass gegen seinen Vater erleben, dessen Regierung für den Lebensmittelmangel in Schweden während des Ersten Weltkriegs verantwortlich gemacht wurde. Im Volksmund wurde Hjalmar wegen seiner strikten Neutralitätspolitik, die das Land isolierte, »Hungerskjöld« genannt. Hier eine Arbeiterdemonstration auf dem Gustav Adolfs torg in Stockholm 1917.

Lebensmittelverknappung in Schweden bemerkbar: Die Preise stiegen, Mehl und Brotgetreide wurden rationiert. Das Problem war, dass Schweden von Importen aus dem Westen abhängig war, nicht zuletzt von Getreide, und Großbritannien benutzte dies als Druckmittel, um Schweden in die Blockadepolitik gegen Deutschland zu zwingen.

Der zuvor so beliebte Hjalmar Hammarskjöld wurde nun hart angegriffen. Sein Außenminister, der aus der mächtigen Finanzfamilie Wallenberg stammte, wollte, dass Schweden eine nachgiebigere Haltung gegenüber den Briten einnähme, und er wusste große Teile der Wirtschaft hinter sich. Der Burgfrieden, den Hjalmars Regierung mit Sozialdemokraten und Liberalen geschlossen hatte, war im Begriff, sich aufzulösen. Im Reichstag schlug Hjalmar Hammarskjöld für seine unbeirrte Neutralitätspolitik immer schärfere Kritik entgegen. Im Laufe des Jahres 1917 wuchsen die Proteste zu einem Orkan an und ebenso die Hungerkrawalle. Zudem gab es eine wachsende politische Unzufriedenheit, in die sich revolutionäre Töne mischten, welche von den reformistischen Sozialdemokraten nicht immer in Schach gehalten werden konnten. Im Volksmund wurde der Ministerpräsident nun »Hungerskjöld« genannt, da seine strikte Neutralitätspolitik die ersehnten Getreidelieferungen von Großbritannien verhinderte.

Doch er hielt an seiner Interpretation der Neutralität fest. Schweden hatte das Völkerrecht auf seiner Seite, und um das aufrechtzuerhalten, musste die Nation bereit sein, den Gürtel enger zu schnallen und Opfer zu bringen. Hammarskjölds Position wurde jedoch durch sein kantiges Auftreten zusätzlich erschwert. Sogar diejenigen Reichstagsabgeordneten, die mit seiner strikten Haltung in der Neutralitätsfrage sympathisierten, wurden von seiner Persönlichkeit abgestoßen. Am Ende musste das gesamte Kabinett im Frühjahr 1917 zurücktreten. Später einmal sagte Hjalmar Hammarskjöld, er sei in diesen Jahren »schrecklich einsam« gewesen. Die Beamtenmentalität, für die er stand, funktionierte nicht in der neuen Welt, die der Weltkrieg hervorbringen sollte.

Wie viel der elfjährige Dag von dem politischen Spiel um Hjalmar Hammarskjölds Rücktritt begriff, ist schwer zu sagen. Doch steht außer Frage, dass der gegen den Vater gerichtete Hass bei ihm Spuren hinterließ. Seine Rede in der Schwedischen Akademie, die er hielt, als er 1954 den Sitz seines Vaters übernahm, ist in großen Teilen eine Verteidigungsrede. Dabei hob er hervor, es seien die Prinzipien der Jurisdiktion gewesen, die das Handeln seines Vaters als Ministerpräsident bestimmt hätten, und keine Demokratiefeindlichkeit.

Doch die Frage bleibt, ob nicht der Einfluss Hjalmar Hammarskjölds auf seinen Sohn auch auf einer tieferen Ebene lebensbestimmend wirkte. Wie sein Vater sollte auch Dag sein Leben lang mit dem Ideal vom unabhängigen Beamten kämpfen, erst in der schwedischen Staatsverwaltung und dann in der UNO. Im Unterschied zum Vater bejahte er aber den Parlamentarismus, das allgemeine Wahlrecht und die politischen Parteien, so wie er auch später als Generalsekretär der Vereinten Nationen akzeptierte, dass das Mandat der Weltorganisation von der Souveränität der Mitgliedsstaaten beschnitten und von der Rivalität zwischen den Großmächten durchkreuzt war. Doch gleichzeitig strebte er stets danach, eine Position über allen politischen und nationalen Interessen zu finden, die auf rechtliche Prinzipien gegründet war und nicht auf Machtverhältnisse. »[Mein Vater] und ich denken in fast allem unterschiedlich«, schrieb Dag im Alter von fünfundzwanzig Jahren prophetisch in einem Brief an einen Freund, »und dennoch beruhen meine Ansichten – im tiefsten Sinn des Wortes – ganz auf den seinen.«

Sten (rechts) war der zweitjüngste Sohn in der Familie. Zwar war er fünf Jahre älter als Dag, doch die beiden Jungen verbrachten in ihrer Kindheit viel Zeit miteinander. Hier in den Ferien in Marstrand.

Nach seinem Rücktritt nahm Hjalmar seinen Posten als Regierungspräsident in Uppsala wieder ein, ein Amt, das eher mit seiner Beamtenphilosophie konform ging. Zudem wurde er im darauffolgenden Jahr in die Schwedische Akademie gewählt – ein heilendes Pflaster auf all die Blessuren, die er während seines Ausflugs in die Welt der Politik erlitten hatte. Ein weiterer Trost waren die Studienerfolge seines jüngsten Sohnes. Im Herbst 1919 wechselte Dag in die höhere Abteilung der Lehranstalt, die der Vorbereitung auf die Universität gewidmet war.

Auch wenn die Horizonte in mancher Hinsicht begrenzt waren – in den humanistischen Fächern hatte man das lutherische und nationalistische Erbe noch nicht abgeschüttelt –, wurde ihm doch die europäische Bildungskultur gediegen eingebläut. Er erwarb sich gute Grundlagen in Deutsch, Französisch und Englisch, auf die er weiter aufbaute, sodass er nach einer Weile alle drei Sprachen beherrschte. Der Unterricht in Literaturwissenschaft war begeisternd, und Dag schrieb ausgefeilte Aufsätze über die großen schwedischen Autoren und Poeten: Stierhielm, Bellman, Lidner, Almqvist und Heidenstam. Auch in Mathematik und Naturwissenschaften kam er gut zurecht.

Dags intellektuelle Fortschritte waren umso bemerkenswerter, wenn man den Druck bedenkt, unter dem er gestanden haben muss. Sein Vater wie auch seine drei älteren Brüder waren auf dieselbe Schule gegangen und hatten sie mit guten bis sehr guten Noten verlassen. Doch als Dag am 25. Mai 1923 als frischgebackener Abiturient auf der Treppe der Schule stand, hatte auch er Noten, die sich gut zu Hause vorzeigen ließen: zwölf große A, die höchste Note, und fünf kleine a, die zweitbeste Note. Die Familienlegende allerdings berichtet, dass Papa Hjalmar Dags Zeugnis begutachtet haben soll, um dann zu konstatieren: »Åkes Noten waren besser.«

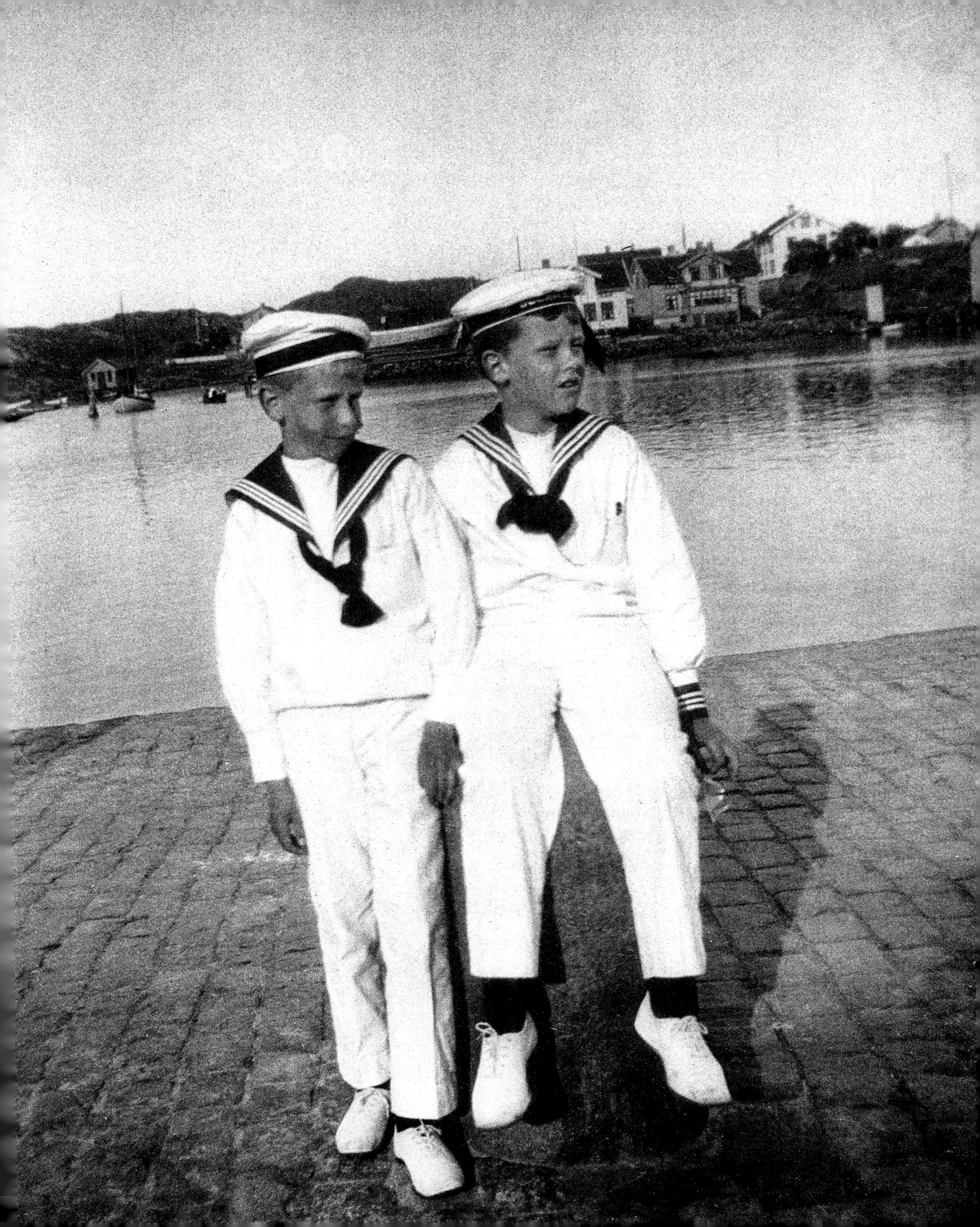

Der einzige »Makel« war ein B in Sport, was einen erstaunen kann, wenn man bedenkt, dass er ein eifriger Bergwanderer und Skifahrer werden sollte. Doch in der Gymnastikstunde ging es mehr um Gelenkigkeit und technische Fertigkeit als um Ausdauer und Kraft.

Irgendwann während der Zeit im Gymnasium müssen auch seine jugendlichen Triebe erwacht sein. Dass wir so wenig darüber wissen, erstaunt nicht, wenn man bedenkt, in welcher Zeit und Umgebung er aufwuchs: Erotische Liebe war kein Thema, über das im Familienkreis gesprochen wurde. Doch da er nie geheiratet hat und man von keiner Liebesbeziehung weiß, ist auch darüber spekuliert worden, ob Dag Hammarskjöld asexuell oder homosexuell gewesen sei. Doch was ist mit »asexuell« eigentlich gemeint? Es gibt Passagen in *Zeichen am Weg*, die von einer intensiven erotischen Sehnsucht zeugen, die nicht völlig unterdrückt werden konnte. In einem Erinnerungsbild aus der Jugendzeit schreibt er:

Dag und seine drei Brüder Anfang der Zwanzigerjahre. Bo (links) und Åke (dritter von links) traten in die Fußstapfen von Vater Hjalmar und wurden Beamte. Sten (rechts) war eher rebellisch und wurde Journalist.

Er senkte den Blick,
nicht zu sehen den Körper,
ihn nicht zu begehren.

In den uns zugänglichen Quellen über seine Jugend gibt es jedoch keinen Beleg für ein sexuelles Interesse an Jungen oder Männern. Dass er hingegen über Mädchen nachdachte, geht aus einem Brief hervor, den er im Alter von sechzehn Jahren aus seinem Konfirmanden-Zeltlager an seinen Bruder Sten schickte. Dies muss eines der ersten Male gewesen sein, dass er sich mit dem anderen Geschlecht zusammen in einer Gruppe befand, und seine erste Reaktion ist vorsichtige Neugier: »Die Mädchen sind nicht so dumm, wie ich gedacht hätte. Seltsamerweise gibt es keine ›Damen‹ unter ihnen. Einige sind sogar ziemlich süß. Die beiden dicksten und dümmsten sind Scouts.« Ein paar Tage später hat er seinen männlichen Blick ein wenig weiter ausgebildet und sendet Sten eine Liste, in der er die Persönlichkeit und das Aussehen der Mädchen bewertet: »M1. Sehr lustig und nett, vielleicht zu viel. Nicht hässlich. M2. Freundlich, hässlich, ziemlich nett. M3. Ein Wildfang von ›Junge‹. Hässlich. M4. Freundlich, gut und nett, hübsch …«

Noch mehr als seine Sexualität oder der Mangel an einer solchen, hat die Nachwelt sein Verhältnis zur Religion fasziniert, das durch die Publikation von *Zeichen am Weg* allgemein bekannt wurde. Doch auch wenn die Beziehung zu Gott für Dag Hammarskjöld zeitlebens von zentraler Bedeutung war, gibt es doch keine Hinweise auf übertriebene religiöse Grübeleien während seiner Jugendzeit. – Er war gläubig. Die christliche Lehre wurde ihm in dem konservativen Milieu, aus dem er stammte, nicht nur angeboten, sondern durch seine Mutter Agnes besonders vermittelt. Die Briefe, die er aus dem Konfirmandenlager nach Hause schrieb, zeugen von einem grundlegenden Kinderglauben ohne größere Schwierigkeiten. Wenn er sich um die Gesundheit der Mutter sorgt, vertraut er auf den Willen Gottes, und er ist von dem beeindruckenden Gang zum Abendmahl, den der Konfirmationspfarrer angeordnet hat, überwältigt: »Etwas Schöneres oder Großartigeres kann Mama sich nicht vorstellen.«

Für Dag Hammarskjöld war das Verhältnis zu Gott ein ganz persönliches. Er ging nur selten in die Kirche oder diskutierte religiöse Fragen mit Freunden, doch in dem Brief, der zusammen mit dem Manuskript zu *Zeichen am Weg* nach seinem Tod gefunden wurde, schrieb er, dass er sein ganzes Leben lang »Verhandlungen mit Gott« geführt habe.

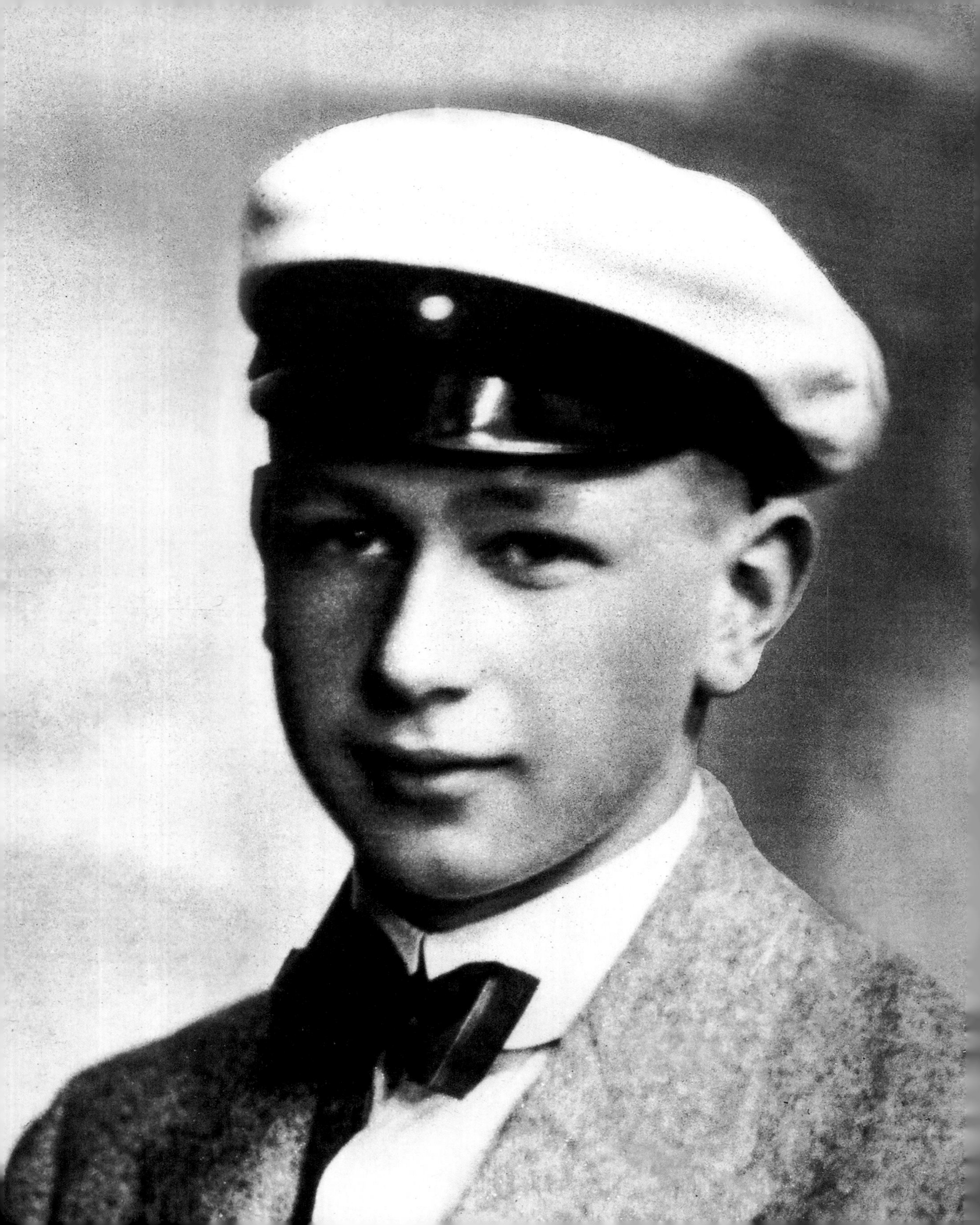

ER WAR EINER VON UNS

Seit er »so groß, nur ein Kind« gewesen war, hatte er sich auf sämtliche Schwierigkeiten vorbereitet, denen man an Land und zur See begegnen kann [...] Er hatte sich alle Gefahren und Widerstände ausgemalt, hatte das Schlimmste erwartet und sich darin geübt, sein Bestes zu geben.

Joseph Conrad, *Lord Jim*

Die meisten Studenten im Uppsala der Zwanzigerjahre hatten ihr Elternhaus für ein freieres Leben verlassen. Zum ersten Mal besaßen sie eine eigene Wohnung, wenn es auch nur ein kleines Zimmer zur Untermiete war. Die Familiengemeinschaft war durch neue Freunde innerhalb der Studentenorganisationen oder bei gemeinsamen Essen ersetzt worden, die Studienhilfe, Diskussionen und Gemeinschaft boten. Einige waren vielleicht schon auf den Geschmack von Alkohol gekommen, waren umstürzlerischen Vereinen beigetreten und hatten ihre Unschuld verloren. Selbst wenn ihre Freiheit von barschen Wirtinnen und den sozialen Kontrollmechanismen der akademischen Kleinstadt beschränkt wurde, hatten die jungen Studenten doch ihren ersten selbstständigen Schritt in die Welt unternommen.

Für Dag Hammarskjöld bedeutete die Studentenzeit keinen solchen Aufbruch. Während der sieben Jahre, die er in Uppsala studierte – von 1923 bis 1930, also zwischen seinem achtzehnten und fünfundzwanzigsten Lebensjahr –, wohnte er weiterhin zusammen mit Hjalmar und Agnes in der Residenz des Landesvaters. Der Übergang vom Gymnasium zur Universität geschah unmerklich im selben familiären Milieu. Vom Schloss konnte er in wenigen Minuten zur Bibliothek Carolina Rediviva, und dann weiter zu seinen Seminaren im Zentrum Uppsalas. Und wenn er seine Lehrer und Kommilitonen traf, wussten alle, dass der blauäugige junge Mann mit der hohen Stirn der Sohn von Hjalmar Hammarskjöld war. – Dies war ein bequemes Leben, das es ihm erlaubte, seine Kraft auf seine intellektuelle Entwicklung zu konzentrieren, ohne durch alltägliche Sorgen abgelenkt zu werden. Doch selbst wenn er niemals offen gegen seine Eltern rebellierte, wurden seine ersten Schritte hinaus ins Leben von dem Willen geprägt, sich vom Weltbild Hjalmar Hammarskjölds frei zu machen. Innerhalb der akademischen Welt fand Dag schnell einen eigenen Weg, der die Werte des Vaters herausforderte.

Abiturient 1923. Als Dag mit einem Zeugnis nach Hause kam, das zwölf große A und fünf kleine a enthielt, soll der Vater trocken konstatiert haben, sein Bruder Åke habe bessere Noten gehabt. Vielleicht ist das eine Anekdote, doch der Druck, den Hjalmar auf seine Söhne ausübte, war beträchtlich.

In seiner Freizeit las er Belletristik und Poesie, doch zum ersten Mal im Leben hatte er auch enge Freunde. Ihr gemeinsames Erforschen der männlichen Freundschaft war von entscheidender Bedeutung für seine Entwicklung. Zusammen mit ihnen konnte er die Grenze zwischen den Anforderungen der Gemeinschaft und der Souveränität des Individuums ausloten. Sie unternahmen Bergtouren, reisten zusammen und diskutierten über Religion, Literatur und den Sinn des Lebens.

Später im Leben sollte Dag das Uppsala der Zwanzigerjahre in freundlicher Erinnerung behalten. Das Studium lief gut, er hatte Freunde und war voller Erwartung auf kommende Lebensaufgaben: »Berührt vom Winde meines unbekannten Ziels, zittern die Saiten im Warten«, schrieb er in einem frühen Jugendtext, der später in *Zeichen am Weg* eingehen sollte. Es sollte sich allerdings herausstellen, dass dieses »unbekannte Ziel« nicht im Bereich der wissenschaftlichen Forschung lag.

Obwohl Schweden am Ersten Weltkrieg nicht beteiligt gewesen war, sprach man von den jungen Leuten der Zwanzigerjahre als der »verlorenen Generation«. Doch auch sie suchten weiter nach dem Sinn des Lebens, wenn auch weniger glaubensfest und viel draufgängerischer als ihre Eltern.

Als Student wohnte Dag immer noch zu Hause. Hier in den Ferien mit Mutter Agnes und wahrscheinlich einer Schwägerin und dem Kind eines der Brüder.

Einige fanden ihn in der Politik, vielleicht nicht gerade im Traum von einem sozialistischen Reich der Seligkeit, aber durchaus in alltäglicher Arbeit für soziale Reformen. Für andere wurde die Befreiung des Ich zu einer neuen Utopie: Freud und die Psychoanalyse fanden zaghaft ihren Weg nach Schweden. Aber auch Gott war nicht völlig aus dem Bild verschwunden. In den Zwanzigerjahren wuchs die Anzahl der Theologiestudenten drastisch, möglicherweise inspiriert durch den charismatischen Erzbischof Nathan Söderblom (auch er ein Freund der Familie Hammarskjöld). Und wenn weder Freud noch Gott lockten, dann wurden den jungen Leuten ganz neue populärkulturelle Zerstreuungen geboten. Fußball wurde zu einer Leidenschaft, die Figur des »Jazzgossen« (Jazzbuben) eroberte wie im gleichnamigen Schlager mit Wildlederschuhen und messerscharfer Bügelfalte die Bühnen, dazu sein weiblicher Gegenpart mit Bob-Frisur und kurzem Rock.

Nach außen erschien der achtzehnjährige Student Dag Hammarskjöld nicht als ein Repräsentant dieser suchenden Nachkriegsgeneration ohne Wurzeln – weder Jazz, noch Frauenbeine, noch Politik schienen ihn zu interessieren. Er war nicht nur insofern, als er zu Hause wohnte, ein »Muttersöhnchen« – auch das meiste von Dags sozialem Leben spielte sich im Schoß der Familie ab. Ein Brief an den Bruder Sten beschreibt eine charmante, aber sehr kindliche Szene von einer Bildungsreise nach England und Holland, die er im Sommer vor seinem Beginn an der Universität gemacht hatte:

> Ich nehme an, dass Sten von unserer Reise gehört hat und auch von dem Abenteuer in Amsterdam. Ich glaube, ich habe noch nie so gelacht, auch wenn die Situation ohne Frage recht ernst war. Sten stelle sich einen Gepäckträger vor, der zusammen mit Mama und unseren Sachen rennt. Papa, nach umfänglichem Fluchen, und ich bildeten die Nachhut. Der Träger nötigte *Mama* für die Gepäckaufnahme in den Raum und sagte mit einer befehlenden Geste zu Papa: You stay here, the *Lady* follows me. Das war wirklich wunderbar auf den Kopf gestellt.

Als Dag im Herbst 1923 mit seinem Studium begann, trat er der Studentennation Uppland bei, deren Ehrenvorsitzender sein Vater war, und schloss sich gleichzeitig der konservativen Studentenvereinigung Heimdal an, in der die Brüder Bo und Åke aktiv waren. Als erstes Fach für seine Examen an der Philosophischen Fakultät wählte er romanische Sprachen, hier vielleicht vom Vater beeinflusst, der in seiner Freizeit portugiesische Lyrik ins Schwedische übersetzte. Dag war mit seinen Sprachstudien schnell und erfolgreich und schloss sie binnen eines Jahres ab. Hier tat sich durchaus eine alternative Laufbahn auf, nämlich mit den Studien in Humanwissenschaften fortzufahren und Wissenschaftler, Autor oder vielleicht Dichter zu werden. Dies wäre keine unpassende Entwicklung gewesen, wenn man Dags lebenslange Liebe zu Lyrik und Literatur bedenkt. Doch auch für die Diplomatenkarriere, die Åke – selbst inzwischen am Internationalen Gerichtshof in Den Haag tätig – als Zukunft für seinen kleinen Bruder vorschwebte, waren Französischkenntnisse die Voraussetzung. Er sprach sich dafür aus, dass Dag mit Politikwissenschaft und Geschichte weitermachen sollte.

Aber da rebellierte Dag dann doch gegen die Familienkultur. Im Wintersemester 1924 begann er bei Axel Hägerström Philosophie zu studieren, einem radikalen Professor, der sowohl die konservative Beamtenmentalität von Vater Hjalmar als auch das stille Christentum von Mutter Agnes herausforderte. Auch wenn überhaupt nicht mit Sicherheit gesagt werden kann, dass die Eltern hier widersprochen hätten – schließlich zeigte sich Dag ansonsten in jeder Hinsicht als beispielhafter Sohn –, so war dies doch das erste Anzeichen von Selbstständigkeit.

Hägerström hatte eine Lehre entwickelt, die später »Werte-Nihilismus« genannt werden sollte und sich gegen den religiös gefärbten Idealismus richtete, der die schwedische Philosophie in der zweiten Hälfte des 19. Jahrhunderts bestimmt hatte. Behauptungen der Art »x ist gut« seien objektiv gesehen sinnlos, meinte er. Bei Aussagen zu Wertefragen handele es sich ausschließlich um persönliche Gefühlsverlautbarungen, die nicht richtig oder falsch sein könnten. Damit wurde der Anspruch sowohl der Religion als auch der Staatsmacht auf moralische Autorität unterminiert und eine Kritik an der herrschenden Gesellschaftsordnung möglich gemacht. Der Werte-Nihilismus mit seiner Ablehnung naturrechtlicher Ideen wurde zu einer wichtigen Inspirationsquelle für die sozialdemokratische Rechtsphilosophie des 20. Jahrhunderts.

Dass Dag Hammarskjöld sich zu Hägerström hingezogen fühlte, mag bei seinem lebenslangen Gottesglauben seltsam erscheinen. Doch Hammarskjöld lockten Gesang und soziale Gemeinschaft nicht, vielmehr wurde sein eher kühles Temperament von Intellektuellen angezogen, die Glaubensfragen auf den Grund gingen – ganz gleich, ob es nun mittelalterliche Denker oder moderne Utilitaristen waren. Zudem war Hägerström äußerst gut über die christliche Theologie informiert. Er stammte aus einer Pfarrersfamilie, war aber als Student in eine religiöse Krise und so zur Philosophie gekommen.

Der knapp fünfzigjährige Professor war ein charismatischer Lehrer, der, wie ein Student berichtet, »mit geschlossenen Augen wie halb abwesend mit seiner dunklen, suggestiven Stimme las«. Trotz oder vielleicht gerade wegen seiner Kritik an der Idee einer objektiven Ethik war er im Privatleben ein höchst moralischer Mensch, der Wahrheit und Selbstlosigkeit als wichtige Tugenden erachtete. Die Begegnung mit Hägerström, schrieb Dag Hammarskjöld noch viel später in seinem Leben, sei eines der größten Erlebnisse seiner Studienzeit gewesen. Auch wenn er sich dessen Kritik des Christentums nicht zu eigen machte, so beeinflusste ihn Hägerström doch politisch. Einige Jahre später schrieb er einen Artikel, in dem er seinen Philosophielehrer dafür pries, gezeigt zu haben, »dass die Ethik eigentlich nichts mit den praktischen sozialen Problemen zu tun hat«.

Wahrscheinlich muss man Dags Interesse an Hägerström auch als einen Teil seiner Auseinandersetzung mit dem Vater auffassen. Hjalmar war von der älteren konservativen Beamtenphilosophie geprägt, die von C. J. Boström, Professor für Philosophie in Uppsala in der Mitte des 19. Jahrhunderts, propagiert worden war und die davon ausging, dass der Staat über die Bürger erhaben sei. Hägerström nun vertrat das utilitaristische Staatsideal, bei dem der Beamte im Dienst des allgemeinen Nutzens stand. Was die Abrechnung mit dem Vater angeht, so erinnert dies an die Geschichte des Mannes, der beim Tauziehen Zugmann in der Mannschaft der Feuerwehr wird, weil sein Vater Zugmann in der Mannschaft der Polizei war.

Das letzte Fach in seinem Examen wurde Volkswirtschaft, das Mitte der Zwanzigerjahre zu einem politisch aufgeladenen Thema geworden war. Die Sozialdemokraten – wenn sie auch nicht an der Macht waren, so waren sie doch inzwischen die größte Partei des Landes – stellten neue Fragen zu industrieller Demokratie, Sozialisierung und Bekämpfung der Arbeitslosigkeit, die auch Studenten und jüngere Wirtschaftswissenschaftler beeinflussten. Nach zwei Semestern legte Dag im Sommersemester 1925 eine 44-seitige Hausarbeit vor, die den etwas sperrigen Titel *Die innere Organisation und Produktion der Industrie* trug.

Problemstellung und Argumentation tragen deutliche Spuren sowohl von hägerströmschem wie auch von sozialdemokratischem Einfluss. Er ging vom Eigentümerrecht als einem gegebenen Prinzip aus, tat dies aber aus Gründen des Nutzens, und nicht, weil es für ihn ein Naturrecht gewesen wäre – Privateigentum sei notwendig für eine geordnete Gesellschaft. Das kapitalistische System würde jedoch ein starkes Ungleichgewicht schaffen, da es den Arbeitern an Eigentum fehle, was sie machtlos, passiv und an der Produktion desinteressiert mache. Dann zitierte Hammarskjöld zustimmend den jungen sozialdemokratischen Denker Nils Karleby: »Die Arbeiterklasse ist in einer solchen Lage doch a priori ›ausgesaugt‹, ihrer menschlichen Rechte beraubt – und wird von theoretischen Erklärungen nicht erreicht.« Dag Hammarskjöld aber wies sowohl staatssozialistische wie auch syndikalistische Lösungen zurück und meinte stattdessen, die

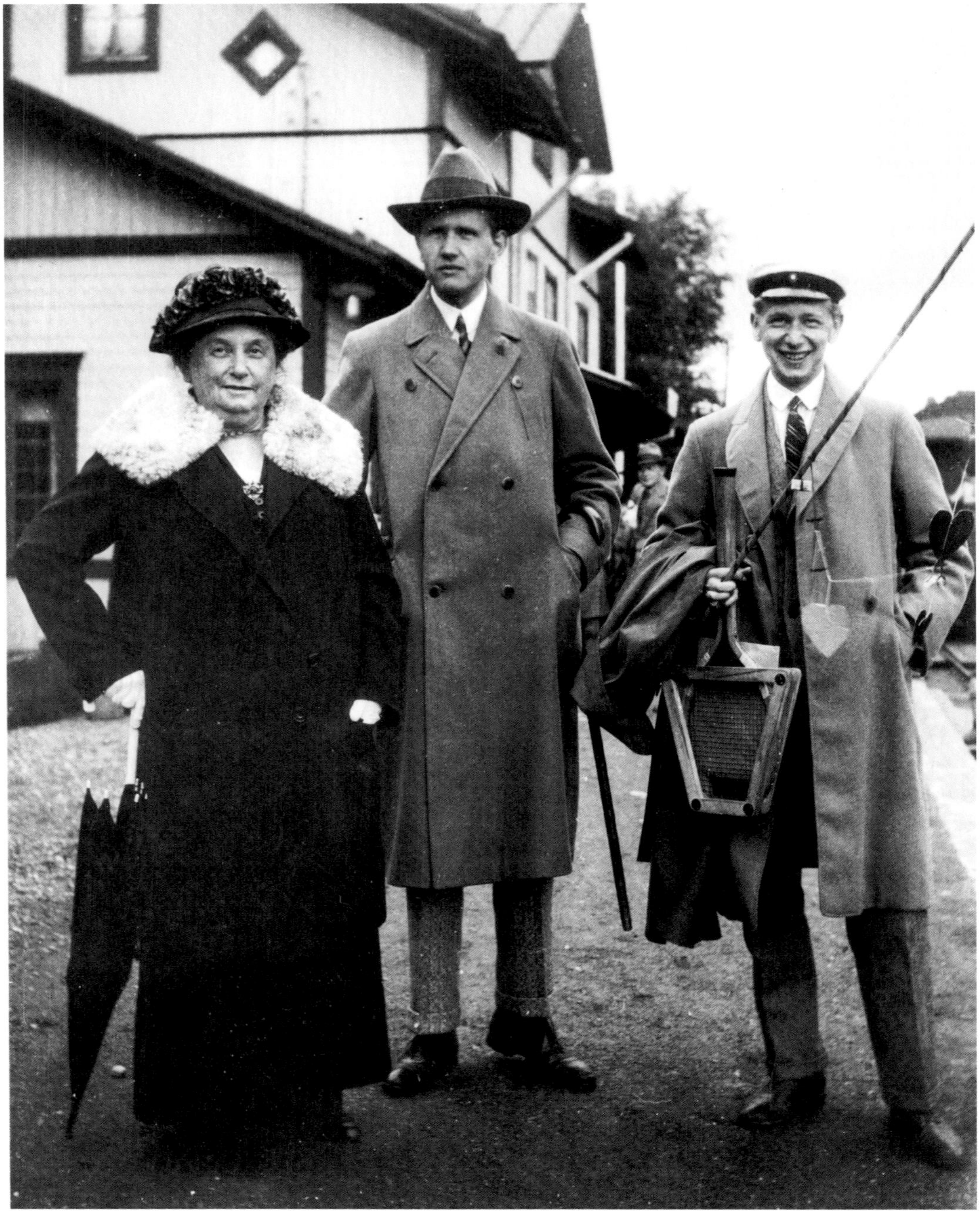

Arbeiter müssten zu individuellen Anteilseignern in ihren Firmen werden. Dies war vielleicht kein radikaler Schluss, doch hatte sich Hjalmar Hungerskjölds Sohn damit in die Gedankenwelt der Sozialdemokratie begeben. In der Familie scherzte man, Dag sei Sozialist geworden.

Uppsala in den Zwanzigerjahren hatte aber noch mehr zu bieten als akademische Studien. Das Leben der Studentennationen blühte mit Frühjahrsbällen, Gelagen und Soupers. Internationale Gäste kamen zu Besuch, wie Rabindranath Tagore, der indische Philosoph und Schriftsteller, der 1913 den Nobelpreis erhalten hatte. Erzbischof Nathan Söderblom trug durch seine enthusiastische Ökumene ebenfalls zur Ausweitung der internationalen Kontakte bei. Sowohl der Erzbischof wie auch die ausländischen Besucher waren oft Gäste der Familie Hammarskjöld auf dem Schloss. Ein Student erinnert sich später, dass der intellektuelle Hunger in Uppsala zu jener Zeit unstillbar gewesen sei: »… Harnack und Hindhede (am selben Tag), Galsworthy und Schnitzler, Tagore und Moissi, Jakob Wassermann […] und Spengler, Filme, Konzerte, Gottesdienste, Kunstausstellungen, politische Vorträge, Diskussionen aller Art, Opern, Kabarett, Podiumsdiskussionen zu den allerunterschiedlichsten Themen.«

Dem neugierigen und kulturell interessierten Dag fiel es wohl kaum schwer, an dem Angebot teilzuhaben, zumal sowohl die prominenten Gäste wie auch die herausragenden Akademiker der Stadt oft in der Residenz des Regierungspräsidenten vorbeikamen. Sein Interesse am Vereins- und Gesellschaftsleben hingegen war äußerst gering, um nicht zu sagen nichtexistent.

Dag war passives Mitglied in der Studentennation Uppland und der Studentenvereinigung Heimdal, ansonsten gehörte er keinen Klubs, Gruppen oder Cliquen an. Wie schon in seiner Gymnasiumszeit scheint er freundlich, kühl und zurückhaltend gewesen zu sein. Einen Großteil seiner Zeit verbrachte er zu Hause auf dem Schloss mit Schreiben und Lesen. Auch das Interesse am anderen Geschlecht, das ansonsten selbst Einsiedler hinaus ins gesellschaftliche Leben treiben kann, schien ihm zu fehlen – wenn er einmal auf einen Studentenball ging, dann geschah das ohne Dame.

Hingegen pflegte er intensive Freundschaften mit zwei Kommilitonen in Uppsala. Der Jurist Rutger Moll und der Medizinstudent Jan Waldenström gehörten zu einer Tischgemeinschaft – was nicht nur hieß, dass sie für eine monatliche Summe in einem privaten Lokal zu Abend essen konnten, sondern auch einen festen Ort für Diskussionen und Umgang miteinander hatten. Dag, der ja zu Hause auf dem Schloss zu Abend essen konnte, gehörte nicht zur Tischgemeinschaft, doch hatte er Rutger und Jan während seines ersten Jahres an der Universität irgendwie kennengelernt. Richtig in Fahrt

Agnes Hammarskjöld mit Sten und Dag. Die beiden jüngsten Söhne hatten ein enges Verhältnis zur Mutter, nicht zuletzt Dag, der, solange sie lebte, fast täglich in Kontakt mit ihr stehen sollte.

kam die Freundschaft jedoch erst außerhalb Uppsalas, während des heißen Sommers 1925. – Zufälligerweise waren Dag und Rutger gleichzeitig ein paar Wochen lang im Juli in Åre in den jämtländischen Bergen. Sie waren im Speisesaal eines Berghotels am selben Tisch platziert worden, und eines Abends schlug Dag vor, gemeinsam den Åreskutan, einen 1.420 Meter hohen Berg oberhalb des Ortes zu besteigen. In der hellen Sommernacht öffneten die beiden jungen Männer einander ihre Herzen: »Ich bin froh, Dich Freund nennen zu dürfen, doch mein Dank gilt der Tatsache, dass es Dich gibt und Du der bist, der Du bist«, schrieb Rutger einige Wochen später an Dag.

Später sollten sie oft auf diese Nacht zurückkommen, die den Beginn ihrer Freundschaft bedeutete: »Ich kann mich nicht erinnern, mich jemals in diesem Maße ›hautlos‹ gefühlt zu haben, so sehr mich in alles einlebend, wie in dieser Zeit«, erinnert sich Dag. Etwas später im selben Sommer besuchte Dag das Sommerhaus der Familie Waldenström bei Lennartsnäs nördlich von Stockholm, und auch wenn er Jans Freundschaft nicht ebenso vorbehaltlos gewann, so meinte er doch, auf einem guten Weg zu sein: »Wohl betrachte ich ihn als ›mein‹ – in einem Jahr oder auch früher. Lange ist es nicht mehr hin«, schrieb er Ende August in einem Brief an Rutger.

Im Laufe der folgenden Jahre sollten die drei jungen Männer eine zeitweilig komplizierte Dreiecksbeziehung eingehen. Es gab vieles, das sie vereinte. Sie wanderten gern in den Bergen und entstammten einem ähnlichen Hintergrund: Rutgers Vater war Chef der Reichsbank und der von Jan ein bekannter Arzt. Alle drei hatten sie ein enges Verhältnis zu ihren Müttern und waren sehr ernste junge Männer, die nach belastbaren Lebensidealen suchten.

Doch sie waren auch sehr unterschiedlich. Rutger Moll war begabt, litt aber unter mangelndem Selbstwertgefühl, was seine Studienergebnisse beeinträchtigte. Jan Waldenström war robust und selbstsicher. Das machte Dags Beziehung zu seinen beiden Freunden ein wenig unsymmetrisch. Gegenüber Rutger verhielt er sich beschützend und fühlte sich manchmal von dessen Abhängigkeit gestört, während er Jan bewunderte und bei ihm Bestätigung suchte.

Die Beziehung zu Rutger und Jan vermittelt zudem ein sehr gutes Bild des jungen Dag Hammarskjöld. In den vielen Briefen, die er an seine Freunde geschrieben hat, begegnen wir einem extrem prüfenden, selbstreflektierenden und Selbstständigkeit suchenden Intellekt. Hier findet man die grundlegende Religiosität, die in den Sechzigerjahren die Welt nach der postumen Veröffentlichung von *Zeichen am Weg* überraschen sollte. Doch selbst wenn ihr gemeinsamer christlicher Glaube manchmal Gegenstand der Korrespondenz ist, beschäftigt sie ein anderes, alles überragendes Thema: die wahre Natur der Freundschaft.

Familie Hammarskjöld machte gern Urlaub in Jämtland in Nordschweden, und Dag wurde schon früh ein begeisterter Bergwanderer. Die Berge waren für ihn, was das Meer für Segler ist – Freiheit und Unendlichkeit. Diese Leidenschaft sollte ihn sein ganzes Leben lang begleiten.

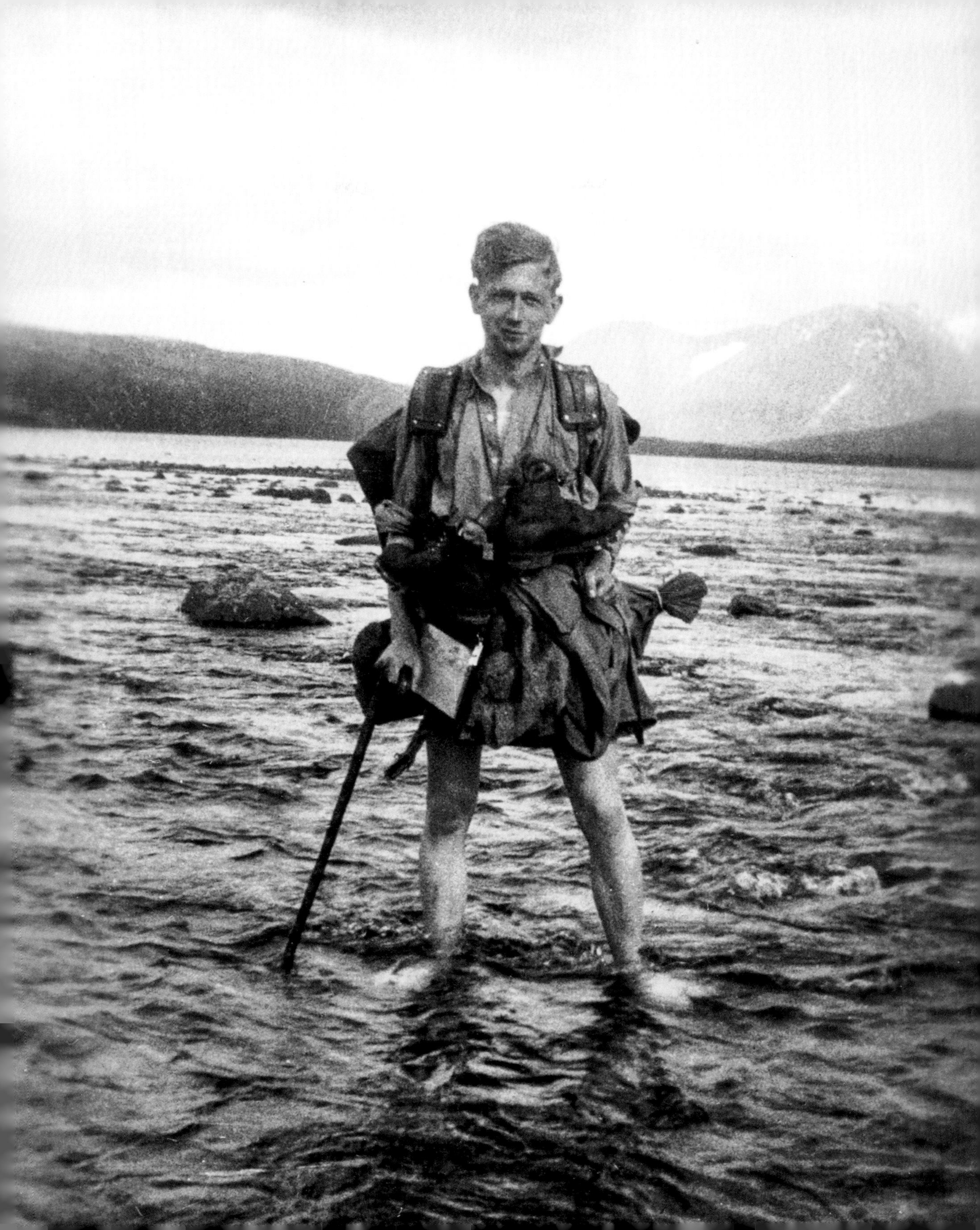

Die Tonlage war schwärmerisch. Sie nennen einander »Dearie« und »Darling«, äußern wiederholte Freundschaftsbeteuerungen und benutzen Begriffe wie »erobern« und »erschöpft sein«, um ihre Freundschaftsbeziehungen zu beschreiben. Es entstehen Missverständnisse, die geklärt werden müssen, zum Beispiel schreibt Dag im Frühjahr 1926 an Jan:

> Jedes Mal, wenn ich Dich in der vergangenen Woche getroffen habe, war mir so unsäglich stark bewusst, dass ich in schlendrianmäßiger Egozentrik gedankenlos und taub eigenen Gedankenbahnen gefolgt bin. Ich wage zu glauben, dass Du Dir meiner dennoch so sicher bist, dass Du dies verzeihen kannst, und zwar auf die eine einzige Weise, die von Wert ist: vergessen, was es Dir für Schmerzen bereitet haben kann, in der Gewissheit, dass es ein Scheitern von der Seite des anderen ist.

Es ist verlockend, den Kosenamen eine erotische Bedeutung zu geben; die drei jungen Männer diskutieren und definieren »Freundschaft« auf eine Weise, die wir heute meist mit dem Begriff »Liebe« verbinden, ganz gleich, welchen Geschlechts die Beteiligten sind. Doch handelt es sich dabei mit größter Wahrscheinlichkeit um eine anachronistische Interpretation. Die Beziehungen zwischen Dag, Jan und Rutger dürfte man eher als »Homosozialität« bezeichnen, d. h. ein starkes Zusammengehörigkeitsgefühl zwischen Menschen desselben Geschlechts, das mehr oder weniger aktiv Personen des anderen Geschlechts ausschließt. Sie waren in einer stark männlich definierten Gesellschaft aufgewachsen, in der es wenig Möglichkeiten gab, mit dem anderen Geschlecht auf entspannte Weise zusammen zu sein. Die wenigen Male, in denen Dag in seinen Briefen von Frauen schreibt, geschieht dies in distanziertem Tonfall. Im Sommer 1927 schreibt der zweiundzwanzigjährige Jüngling ironisch an Rutger über sein soziales Leben in Åre:

> Du würdest lachen, wenn Du mich sehen würdest, wie ich erfolgreich den »Kandidaten im Sommerpensionat« gebe, und zwar à la »Quartett, das gesprengt wurde«. – Wie gesagt, treibe ich im verzweifelten Versuch, es ein wenig spannender zu gestalten, Damen auf mittelmäßig hohe Berge. Ich betanze sie in einem stillen Charleston zu den Klängen des örtlichen heiseren Grammophons, ich spiele Mahjong und lasse sie mich am Geburtstag gnädig mit Versen preisen.

Ernst zu nehmende Männer hingegen, wie er selbst, Jan und Rutger, besteigen hohe Berge und befassen sich nicht mit Äußerlichkeiten wie Tanz und Kartenspiel.

Zu ihrer Verteidigung kann man sagen, dass sie sensible, begabte und selbstbewusste junge Männer aus der gesellschaftlichen Elite mit einem stark ausgeprägten Pflichtgefühl waren. Die männliche Freundschaft bot eine Möglichkeit, Forderungen, Ideale und Träume unter sichereren Bedingungen als den nervösen Kontakten mit Frauen zu erproben und zu erforschen. Natürlich steht hinter dieser intensiven Homosozialität auch eine herablassende Sicht auf Frauen, selbst wenn sie nur selten anders ausgedrückt wird als durch fast völliges Fehlen von Hinweisen auf das andere Geschlecht. Nur an einer Stelle unternimmt Jan Waldenström einen vielsagenden Vergleich zwischen der (männlichen) Freundschaft und der Ehe:

> Wenn die Freundschaft, so wie es die unsrige für uns beide offensichtlich getan hat, selbst den Kampf darum, »uns selbst treu zu sein«, erleichtert, ist sie dann nicht das Höchste und Edelste, was man sich denken kann? Die Ehe bedeutet aus dem rein äußerlichen Blickwinkel mehr und kann natürlich in ihrer höchsten Form höher gelangen als alles andere, wenn sowohl die geistige wie die körperliche Zusammengehörigkeit vereint zu sein scheint. Andererseits erfordert es doch einen ungeheuer hohen Grad an intellektueller Gleichheit – der in einem Verhältnis zwischen Mann und Frau vielleicht nur selten erreicht werden kann –, wenn beide sich in allen Punkten wiederfinden und sich im anderen Teil selbst verstehen sollten.

Ob Jan Waldenström und Rutger Moll eine vollendete »geistige und körperliche Zusammengehörigkeit« in der Ehe finden sollten, ist nicht bekannt. Doch im Unterschied zu Dag Hammarskjöld sollten sie beide heiraten.

In den Jugendbriefen an Jan und Rutger formuliert der zukünftige Generalsekretär grundlegende Ideen zu Selbstständigkeit und Integrität, die ihn sein ganzes Leben lang begleiten sollten. Ein zentraler Gedanke war, dass die Voraussetzung für authentische Beziehungen zwischen Menschen Gleichheit und Unabhängigkeit sind. Schon in seinem ersten Brief an Rutger nach ihrer wunderbaren Nacht auf dem Åreskutan macht er deutlich, dass Freundschaft nicht dasselbe ist wie bedingungslose Gemeinschaft:

> Emerson hat den härtesten Satz gesagt, nämlich *the condition of high friendship is the ability to do without it*. Ich denke doch, dass er genau das meint, dass wahre Freundschaft nicht zwischen zwei leben kann, von denen einer um seiner geistigen Existenz willen – um mal ein starkes Wort zu verwenden – von dieser Freundschaft abhängig ist.

Diese herbe Botschaft, mit Zitaten von verschiedenen Autoren und Philosophen geschmückt, sollte Dag in seinen Briefen an Rutger, den er als allzu unselbstständig betrachtete, wieder und wieder anbringen. Die wahre Freundschaft, sagte er, kann nicht Eifersucht sein, sie darf nicht eitel sein und nicht süchtig nach Bestätigung und Liebe.

In der Korrespondenz mit Jan ist der Ton ein wenig anders. Wie wir zuvor schon gesehen haben, wollte Dag Jan zu »seinem« machen, was eine gewisse Gratwanderung erforderte – auf der einen Seite die deutliche Haltung einer Freundschaft frei von Ansprüchen, auf der anderen Seite das Streben danach, sich zu versichern, dass seine warmherzigen Gefühle erwidert wurden. Dies führte zu einer Reihe wenig entspannter Argumentationen:

> … Du scheinst nicht verstanden zu haben, was ich damit meinte, dass Du mir gegenüber keinerlei Dankbarkeit empfinden solltest. Was ich für Dich getan habe, hat für mich denselben Lohn gehabt, indem ich solchen Wert in Dich setzte […] Eine Folge daraus ist, dass ich meinte, in Dir einen wirklichen Freund zu sehen.

Vielleicht ist es vielsagend, dass Dag ein wenig abseits steht. Er konnte, wie er es ausdrückte, durchaus »den Kandidaten im Sommerpensionat geben«, zog aber ernste und intellektuelle Freundschaftsbeziehungen vor.

Natürlich ist der Konflikt von Nehmen und Geben in Freundschaft und Liebe ein ewiger, und es ist nicht verwunderlich, dass der junge Dag Hammarskjöld ihn gemeinsam mit Jan und Rutger bearbeitete, wenn es auch mit einem größeren Bildungsarsenal geschah als bei den meisten anderen Menschen. Doch ist sein Streben, die persönliche Integrität und die individuelle Unabhängigkeit sicherzustellen, ungewöhnlich stark; er möchte, dass er ungeachtet der Umgebung und des gesellschaftlichen Drucks imstande wäre, der Stimme seines Gewissens zu folgen.

Das Ringen mit dieser Problematik äußerte sich nicht nur in der Freundschaft, sondern fand sich schließlich auch in Dags Interesse an religiösen und existenziellen Fragen wieder. Selbst in Zeiten, zu denen er mit seinen akademischen Studien reichlich ausgelastet war, las er noch »Erbauungsliteratur«, so unter anderem das Andachtsbuch *Nachfolge Christi* des Thomas von Kempen aus dem 15. Jahrhundert, eine damals in Schweden sehr verbreitete religiöse Schrift.

Doch in den Jugendbriefen tritt vor allem das Gefühl für Literatur und Lyrik in den Vordergrund. »Der Buchleser charakterisiert den Menschen«, schrieb er bei einer Gelegenheit an Rutger. Dag las in großem Stil, von modernen schwedischen Schriftstellern bis hin zu Klassikern wie Milton, Shakespeare und Montaigne. Wenn man bedenkt, dass es keinerlei Hinweise auf weibliche Freundinnen und Bekannte gibt, ist interessant zu bemerken, dass er sich besonders für Flauberts *Madame Bovary* und Tolstois *Anna Karenina* begeisterte, zwei der lebendigsten literarischen Frauenporträts des 19. Jahrhunderts.

Ein Schriftsteller, auf den er in den Briefen besonders oft zurückkommt, ist Joseph Conrad, der polnische Adlige, der englische Romane schrieb, die auf seiner zwanzigjährigen Erfahrung als Kapitän zur See gründeten. In dieser ausgeprägt eingeschlechtlichen Welt erkennt Dag eine Ästhetik, die in ihrer Schilderung der »schrecklichen Manifestationen« des Lebens so zerstörend ehrlich ist, dass sie in die strengste moralische Haltung mündet. Hammarskjöld ist von dem Gedanken fasziniert, dass der harte Kampf des Lebens große moralische Prüfungen bereithalten wird und dass man bereit sein muss, sich dieser Herausforderung zu stellen.

Der Roman von Conrad, welchen er am häufigsten erwähnt, ist *Lord Jim* (1900), ein Buch, »das wie kein anderes für die unsrige Einstellung steht«, wie er an Jan schreibt. *Lord Jim* problematisiert auf eine interessante Weise die Vorstellung, dass man sich mental auf kommende moralische Prüfungen vorbereiten könne – und kann hier auf eine etwas unheimliche Weise als Vorausschau auf Hammarskjölds eigene Zukunft gedeutet werden.

Voller Träume von Heldenmut und Tatkraft ist der Pfarrerssohn Jim zur

See gegangen und als Steuermann auf einem Schiff gelandet, das muslimische Pilger von Indonesien nach Mekka bringen soll. In einer Nacht schlägt das Schiff leck. Jim weigert sich, mit den anderen Kommandanten ein Rettungsboot zu besteigen, kann sich aber auch nicht überwinden, die schlafenden Passagiere zu wecken, weil das zu einer sinnlosen Panik führen würde. Am Ende springt er doch über Bord und wird von seinen fliehenden Kameraden aufgegriffen. Aber das Schiff mit den Pilgern sinkt nicht, sondern die beschämende Flucht wird offenbar. Jim verliert das Steuermannspatent und wirft sich sowohl seine eigene Schwäche wie auch die verschenkte Gelegenheit, ein Held zu werden, vor.

Nun greift der Erzähler des Buches, Seekapitän Marlow, ein und sorgt dafür, dass der ehrlose Jim als Handelsagent auf eine entlegene Insel geschickt wird. Dort erwirbt Jim sich den Respekt der Bevölkerung und wird »Lord Jim«, ein Friedensstifter, der die Einwohner vor einem örtlichen Verbrecherhäuptling beschützt. Ein paar Jahre später wird allerdings Jims Volk von einer anderen Verbrecherbande angegriffen, die seinen besten Freund, den Sohn des Häuptlings Doramin, tötet. Daraufhin tritt Jim vor den Häuptling und lässt sich von ihm zur Strafe, weil er den Sohn nicht beschützt hat, töten. Das Ende von *Lord Jim* sollte Dag für den Rest seines Lebens in Erinnerung bleiben. Als er 1951 in eine Lebenskrise zu geraten drohte, schrieb er in *Zeichen am Weg*:

> »An der Grenze des Unerhörten –.« Das Unerhörte – vielleicht ganz einfach Lord Jims letzte Begegnung mit Doramin, wo er zum absoluten Mut gelangt und zur absoluten Demut in absoluter Treue zu sich selbst. Mit einem lebendigen Schuldgefühl, aber gleichzeitig im Bewusstsein, dass er, soweit dies im Leben möglich ist, seine Schuld bezahlte – durch das, was er für jene tat, die ihm jetzt das Leben abverlangen. Ruhig und glücklich. Wie bei einer einsamen Wanderung am Meeresufer.

Es verwundert nicht, dass Dag von *Lord Jim* ergriffen war, es ist eine der stärksten und schönsten Erzählungen von Joseph Conrad. Besonders empfänglich war Dag dabei für das moralische Dilemma des Werks. Er war ja selbst ein »Jim«, der sich auf edle Taten vorbereitete, aber gleichzeitig ein Schüler Hägerströms, der eher den Nutzen einer Handlung sah als das moralische Motiv. Und an dieser Stelle schließlich betrog Jim sich selbst. Er meinte, das Schiff sei rettungslos verloren und es sei ein sinnloser Akt des Heldentums, an Bord zu bleiben, doch es stellte sich heraus, dass sein utilitaristisches Kalkül falsch war.

In den Briefen an Rutger kommt Dag mehrmals auf den oft wiederholten Satz des Erzählers Marlow über Jim zurück: »Er ist einer von uns« (ein Mantra, das auch in Hemingways Roman *Fiesta* häufig vorkommt, der in dieser Zeit erschien). Dieser Satz kann auf unterschiedliche Weise interpretiert werden, von der kolonialen Vorstellung, dass Jim trotz allem ein weißer Mann war, den man retten musste, bis zu einer mehr universalistischen Perspektive, dass er ganz einfach ein Mensch war und dafür das Recht besaß, seinen Platz in der Gemeinschaft wiederzuerlangen.

Doch die wahrscheinlichste Interpretation ist wohl, dass Conrad meinte, Jim gehöre zu den Menschen, die Ideale und Verantwortungsbewusstsein besäßen, und deshalb sei er »einer von uns« – vielleicht eine Botschaft des polnischen Adligen Conrad, die von dem schwedischen Adligen Hammarskjöld leicht aufgegriffen werden konnte. Doch Dag macht deutlich, dass »einer von uns« ebenso »jeder« sein kann. Als Rutger einwendet, seine Verliebtheit in Conrads Wendung sei elitär, hält Dag dagegen:

> Du hast absolut recht darin, dass Conrads »*he was one of us*« ein »*they do not count*« gegenübersteht, doch bin ich nicht sicher, ob du dieses letzte Wort recht verstehst. Ich weiß, wie sehr du alles Verurteilen fürchtest und wie kritisch du in diesem Punkt selbst mir gegenüber stehst. Doch Conrads Wendung ist nur ein Ausdruck dafür, dass er in ihnen keine Verbündeten hat [...] Wir kämpfen den Kampf des Lebens – oder wir kämpfen ihn nicht. Was nicht bedeutet, dass wir ihn nicht alle kämpfen könnten.

Nachdem er drei Examina in Volkswirtschaft absolviert hatte, war Dag im Herbst 1925 mit nur zwanzig Jahren auch mit seinem Examen an der Philosophischen Fakultät fertig. Doch er war des Studierens noch lange nicht müde. Im Sommersemester 1926 begann er zum einen ein weiterführendes Studium in Volkswirtschaft, was auf eine wissenschaftliche Laufbahn zielte, andererseits strebte er aber auch ein juristisches Assessorexamen an, was ihm den Weg in eine staatliche Anstellung öffnen würde.

Das Jura-Studium wurde jedoch mehr von Pflicht denn von Lust bestimmt: »Ich beginne mich schon vor dem nicht sehr fernen Zeitpunkt zu fürchten, wenn man selbst auf sehr lange Sicht zu einem Eremitenleben in irgendeinem Loch verdammt wird. Zum Beispiel stellvertretender Notar in Umeå – das sind Zukunftsaussichten«, schrieb er 1927 an einen Kommilitonen. Was ihn begeisterte, waren die Wirtschaftswissenschaften, ein Fach, in dem sich gerade ein gehöriger Generationenkonflikt anbahnte.

Im April 1927, als Dag sein zweites Jahr des weiterführenden Studiums absolvierte, legte in Stockholm ein junger begabter Wirtschaftswissenschaftler namens Gunnar Myrdal seine Doktorprüfung mit der Bestnote ab. Er war sieben Jahre älter als Dag und in mancher Hinsicht von ganz anderem Temperament: viel konfliktfreudiger und dominanter, doch auch gefühlvoller und impulsiver. Wie Dag besaß er aber einen scharfen und beweglichen Intellekt und befand sich auf einer raschen Wanderung vom traditionellen Konservatismus des Elternhauses zu radikaleren Ideen.

Die Kampflinien zwischen jüngeren und älteren Wirtschaftswissenschaftlern wurden zu jener Zeit im Klub der Nationalen Wirtschaft in Stockholm gezogen, einem privaten Seminarium, das sich in den Räumen der Handelshochschule am Brunkebergstorg traf. Dag hatte die Aufnahmeprozedur überstanden und war schon im Frühjahr 1926 als frisch gebackener Kandidat Mitglied geworden. So konnte er während der folgenden Jahre verfolgen, wie der Anspruch auf Wissenschaftlichkeit seitens der klassischen Volkswirtschaft von der jüngeren Generation zunehmend infrage gestellt wurde.

Ganz vorn marschierte Gunnar Myrdal, der, unterstützt von Hägerström, meinte, dass viele der klassischen Begriffe und Theorien in Wirklichkeit nur vorgefasste Meinungen davon widerspiegelten, wie die Gesellschaft organisiert sein müsste. Dag gehörte natürlich zu den Jungen, doch fühlte er sich noch nicht reif, direkt in den Streit einzugreifen. Nach einer stürmisch verlaufenen Versammlung schrieb er selbstkritisch an Jan:

> Der Abend wäre ohne Vorbehalte amüsant gewesen, wenn Myrdal mich nicht genötigt hätte, zu predigen, indem er sich während seines Vortrags persönlich an mich wendete. Formell ging das ganz gut – aber inhaltlich. U. a. fürchte ich, höchst »impertinent« und lächerlich gewirkt zu haben.

Im Unterschied zu Myrdal war Dag Hammarskjöld kein Polemiker. Doch der Unwille zu »predigen« könnte auch daher rühren, dass es mit seiner eigenen Doktorarbeit in Uppsala nicht so gut voranging wie erwartet.

Das Problem war sein Professor, ein eigensinniges Relikt aus der akademischen Welt des 19. Jahrhunderts namens Fritz Brock. Während seiner zwei Jahrzehnte als Professor führte er nicht einen einzigen Studenten bis zu einer fertigen Doktorarbeit. Zudem war er offenkundig skeptisch gegenüber Dags Arbeit, die von Preisbildung handelte und sowohl ältere Volkswirtschaftler wie Adam Smith, David Ricardo und Karl Marx in Betracht zog wie auch modernere Forschung, unter anderem Psychologie und nicht zuletzt Philosophie in der hägerströmschen Ausrichtung.

Glücklicherweise bekam der junge Kandidat an anderer Stelle Unterstüt-

Als Chef der Vereinten Nationen sollte Dag Hammarskjöld viele Male über alle Kontinente der Welt reisen. Doch seine erste Auslandsreise ging im Sommer 1922 zusammen mit seinem Bruder Bo nach Deutschland.

Konungens Befallningshafvande
i Upsala län.
Landskansliet den 29/6 19
No. 815

Passinnehavarens namnteckning:
(Unterschrift des Pass-Inhabers. Signature du Porteur.
Signature of the owner of Passport.)

Dag Hammarskjöld.

zung. Seine Kollegen im Volkswirtschafts-Klub ermunterten ihn. Im Herbst 1927 holte er sich während eines Studienaufenthaltes in England Inspiration, wo er unter anderem die Vorlesungen von John Maynard Keynes besuchte. Auch im Oberseminar des großen Wirtschaftswissenschaftlers war er vorübergehender Gast, was keineswegs ausschließlich angenehm war, da der Seminarleiter jedem Anwesenden eine Meinungsäußerung abverlangte.

Als er Anfang Dezember wieder in Uppsala zurück war, traf er Brock, der sich immer noch kritisch zeigte. Der Professor nannte die Abhandlung »ein inakzeptables eiliges Werk«. Ein anderer Dozent intervenierte und plädierte dafür, dass Dag zweieinhalb Noten bekommen sollte, was ein positives Urteil und einen guten Start in eine wissenschaftliche Laufbahn bedeuten würde. Brock ließ sich überreden, Dag zu benoten, gab ihm jedoch nur »zwei glatte Noten«, was einen Hinweis auf wissenschaftliche Mängel bedeutete.

Dies war der erste ernsthafte Misserfolg für Dag Hammarskjöld in der akademischen Welt, und er nahm ihn sich sehr zu Herzen. Er sei den Ärger mit der Abhandlung leid, schrieb er, es widere ihn an, und Brock habe vielleicht recht, dass er nicht für die Volkswirtschaftslehre geeignet sei. Doch seine Freunde mahnten ihn, sich das Urteil des griesgrämigen Professors nicht zu Herzen zu nehmen. Myrdal erklärte, Brock würde an einem Minderwertigkeitskomplex leiden und selbstverständlich solle Dag mit der Volkswirtschaft weitermachen: »Wir erwarten uns viel von dir«, schrieb er aufmunternd in einem Brief.

Der erste ernsthafte Widerstand in seinem jungen Leben hatte Dag Hammarskjöld verletzt. Die mittelmäßige Note ließ ihn zumindest vorübergehend die Lust an der Welt der Forschung verlieren. Stattdessen wandte er sich anderen Tätigkeiten zu, die vermuten lassen, dass er sich auf eine Beamtenlaufbahn vorbereitete – oder dass er einfach seine Wunden leckte und eine Reihe von Verpflichtungen erfüllen wollte, die er als notwendig erachtete, ehe er irgendwelche endgültigen Entscheidungen träfe.

Zunächst einmal führte er sein Jurastudium zu Ende. Das Thema als solches weckte keine Begeisterung in ihm, doch ein juristisches Assessor-Examen würde es leichter machen, eine Anstellung zu finden. Auch vonseiten der Familie verspürte er einen gewissen Druck. Er absolvierte sein Examen nach sechs Semestern Studium – vom Frühjahr 1928 bis zum Herbst 1930 – mit einer überdurchschnittlich guten Note. »Er studierte praktisch, vernünftig und mit großer Konzentration«, berichtet der Freund Stolpe.

Während dieser Zeit wurde das ansonsten zurückgezogene Muttersöhnchen gesellschaftlich bedeutend aktiver, auch wenn das vielleicht nicht ganz freiwillig geschah. Er erhielt den besonderen königlichen Auftrag, dem Erbprinzen Gustaf Adolf als Tutor in Volkswirtschaft – und in gewisser Weise vielleicht auch als Gesellschafter – zu dienen. Diese Aufgabe absolvierte Dag im Rahmen seines waffenfreien Militärdienstes an der Unteroffiziersschule in Uppsala. Der Auftrag war, wie er fand, »recht unangenehm und nicht gerade frei von Verantwortung«, doch glücklicherweise erwies sich wenigstens der Adjutant des Prinzen als vernünftig und nett.

Was er von dem Prinzen selbst dachte, ist unklar, doch man kann sich kaum vorstellen, dass zwischen den beiden jungen Männern eine besondere Sympathie aufkam. Gustaf Adolf hatte in der Schule Probleme gehabt und war hauptsächlich an Sport und Kriegsspielen interessiert. Sten fand, sein kleiner Bruder Dag solle die Gelegenheit nutzen, »den Thronfolger mit einer Menge sozialistischer Ideen vollzustopfen«, doch es gab keinerlei Anzeichen, dass der königliche Schüler sich irgendwelche Ideen seines Tutors, weder sozialistischer noch anderer Art, zu eigen gemacht hätte. An Rutger schrieb Dag, dass seine Zeit von »dem dümmsten aller dummen Dinge« verschlungen würde: »Sozietätengesellschaft mit oder ohne Prinz«.

Erstaunlicherweise engagierte er sich auch bei den Studentennationen. Zu Anfang geschah dies mehr aus Pflichtgefühl denn aus Spaß an der Sache. Als akademisch erfolgreicher Student aus einer der prominentesten Familien des Landes stand er unter dem Druck, Aufgaben im Nationenleben, das in Uppsala eine große Rolle spielte, anzunehmen. Schon 1927 hatte er sich mit dem Hinweis, dass er nach Cambridge reisen würde, vor dem Angebot, Erster Kurator der Studentennation Uppland zu werden, gedrückt. Im Frühjahr 1928 war das nicht länger möglich. Die Nation war in eine Notsituation geraten, denn der amtierende Erste Kurator hatte sich zusammen mit Sven Hedin auf Abenteuerreise nach Tibet begeben, und das ausgerechnet, als die Vereinigung ihr 300-jähriges Jubiläum plante.

Unter der Bedingung, dass die Amtszeit nur zwei Monate währen sollte, hatte Dag den Auftrag akzeptiert, ihn zu vertreten. Zunächst beklagte er sich bei seinen Freunden über die »grässliche zeitverschwenderische Kuratei«, doch als die zwei Monate um waren, hatte er eine neue Seite an sich entdeckt: »Ich hätte nie gedacht, dass diese zwei kleinen Monate, trotz aller Hetze und unzähligen Unannehmlichkeiten, zu den glücklichsten in Uppsala werden würden – und ich hätte auch nicht gedacht, dass die Nation, noch dazu in Festzeiten, Inhalte bieten könnte, die selbst den strengsten Realisten zufriedenstellen würden.«

Doch seine Zeit in Uppsala ging ihrem Ende zu. Hjalmar würde als Landesvater bald zurücktreten, und für den jüngsten Sohn der Familie war es an der Zeit, selbst für seinen Lebensunterhalt aufzukommen.

Dag ließ sich widerwillig zum Kurator der Studentennation Uppland ernennen, stellte aber zu seiner eigenen Überraschung fest, dass ihm die gesellschaftliche Verantwortung Freude bereitete.

Das untere Bild zeigt die Karikatur des kurzzeitigen Nationsfunktionärs aus einem Studentenschwank.

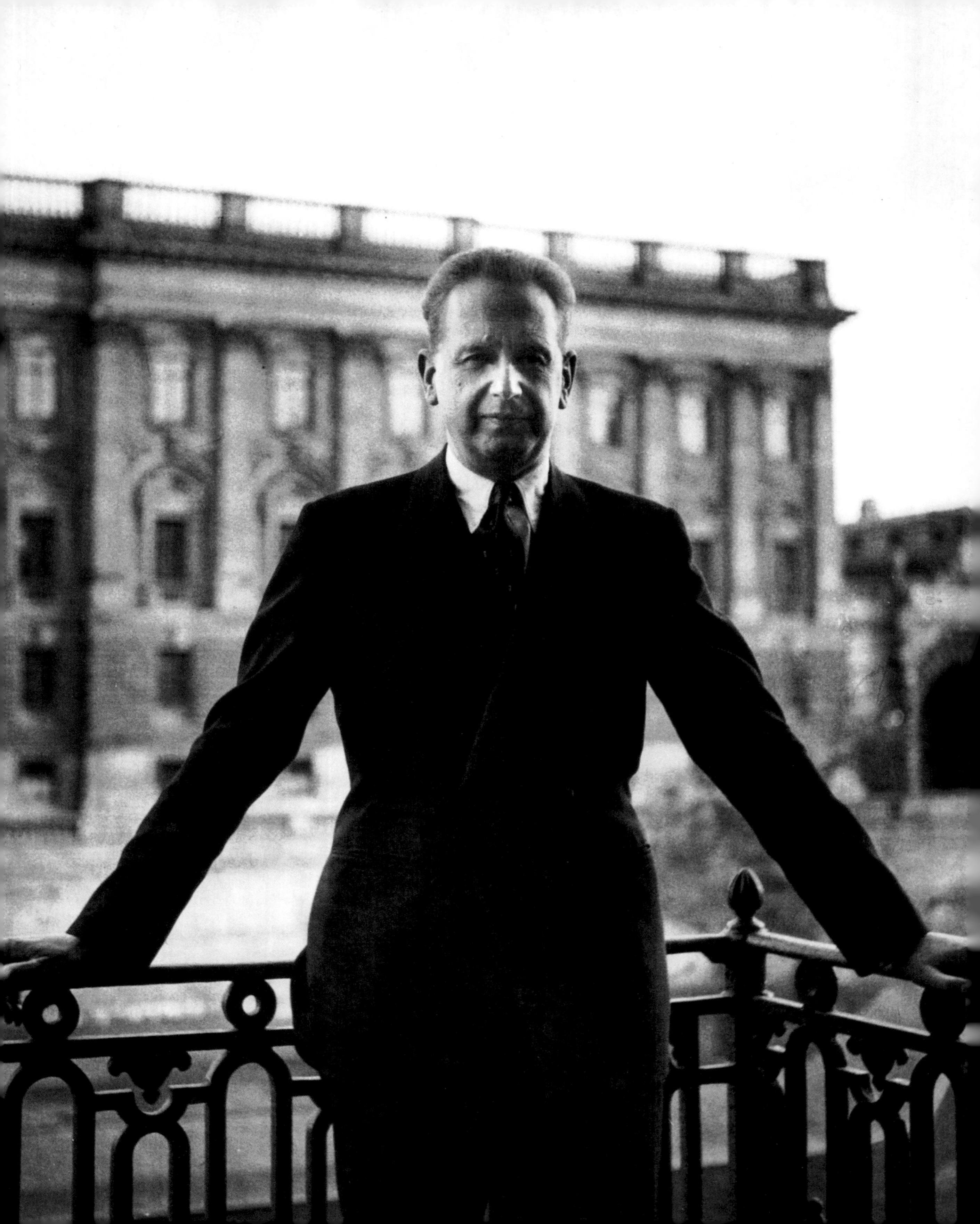

IM DIENST DES WOHLFAHRTSSTAATS

Unmöglich, wofür ich kämpfe: dass mein Leben Sinn erhalten soll.
Dag Hammarskjöld, 1952

Es ist nur zu verständlich, warum viele Biografen Dag Hammarskjölds entschieden haben, seine Zeit als schwedischer Staatsbeamter auszulassen, sind es doch Anfang und Ende seines Lebens, die herausstechen. Die Kinder- und Jugendzeit im großbürgerlichen Familienmilieu ist intensiv und reich an Farben. Seine Zeit als Chef der Vereinten Nationen ist voller politischer Dramatik mit Abstimmungen in der UNO und Konfrontationen mit den mächtigsten Politikern der Welt.

Die Zeit dazwischen, die Karriere in der schwedischen Staatsverwaltung in den Dreißiger- und Vierzigerjahren, wirkt dagegen wie eine lange, anonyme und bürokratisch-graue »Transportstrecke«. Wie er selbst 1952, ein Jahr vor seiner Wahl zum UN-Chef, etwas ahnungslos in einem Brief an einen Freund schreibt: »Seltsam, dass ein so ereignisreiches Leben wie das meine so arm an Ereignissen ist. Man merkt das, wenn man erzählen soll.«

Doch wie der Historiker Hans Landberg deutlich gezeigt hat, leistete Dag Hammarskjöld einen bemerkenswerten und – wenn man seinen Hintergrund bedenkt – erstaunlichen Einsatz als Beamter und politisch unabhängiger Wirtschaftsexperte im Dienst des schwedischen Wohlfahrtsstaates. Als der sozialdemokratische Finanzminister Ernst Wigforss seine Memoiren schrieb, stellte er fest, dass die Wirtschaftspolitik, die während der 1930er-Jahre und in der Zeit des Zweiten Weltkriegs gemacht wurde, ebenso die von Hammarskjöld war wie seine eigene.

Zwischen 1936 und 1945 war Dag Hammarskjöld Staatssekretär im Finanzministerium und somit der höchste verantwortliche Beamte unter Wigforss. Gleichzeitig hatte er wichtige Aufgaben bei der Reichsbank inne und arbeitete im Umkreis des dortigen Chefs Ivar Rooth. Nach dem Krieg erhielt er die Hauptverantwortung für die heiklen Wirtschaftsverhandlungen mit Großbritannien und den USA, und im Sommer 1949 machte er den

Zwischen 1930 und 1953 machte Dag Hammarskjöld einen kometenhaften Aufstieg als schwedischer Regierungsbeamter. Die Wirtschaftspolitik in den Dreißigerjahren und während des Zweiten Weltkriegs »war ebenso viel seine Politik wie meine«, schrieb der sozialdemokratische Finanzminister Ernst Wigforss.

endgültigen Schritt hin zum Außenministerium, als er zum Kabinettssekretär ernannt wurde. Mit gewissen Bauchschmerzen – er fürchtete, dass seine Stellung als selbstständiger Dienstleistender Schaden nehmen könnte – akzeptierte er 1951 schließlich den Posten als stellvertretender Außenminister in der sozialdemokratischen Regierung.

Während dieser Periode lebte er eine längere Zeit mit seinen Eltern zusammen, die sich nach Hjalmars Rückzug aus dem Amt des Regierungspräsidenten 1930 in Stockholm niedergelassen hatten, und zwar im Haus der Nobelstiftung auf der Sturegatan 14, direkt am Humlegården. Den größten Teil seiner Zeit verbrachte Dag im Regierungsviertel: in den Räumen der Reichsbank direkt gegenüber vom Reichstagshaus auf Helgeandsholmen, im Finanzministerium in Gamla stan oder im Außenministerium im Erbprinzenpalais am Gustav Adolfs Torg. Die Arbeitsroutinen waren, wenn man dem Kollegen Henrik Klackenberg glaubt, mörderisch: Dag lief gegen neun Uhr von seiner Wohnung am Humlegården zu Fuß zur Arbeit, ging dann gegen sechs Uhr nach Hause, um mit den Eltern zusammen zu essen, und kehrte gegen neun Uhr abends zurück, um dann, mit einer kleinen Unterbrechung für eine Tasse Tee um elf Uhr, bis ein, zwei Uhr nachts zu arbeiten.

Dag Hammarskjöld lebte das Idealbild eines aristokratischen Beamten, der besonnen für die Nation sorgte und sich in seiner Freizeit von Kunst, Literatur und Musik ernährte. Sein Stil war »angelsächsisch«, meinte einer der Freunde: ein wenig britisch reserviert mit eleganten Anzügen, oft doppelreihig, aber ohne Hut und Überrock. Sein Dasein in all diesen Jahren erscheint allerdings nicht nur ein wenig einsam, sondern richtiggehend langweilig. Obwohl er in viele der zentralen politischen Ereignisse der Zeit eingebunden war, blieb er kühl betrachtend. Er unterstützte die Krisenpolitik der Sozialdemokraten, doch mehr aus einer konservativ-paternalistischen Perspektive denn als utopisches Ideal. Er war beständig und löste die Aufgaben, die ihm von der schwedischen Regierung übertragen wurden, auf undramatische Weise. – Doch hinter dieser Fassade gab es eine moralische Intensität, einen religiösen Glauben und existenzielles Erstaunen, das nur wenige seiner Kollegen und Freunde erahnten. Dank der selbstbiografischen Reflexionen in *Zeichen am Weg* ist es möglich, seinen Überlegungen über den Sinn des Lebens und seine eigene Lebensaufgabe zu folgen, während er in der schwedischen Staatsverwaltung immer höher aufstieg. Der Ton wird immer selbstkritischer: Wurde er von narzisstischer Eitelkeit und nicht von selbstaufopfernder Pflicht gelenkt? Er zweifelt, vielleicht nicht an Gott, aber doch an seinem eigenen Gottesglauben. Schließlich hegt er sogar Selbstmordgedanken, versucht aber zu akzeptieren, dass die Karriere über die persönlichen Leistungserwartungen hinaus kein anderes Ziel hat:

Während des Zweiten Weltkriegs spielte die Reichsbank eine zentrale Rolle für die schwedische Valutapolitik. Dag Hammarskjöld war für die Verhandlungen mit den Briten verantwortlich, die wegen der schwedischen Neutralität sehr misstrauisch waren. Auf dem Bild ist eine Vorstandssitzung der »Riksbank« zu sehen.

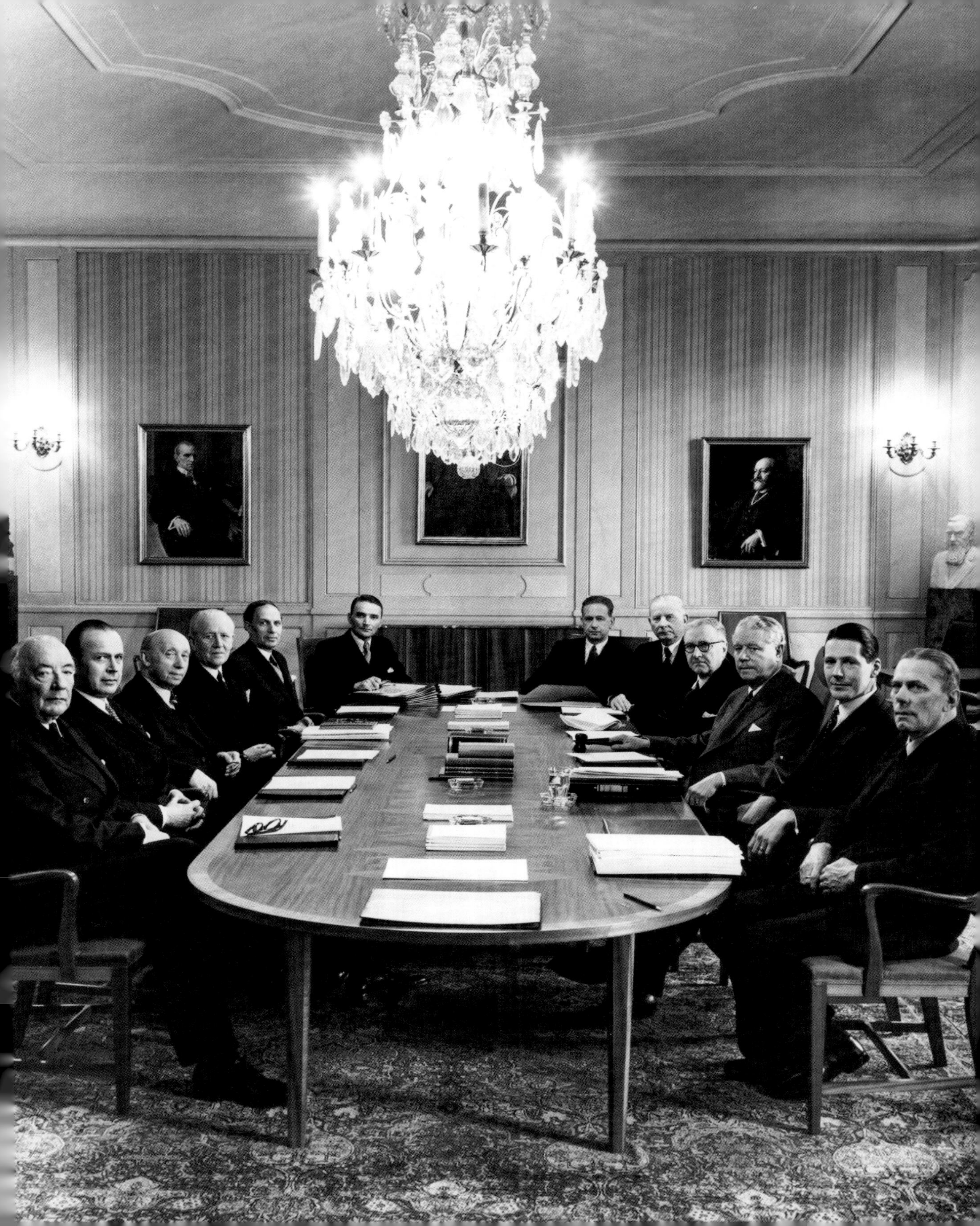

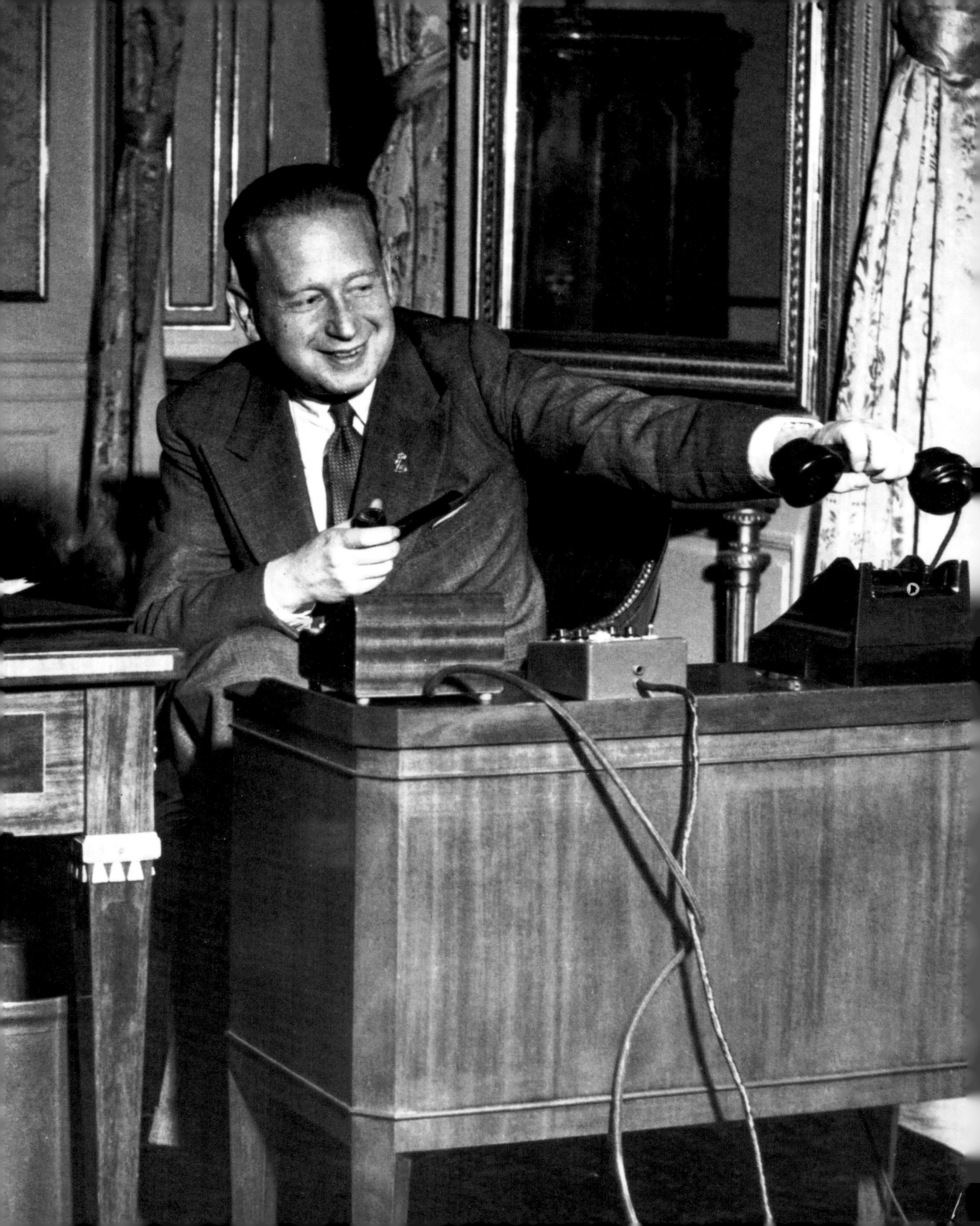

Lass nie den Erfolg seine Leere verbergen, die Leistung ihre Wertlosigkeit, das Arbeitsleben seine Öde. So behalte den Sporn, um weiterzukommen, den Schmerz in der Seele, der uns über uns selber hinaustreibt.
Wohin? Das weiß ich nicht. Das begehre ich nicht zu wissen.

Doch die Wahrheit war, dass er es durchaus zu wissen begehrte. Es genügte nicht, ausschließlich den Zielen anderer zu dienen, er wollte einen eigenen großen Auftrag, etwas, was seinem Dasein einen Sinn geben könnte. Seine gesamte Jugendzeit hatte er sich darauf vorbereitet, »einer von denen« zu sein, die für die Welt, in der er lebte, Verantwortung übernahmen.

Die Freunde waren erstaunt, als der fünfundzwanzigjährige Dag Hammarskjöld im Herbst 1930 zum Staatssekretär für eine staatliche Untersuchung über die Ursachen der Arbeitslosigkeit auserkoren wurde. Sie hätten sich nicht vorstellen können, dass sich der literarische Ästhet, begabte Wissenschaftler und religiös grüblerische Aristokrat in die »soziale Suppe«, wie Jan Waldenström es nannte, begeben würde. Doch da hatten sie wohl sein Pflichtgefühl und seine Lust am Handeln falsch eingeschätzt. Er war an Kunst und Wissenschaft nicht um ihrer selbst willen interessiert.
Die Untersuchung war 1927 durch den Versuch ins Leben gerufen worden, die politischen Gegensätze in Sachen Arbeitslosigkeit zu überbrücken. Zwar lief die schwedische Wirtschaft in der zweiten Hälfte der Zwanzigerjahre wie geschmiert. Doch im Unterschied zu der Zeit vor dem Krieg war die Arbeitslosigkeit trotz der guten Konjunktur hoch. Glaubte man der klassischen Volkswirtschaftslehre, dann beruhte das darauf, dass der Preis der Arbeitskraft zu hoch war. Wenn man nur die Löhne senkte, dann würden Angebot und Nachfrage schon ins Gleichgewicht kommen. – Die Konflikte waren vorgezeichnet. Auf der einen Seite stand Gösta Bagge, ein Mann der Rechten und Wirtschaftsprofessor, auf der anderen der Sozialdemokrat Ernst Wigforss, der ursprünglich Dozent in Skandinavistik gewesen war, sich im Laufe seiner politischen Laufbahn aber eine beeindruckende Kompetenz in Wirtschaftsfragen erworben hatte. Als Staatssekretär war es Dag Hammarskjölds Aufgabe, diese widerstrebenden Vorstellungen zu vereinen. Es war seine erste Erfahrung mit etwas, was zum beherrschenden Thema seines Lebens werden sollte: Konsenslösungen für politische Konflikte zu finden.
Dies erforderte wiederum zwei Dinge: ein neutrales Regelwerk, von dem auszugehen war, und großes Verhandlungsgeschick. In der Untersuchung stand die Wissenschaft für das neutrale Regelwerk. Als Staatssekretär kämpfte er dafür, dass die Schlüsse im Einklang mit der hägerströmschen

---

Hammarskjöld liebte seine Arbeit, erkannte aber gleichzeitig, dass diese Besessenheit auch eine Flucht vor menschlichen Beziehungen darstellte. War es die individuelle Selbstverwirklichung, die dem Leben einen Sinn gab, oder die soziale Gemeinschaft?

Nächste Seite:
Zu Anfang fühlte sich Dag in Stockholm fremd. Doch durch seine zahlreichen und ausgedehnten Spaziergänge durch die schwedische Hauptstadt, vor allem das zentrale Regierungsviertel, in den Dreißiger- und Vierzigerjahren machte er sich doch vertraut mit ihr.

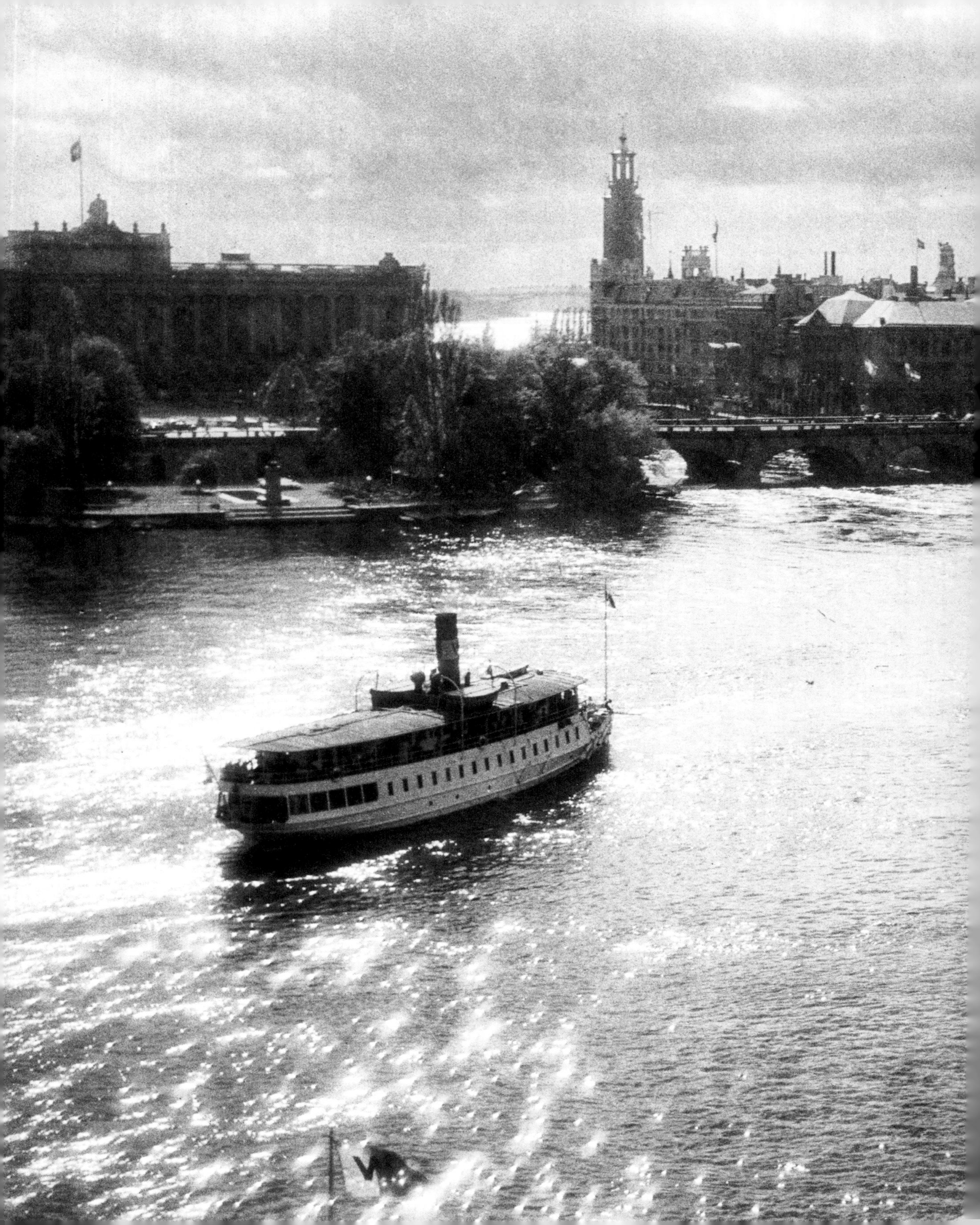

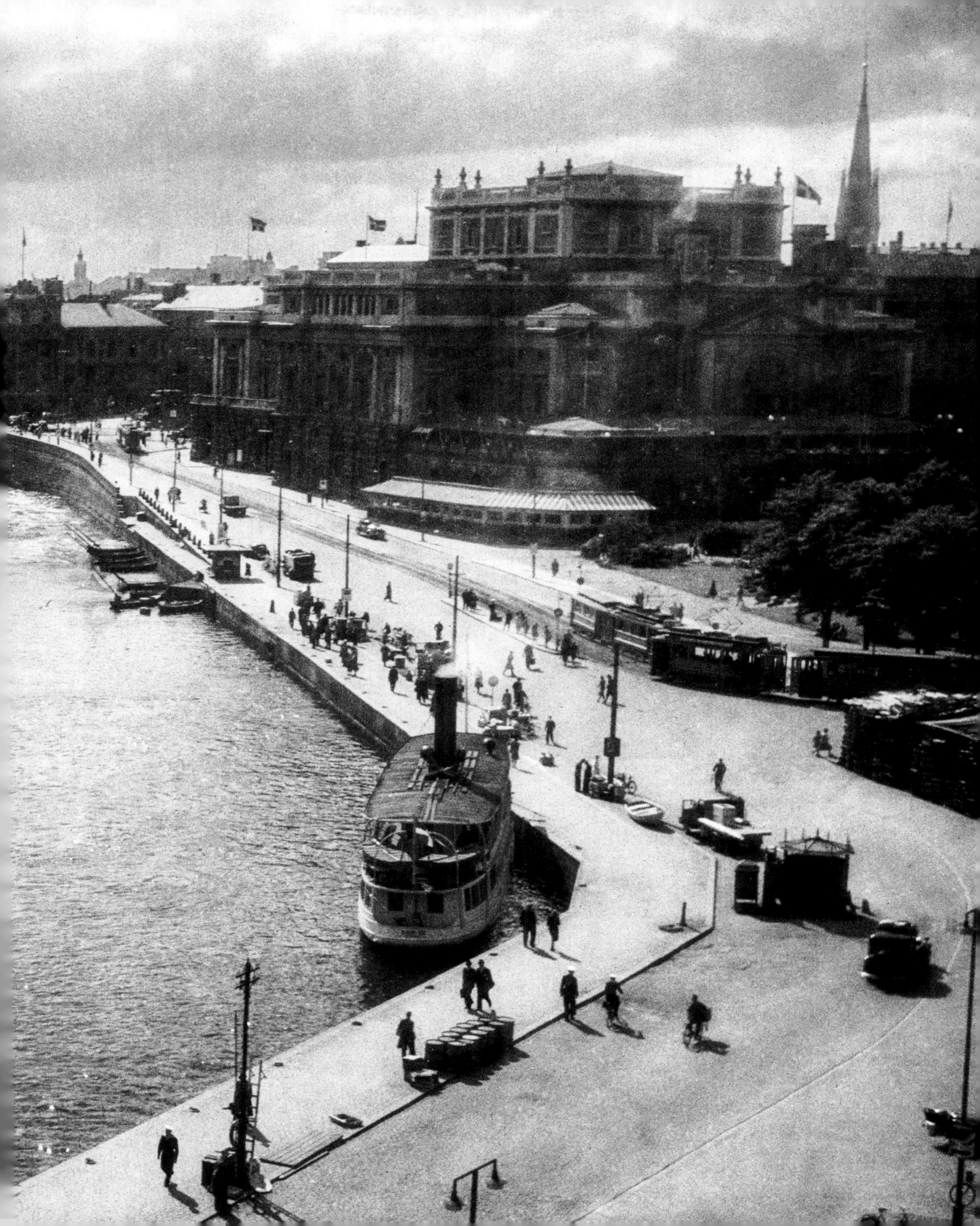

Lehre wertfrei gezogen wurden – nichts war für sich allein gut, sondern musste stets auf den Nutzen für die Gesellschaft bezogen werden. Paradoxerweise landete er damit sehr nah beim Sozialdemokraten Wigforss.

Das Ergebnis war eine vorsichtige Untersuchung, die allzu hohe Löhne als einzige Ursache der Arbeitslosigkeit ablehnte, aber auch keine schlüssige alternative Erklärung bot. Stattdessen begnügte man sich damit, auf andere denkbare Faktoren hinzuweisen, doch als die Untersuchung vorgelegt wurde, spielte dies keine große Rolle mehr. Da war Schweden nämlich bereits von der Weltwirtschaftskrise erfasst worden, die in ihrem Kielwasser bei der Wahl von 1932 die Sozialdemokraten an die Macht brachte. Nach einer überraschenden Einigung mit dem Bauernverband im Frühling 1933 – zeitgleich mit der Machtergreifung Hitlers in Deutschland – hatte Wigforss seine Krisenpolitik mit der sogenannten »Nothilfsarbeit«, bei der Arbeitslosen Arbeit vermittelt wurde, mit der sie sich selbst versorgen konnten, und dem Prinzip des defizitären Staatshaushalts einbringen können, ohne dass er sich dabei der Untersuchung zur Arbeitslosigkeit bediente.

Für Hammarskjöld wurde die Untersuchung dennoch zu einem wichtigen Karriere-Sprungbrett. Politiker und höhere Beamte erkannten die Kapazität des jungen Mannes und versuchten ihn von allen Seiten für sich zu gewinnen. In einem Brief an Åke Hammarskjöld berichtet der Bruder Bo von Dags Erfolgen: »Dag wird immer besser. Sein Ansehen, sowohl als Theoretiker wie als Praktiker, ist sehr groß und durchgängig. Man schlägt sich bereits um ihn, und da gibt es ja wohl Schlimmeres.«

Zudem nutzte er die Gelegenheit, neben der Untersuchung sein Doktorexamen in Volkswirtschaft zu machen. Das Rigorosum an der Stockholmer Hochschule im November 1933 war ein Ereignis. Hammarskjöld verteidigte seine Arbeit im Anzug und nicht im traditionell vorgeschriebenen Frack. Der Gegenpart – Gunnar Myrdal – war wohlwollend, kritisierte aber die gewichtige Sprache als »glasklar undurchsichtig«. Bis heute gilt die Arbeit selbst für Fachleute als schwer lesbar. Wenn Dag die Doktorarbeit für einen seiner Freunde signierte, schrieb er in Anspielung an *Alice im Wunderland*: »Ich hätte es sehr viel komplizierter ausdrücken können, wenn ich gewollt hätte.«

Während der Arbeit an der Untersuchung zur Arbeitslosigkeit fiel auch Wigforss der erst dreißigjährige Hammarskjöld auf, und er machte ihn zu seinem zweiten Mann. Trotz des unterschiedlichen Hintergrundes vereinte die beiden vieles. Mit dem Dozenten Wigforss, der zwanzig Jahre älter war als er, konnte Dag nicht nur über Eingaben im Reichstag diskutieren, sondern auch über Literatur, Philosophie und Geschichte. Der Finanzminister stammte aus einer herzlichen, religiösen Familie in Halmstad und hatte als junger Student mit Glaubensfragen gekämpft. Auch wenn er nicht mehr gläubig war, verkörperte er doch einen Idealismus, der dem Hammarskjölds nicht unähnlich war, wenn auch die Inhalte andere waren. Wigforss war Sozialist und träumte – wenn er nicht gerade ziemlich abgebrüht die Haushaltspolitik leitete – von einer Form des kleineren Sozialismus, während sein junger Staatssekretär von einer starken Vorstellung der Pflicht gegenüber der Nation, einer aristokratischen *noblesse oblige* bestimmt war.

Sie begegneten sich in der alltäglichen Praxis. Keiner von beiden glaubte an den *Laissez-faire*-Liberalismus, sondern sie betrachteten es als die Aufgabe des Staates, die Wirtschaft auf eine Weise zu regeln, dass auch die schwachen Mitbürger davon profitierten. Gemeinsam legten Wigforss und Hammarskjöld den Grund zu der sozialdemokratischen Umorganisation Schwedens in der zweiten Hälfte der 1930er-Jahre. Wenn auch das Alte nicht dem Erdboden gleichgemacht wurde, so durchlief die schwedische Gesellschaft doch eine grundlegende Renovierung mit neuer funktioneller

Hammarskjöld hatte fast immer ein Buch zur Hand, so wie hier 1950 in Sulitelma. Das kulturelle Interesse bewahrte er sein ganzes Leben, doch erst als Generalsekretär der UN und Mitglied der Schwedischen Akademie erhielt er die Möglichkeit, auch im Dienst seine ganze Palette an Fähigkeiten einzusetzen.

Architektur, rationellen Produktionsmethoden, hygienischen Wohnungen, beleuchteten Sportanlagen, Hilfen für junge Mütter, zwei Wochen Urlaub, gesenktem Wahlalter und Verlängerung der Volksschul-Zeit.

Dag Hammarskjöld war Workaholic, und das nicht nur in der Hinsicht, dass er viel arbeitete. Er wollte auch, dass die Arbeit seinem Leben einen Sinn gab. Das heißt nicht, dass er sich immer fröhlich von allen Aufgaben verschlingen ließ – auch ein Drogenabhängiger liebt sein Laster ja nicht unausgesetzt. Auf der einen Seite bot die Arbeit Gemeinschaft: »›Ich‹ existiert nicht, das Arbeitsergebnis der Kollektivität wird anonym präsentiert, und damit wird die Möglichkeit zur besten Arbeit von allen geschaffen: die Zusammenarbeit aller bis an die Grenzen der eigenen Möglichkeiten in einer gemeinsamen Anstrengung«, schrieb er in einem Brief an einen Freund aus der Uppsala-Zeit. Auf der anderen Seite, schrieb er in demselben Brief, sei die Arbeit seelentötend, eine Bedrohung von Individualität und Freiheit: »… man ›verliert seine Seele‹, wird in eine psychophysische Maschine verwandelt …«

Es gab auch durchaus Menschen, die ihn als maschinenhaft empfanden: »Ich sah die kalten, metallischen Augen und seine reservierte Art und konnte mir nicht vorstellen, dass er einen Freund verteidigen oder für eine Sache streiten könnte, wenn diese nicht mit der ›Pflicht‹, die seine Karriere forderte, übereinstimmte«, meinte ein Bekannter aus Jugendzeiten, der später einen fast pathologischen Hass auf Hammarskjöld entwickeln sollte.

Andere nahmen ihn als ansprechend und offen wahr. Als Henrik Klackenberg zum Vorstellungsgespräch zu Hammarskjöld ins Finanzministerium kam, begegnete er einem »Sonnenstrahl«, der sogleich ein freundliches Gespräch begann: »Wie man über diesen Mann sagen konnte, dass es ihm schwerfalle, unmittelbaren Kontakt herzustellen, ist mir ein Rätsel.« Doch die meisten betonen die Mischung aus Offenheit und Unnahbarkeit. Der Chefredakteur von *Dagens Nyheter*, der größten schwedischen Tageszeitung, Herbert Tingsten, zeichnet in seinen Memoiren ein differenziertes Porträt:

> Er war in einem Maße gut erzogen und höflich, das diese Eigenschaften zu etwas Bemerkenswertem und Beeindruckenden macht, doch dabei anspruchslos liebenswert, verbindlich ohne Übertreibung, fähig, anderen zuzuhören – etwas Besonderes in seiner Position – und er besaß eine Würde, die Distanz erzeugte, ohne sie zu betonen […] Das gleichzeitig Einnehmende und Vornehme musste einer seiner großen Erfolge im öffentlichen Leben ebenso wie im privaten Umgang sein – nach einem Beispiel gleichermaßen glücklich gefügter Kombination suche ich in meinem Gedächtnis vergebens.

Tingsten vermisste auch etwas bei Hammarskjöld, nämlich Wärme, Festlichkeit, Spontaneität, Entspanntheit, Humor: »Er konnte jovial, vergnüglich und ein wenig sparsam und gezwungen witzig sein, doch [...] der Ernst lag immer schon auf der Lauer.« Allerdings war Tingsten selbst auch von einem sehr robusten Humor, seine Vorstellung von einem festlichen Abend konnte sein, sich nach einem alkoholgetränkten »Postseminar« mit seinen Kollegen zu streiten.

Jenen Kollegen, mit denen Hammarskjöld privat Umgang pflegte, schmeichelte seine Aufmerksamkeit, machte sie aber auch ein wenig nervös. Wenn er zum – von seiner Haushälterin zubereiteten – Abendessen einlud, wollte er gern beim Cognac intellektuell fordernde Gespräche führen. »Eigentlich«, so erinnert sich der Beamte des Außenministeriums Sverker Åström, »wollte man die ganze Zeit rufen: Nein, Dag, dieses Buch habe ich nicht gelesen, nein, Dag, diese Argumentation verstehe ich nicht, nein, Dag, von dieser Person habe ich noch nie gehört [...] aber das tat man nicht.« Doch gerade seine Art, das Gespräch ständig über die unmittelbaren Arbeitsaufgaben hinaus auszudehnen, wirkte auf seine Mitarbeiter auch inspirierend.

Aber war er auch mit ihnen befreundet? Sven Stolpe, der sein Interesse an Religion und Literatur teilte, vertrat nach Hammarskjölds Tod die Auffassung, dass dieser vom mangelnden Widerpart der Arbeitskollegen in geistigen und existenziellen Fragen enttäuscht gewesen sei. Was Stolpe nicht zum Besten gab, war, dass seine Freundschaft mit Dag in einem frühen Stadium Schiffbruch erlitten hatte, nachdem Stolpe 1931 aus unerfindlichem Grund einen Zeitschriftenartikel mit den leicht zu deutenden Initialen »DH« signiert hatte. Man darf annehmen, dass Hammarskjöld fürderhin das distanzierte Zusammensein mit seinen Kollegen der intellektuellen Gemeinschaft vorzog, die Stolpe ihm aufzwingen wollte.

Außerdem war das Problem vielleicht nicht die Oberflächlichkeit der Arbeitskollegen, sondern seine eigenen inneren Widersprüche. Auf der einen Seite fühlte er sich von der Arbeitsgemeinschaft angezogen, von dem ungezwungenen Gefühl der Zusammengehörigkeit zwischen Menschen, die auf dasselbe Ziel hinarbeiteten. Auf der anderen Seite wollte er um jeden Preis seine eigene Selbstständigkeit und Integrität bewahren. »Arbeit als Betäubungsmittel gegen Einsamkeit, Bücher als Ersatz für Menschen«, schreibt er in einer von vielen ähnlich lautenden Notizen in *Zeichen am Weg* in diesen Jahren und fährt dann selbstkritisch fort: »Du sagst, du wartetest, dass die Tür sich öffnet. Aber gilt das für Menschen?«

Es gibt in diesem Warten eine starke jugendliche Sehnsucht danach, dass die Welt ihr Geheimnis offenbaren möge. Oft verschieben wir die existenziellen Fragen weiter nach hinten auf der Tagesordnung, wenn die Gründung einer Familie, Kinder und Fürsorgeverpflichtungen angesagt sind. Dag Hammarskjöld aber bewahrte sich sein ganzes Leben hindurch das Staunen ebenso wie seine Forderung nach Sinn.

Im Januar 1940, mitten im Finnischen Winterkrieg, starb Agnes Hammarskjöld im Alter von 74 Jahren. Dags Verhältnis zur Mutter war bis zum Schluss innig gewesen, an den meisten Tagen der Woche verbrachte er nach dem Abendessen eine Zeit lang mit ihr, ehe er wieder zur Arbeit zurückkehrte. War er auf Reisen, so schrieb oder telegrafierte er seiner »geliebten kleinen Mama« jeden oder jeden zweiten Tag oder rief sie an. Es ist vermutlich kein Zufall, dass er nach einer fast zehn Jahre währenden Pause 1941 das religiös selbstkontrollierende Tagebuchschreiben wieder aufnahm: Mit der Mutter verschwand das selbstverständliche Verhältnis zu Gott.

Nach Agnes' Tod lebte er noch acht weitere Jahre mit Hjalmar in der Wohnung an der Sturegatan, hatte da aber einen eigenen Telefonanschluss. Die Beziehung zum Vater war eine komplizierte Mischung aus Respekt, Fremdheit und streckenweise unterdrücktem Hass. Im Alter von dreiundvierzig Jahren zog er endlich in eine Junggesellenwohnung an der Östermalmsgatan 49 – fünf Minuten von Hjalmars Wohnung entfernt.

Es gab in seinem Leben auch die älteren Brüder und deren Familien. Zwar war Åke zu Beginn der Zwanzigerjahre nach Den Haag gezogen und 1937 früh verstorben, hatte aber drei Söhne hinterlassen. Als unverheirateter Onkel übernahm Dag eine gewisse Verantwortung für die »Haagjungs«, als sie nach Schweden zurückkehrten. Bo lebte in der Nähe, zunächst als Staatssekretär im Sozialministerium in Stockholm und nach 1935 als Landeshauptmann in Nyköping, um die 90 Kilometer von der Hauptstadt entfernt. Sten, der Einzige der Brüder, mit dem Dag wirklich zusammen aufgewachsen war, führte ein unstetes Leben. Er hatte als Journalist bei der *New York Times* gearbeitet, war aber zu Beginn der Dreißigerjahre nach Schweden zurückgekehrt und hatte versucht, sich als Schriftsteller zu etablieren, um schließlich beim Ausbruch des Zweiten Weltkriegs als Beamter im Landwirtschaftsministerium zu landen.

Der Freund Rutger war auch Familienvater geworden; »das alte Junggesellenherz schlägt schneller vor Sympathie und Neid«, schrieb Dag an Rutger, als dieser 1948 Kinder bekam. Denselben Gefühlen verlieh er 1957 Ausdruck, als Leif und Greta Belfrage ihren ältesten Sohn feierten: »Das erste Abitur ist ein großer Tag. Leider geht mir diese Möglichkeit, mich erwachsen fühlen zu dürfen, ab.« Dass Dag nicht heiratete und keine Familie gründete, wurde von der Umgebung natürlich bemerkt. Doch vielleicht nicht ebenso stark, wie es die Nachwelt wahrnahm. In der Zwischenkriegs-

---

Ein schwedischer Soldat in Skåne überwacht gegen Ende des Zweiten Weltkriegs deutsche Soldaten auf dem Weg von Norwegen nach Hause. Da waren die Deutschen im Begriff, den Krieg zu verlieren, doch Schweden hatte nicht viel zum Sieg der Alliierten beigetragen. Zwischen 1940 und 1943 hatte man den sogenannten »Transitverkehr« für ca. 2,1 Millionen Soldaten, vor allem zwischen Norwegen und Deutschland, genehmigt.

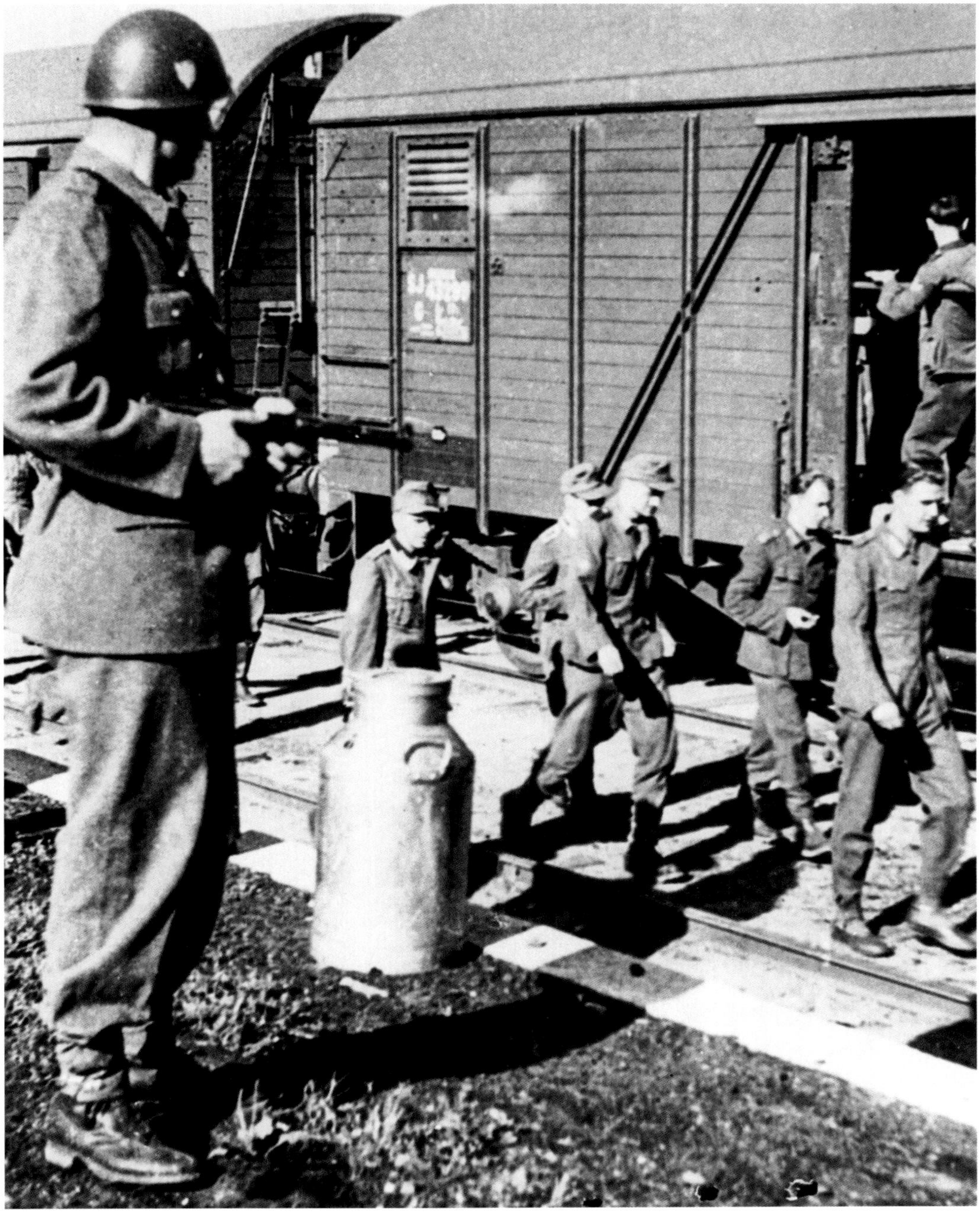

zeit war das Gründen einer Familie kein so leichtes Unterfangen wie nach dem Zweiten Weltkrieg.

Doch natürlich wurde über sein Liebesleben spekuliert. »Hammarskjölds mäßiges Interesse an Frauen war Thema, und manchmal wurde darüber gescherzt, so wie man es bei Junggesellen oft tut«, schreibt sein Freund Henrik Klackenberg. Ein anderer seiner Bekannten, der spätere Vorsitzende der Volkspartei, Bertil Ohlin, behauptete, er habe versucht, Dag Hammarskjöld für eine junge Dame zu interessieren, doch daraus sei nichts geworden, da selbige nicht T. S. Eliot gelesen hatte. Eine immer wiederkehrende Anekdote berichtet, wie eine Bewunderin, von seinem asketischen Ruf fasziniert, in sein Schlafzimmer eingedrungen sei und sich nackt ins Bett gelegt habe – woraufhin sie von einem erbosten Hammarskjöld rausgeworfen worden sei. Auch wenn die Geschichte apokryph ist, so gibt es doch eine Notiz im Personalarchiv des Außenministeriums, dass sich eine geistig verwirrte Frau Zugang zu Dag Hammarskjölds Wohnung verschafft habe, von der Polizei abgeholt und dann in die Psychiatrie nach Beckomberga verfrachtet worden sei.

Die Frage, warum Hammarskjöld sexuell passiv war, ist kaum zu beantworten. Stellte er so hohe Anforderungen an die Liebe, die unmöglich zu erfüllen waren? Fürchtete er sich einfach vor dem körperlichen Zusammensein? Selbst deutete er an, dass es sich um eine Kombination von beiden Haltungen handelte:

Ohne verblendendes Verlangen,
ohne Gefühl für das Recht, sich jemandem aufzudrängen, scheu vor der Blöße meines Wesens,
mit der Forderung nach einem volltönenden Akkord als Voraussetzung eines gemeinsamen Lebens –
wie hätte es anders werden können?

Andere haben darüber spekuliert, ob er vielleicht und möglicherweise unbewusst – wenn das nun möglich ist – homosexuell war, oder ob er an einem physischen Defekt litt. Wir müssen uns damit zufriedengeben, dass die Umgebung ihn als an körperlichen Dingen und an Intimität desinteressiert ansah.

Wir sind gut vorbereitet, hatte Ministerpräsident Per Albin Hansson vor dem Ausbruch des Zweiten Weltkriegs im September 1939 behauptet. Damit meinte er nicht, dass Schweden eine starke Verteidigungsmacht hätte, die einen möglichen Angreifer zurückschlagen könnte, sondern dass das Land darauf gefasst sei, seine Neutralität aufrechtzuerhalten.

Am Hauptschreibtisch von Prinzessin Sophia Albertina im Erbprinzenpalais in Stockholm. Im Jahr 1949 wurde Hammarskjöld zum Kabinettssekretär im Außenministerium ernannt, einem der prestigereichsten Posten in der schwedischen Verwaltung.

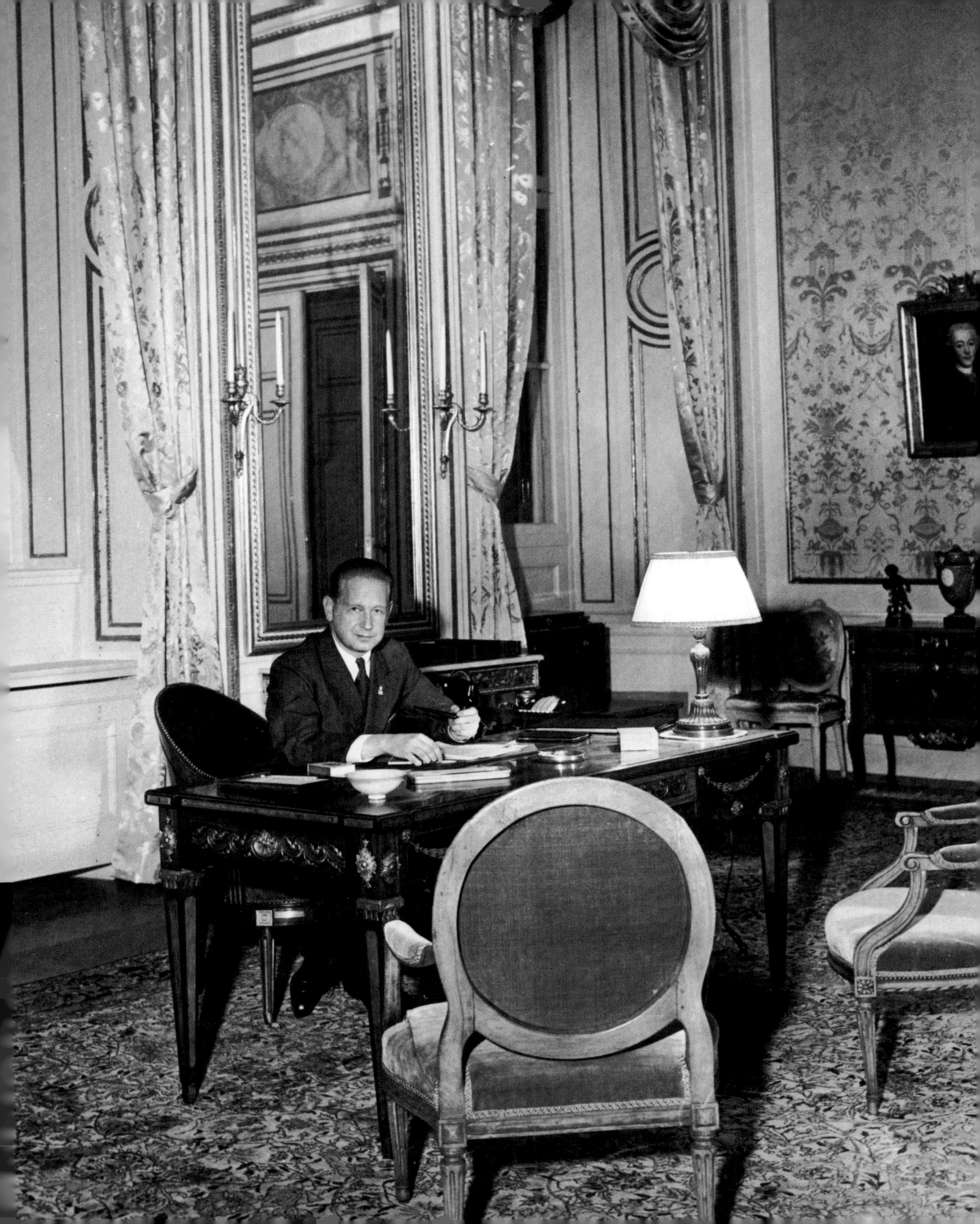

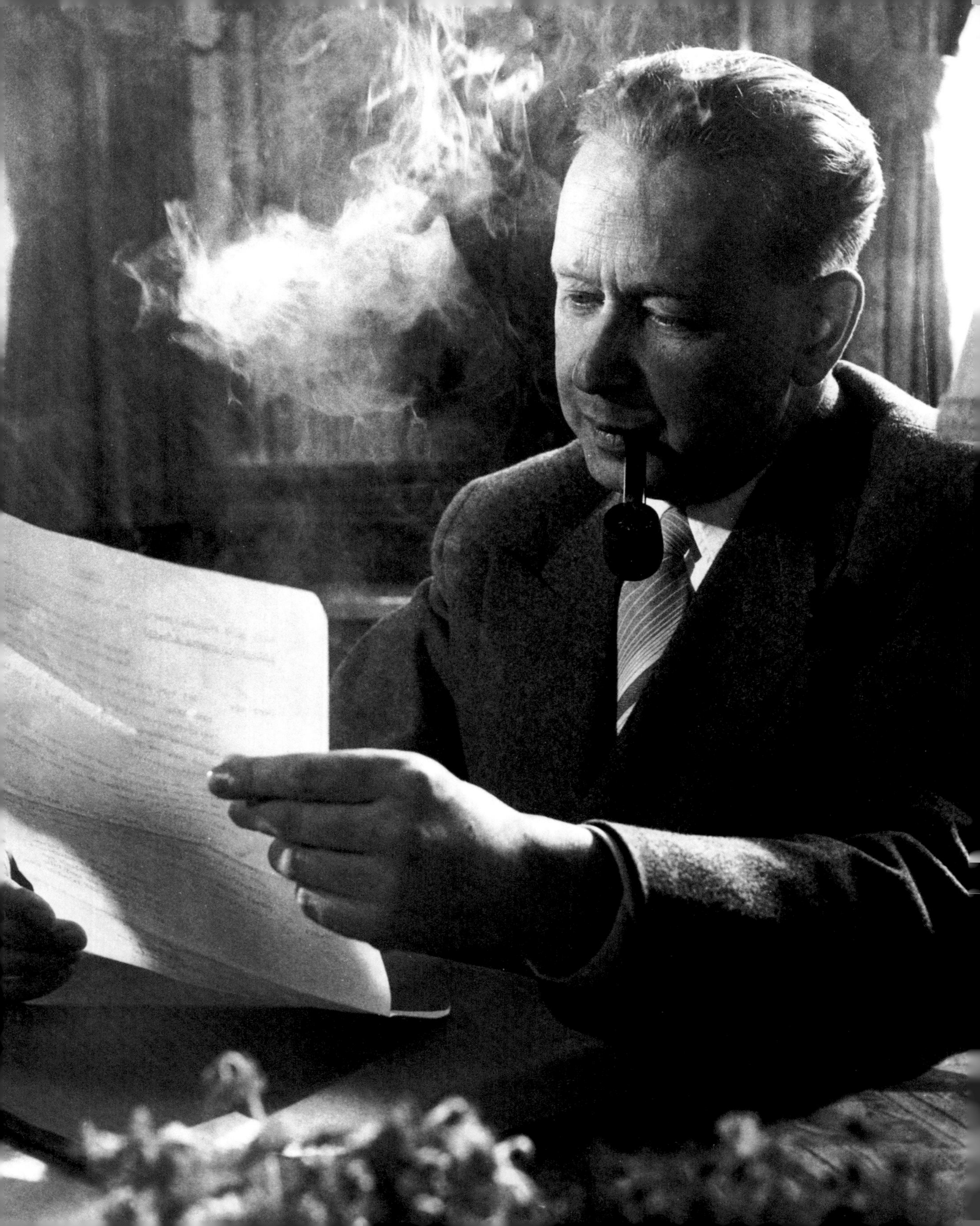

Es ist eine vieldiskutierte Frage, ob es Schweden während des Zweiten Weltkriegs wirklich gelungen ist, seine Neutralität zu bewahren. Der Preis dafür waren jedenfalls bedeutende Zugeständnisse an Nazi-Deutschland in Form von Eisenerzexport, Einschränkungen in der Meinungsfreiheit und das Passierenlassen von deutschen Truppen. Einigen Politikern und hohen Beamten machte diese Anpassungspolitik nicht sonderlich viel aus. Andere – wie zum Beispiel Ernst Wigforss – waren überzeugte Anti-Nazis und empfanden die deutschfreundliche Politik als Zumutung.

Wigforss war Politiker und konnte auf den Regierungsversammlungen wenigstens protestieren, Hammarskjöld jedoch hatte als Beamter die Pflicht, die Beschlüsse der Regierung loyal auszuführen. Zwar hoffte er auf einen Sieg der Alliierten, meinte jedoch nicht, das Recht zu haben, öffentlich eine Meinung zu vertreten. Im Unterschied zu seinem Freund und Kollegen Henrik Klackenberg nahm er auch nicht am antinazistischen Dienstagsklub teil, der sich der nachgiebigen Politik der Regierung gegenüber kritisch zeigte.

Er war auch skeptisch, als Klackenberg Drucksachen in das besetzte Norwegen schmuggeln wollte – Dag meinte, wenn man ihn erwischte, dann würde das dem Finanzministerium Schaden zufügen. Diese Antwort war des Sohnes des prinzipientreuen Völkerrechts-Experten Hjalmar Hammarskjöld würdig, doch auch problematisch: Was bedeutete es eigentlich, neutraler Beamter zu sein? Diese Frage sollte ihn für den Rest seines Lebens beschäftigen. – Im Moment jedoch war es seine Aufgabe, dafür zu sorgen, dass die schwedischen Finanzen vor einem möglichen Krieg gut gerüstet waren. Einerseits war dies eine dankbare Aufgabe, wenn man bedenkt, dass sowohl er als auch Wigforss zwar nicht an Planwirtschaft, so doch zumindest an eine feste staatliche Kontrolle der Wirtschaft glaubten. Manchmal wird behauptet, Dag Hammarskjöld sei der erste schwedische Wirtschaftswissenschaftler, der den Begriff »Planwirtschaft« anwandte. Zwei der zentralen Fragen waren die Preisstabilität – die Verhinderung von Preisexplosion und Inflation – und der Umgang mit den schwedischen Valutareserven, wenn der internationale Handel erschwert sein würde.

Auf diesen Gebieten war Hammarskjöld mit seiner volkswirtschaftlichen Ausbildung die gesamte Kriegszeit über eine wichtige Stütze für Wigforss. Und der Finanzminister schätzte auch die analytische Begabung seines Mitarbeiters sehr: »Seine Fähigkeit, das Wesentliche in einem Fall klar und konzentriert zu formulieren, machte es zu einem Vergnügen, seinen Vorträgen zu folgen«, schrieb Wigforss in seinen Memoiren. Doch wie die meisten anderen empfand auch er die Vorträge zuweilen als intellektuell äußerst fordernd. Es gelte, wachsam zu sein, »hatte man das Vorangegangene nicht begriffen, dann bereitete die Fortsetzung keine große Freude mehr«.

»So rollt das Leben weiter auf einen neuen Winter der Wortproduktion zu«, klagte Hammarskjöld während seiner Zeit als schwedischer Beamter.

Am 1. Juli 1941 – eine Woche nach dem deutschen Überfall auf die Sowjetunion – wurde Hammarskjöld zum vom Schwedischen Reichstag gewählten Vorsitzenden des Zentralbankrats der Riksbank, der »Reichsbank«, gemacht. Dies war eine strategische Platzierung durch Wigforss, der für seine Bereitschaftspolitik eine stärkere Kontrolle der Reichsbank brauchte.

Eine weitere Aufgabe Hammarskjölds wurde es dann, als die Alliierten schließlich die Oberhand gewonnen hatten, die Wirtschaftspolitik für die Zeit nach dem Krieg zu planen. Im Herbst 1943 wurde Hammarskjöld nach London geschickt – die Reise erfolgte in britischen Mosquito-Jagdbombern, die weite Umwege flogen, um deutschen Fliegern auszuweichen –, um die zukünftige internationale Währungszusammenarbeit vorzubereiten. Zunächst wurde ihm ein sehr kühler Empfang bereitet. »Schweden ist derzeit das unbeliebteste Land in Europa«, hatte der britische Kontakt der schwedischen Delegation nach den ersten Begrüßungsphrasen erklärt, »und Sie werden wahrscheinlich von einigen Stellen als Spione betrachtet werden.« Doch nach einer Weile vermochte Dag Hammarskjöld die Briten aufzutauen, die ihn als zuverlässig westlich orientiert erkannten.

Dag Hammarskjöld hatte Stockholm anfangs nicht gemocht, er fand die schwedische Hauptstadt – verglichen mit dem Uppsala seiner Kindheit und Jugend – trist. »Ich hasse Stockholm immer herzlicher«, schrieb er zu Beginn der Dreißigerjahre in einem Brief und verlieh seiner Furcht Ausdruck, ebenso »unmenschlich zu werden wie die Stadt, mit all ihren sozialen Nöten«. Doch er gewöhnte sich an seine neue Heimatstadt, und wenn er auf Dienstreise war, geschah es schon mal, dass er sich nach Hause sehnte.

Er war kein Vereins- oder Klubmensch, besuchte aber gern das Theater. Nach einer Aufführung von Racines *Andromake* waren er und Henrik Klackenberg durch die Stockholmer Innenstadt flaniert und hatten das Stück eingehend besprochen, um dann »zur abendlichen Arbeit« überzugehen. Dag hatte ein Abonnement beim Buchklub Nordiska Bokhandeln und war immer auf dem Laufenden in der neuesten schwedischen und auch fremdsprachigen Literatur. Samstags, wenn er früher als sonst sein Büro verließ, pflegte er die Kunstgalerien der Stadt zu besuchen und manchmal auch ein Bild zu kaufen. In seinem Büro hing ein intensives Gemälde in Rot und Grün von Nils Nilsson, einem relativ jungen modernistischen Künstler, der 1935 seinen Durchbruch gehabt hatte.

Dags große Leidenschaft war die Natur. An freien Tagen fuhr er Ski, wanderte oder fuhr mit dem Rad – allein oder mit einem Freund. Doch vor allem liebte er das schwedische Fjäll. Schon als junger Student hatte ihn diese Landschaft eingenommen. Die kargen Weiten und die Berge, die sich zum

Das Licht und die Weite der Fjäll-Landschaft schenkten Dag Hammarskjöld ein Gefühl von »Natursolidarität«. Wenn die Arbeit zu viel wurde, packte er seinen Rucksack, bestieg den Nachtzug nach Lappland und begab sich auf eine kurze Tour mit Übernachtung in einer Fjäll-Hütte, um in der darauffolgenden Nacht wieder nach Stockholm zurückzureisen. Hier eine Brotzeit im Sarek 1946.

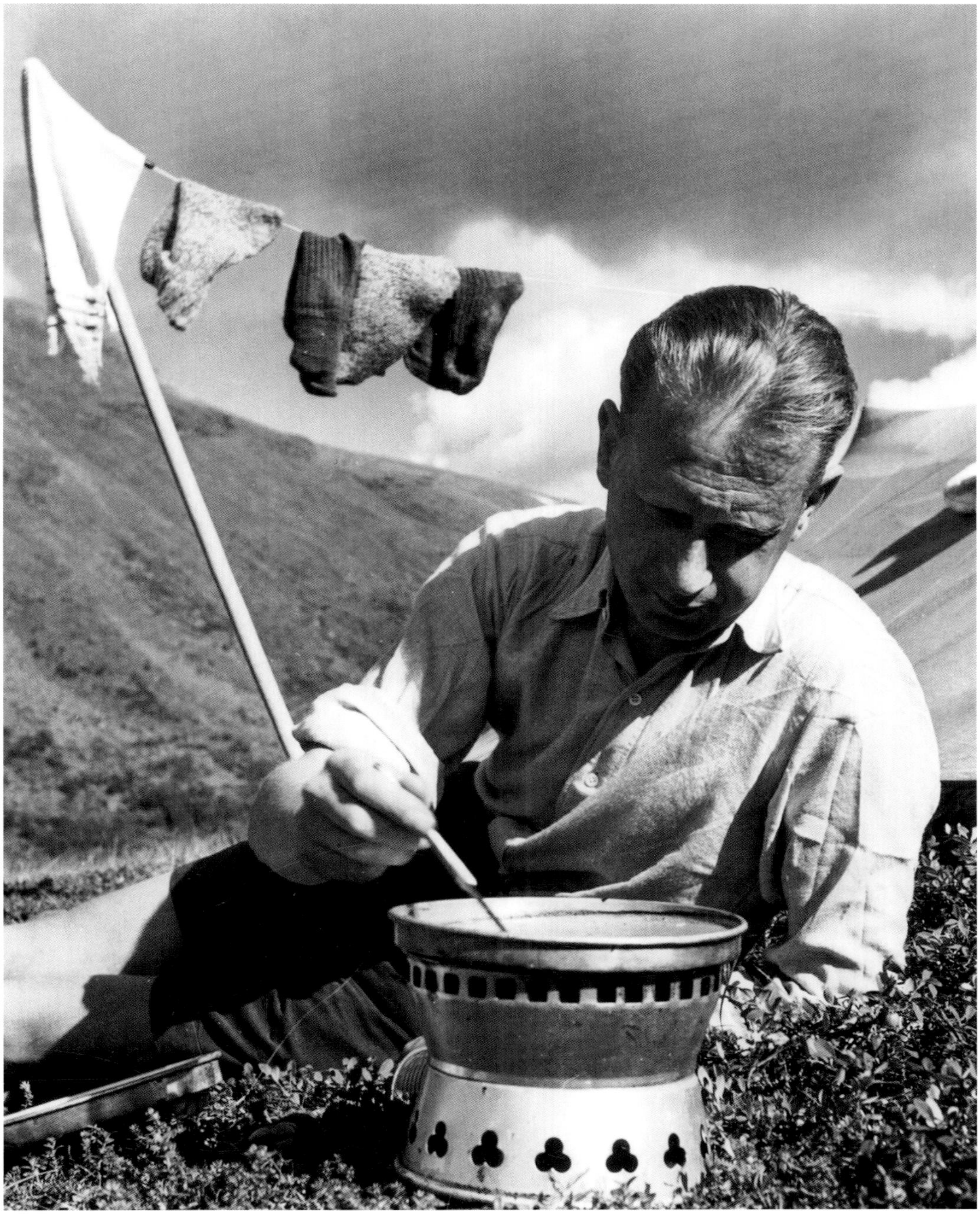

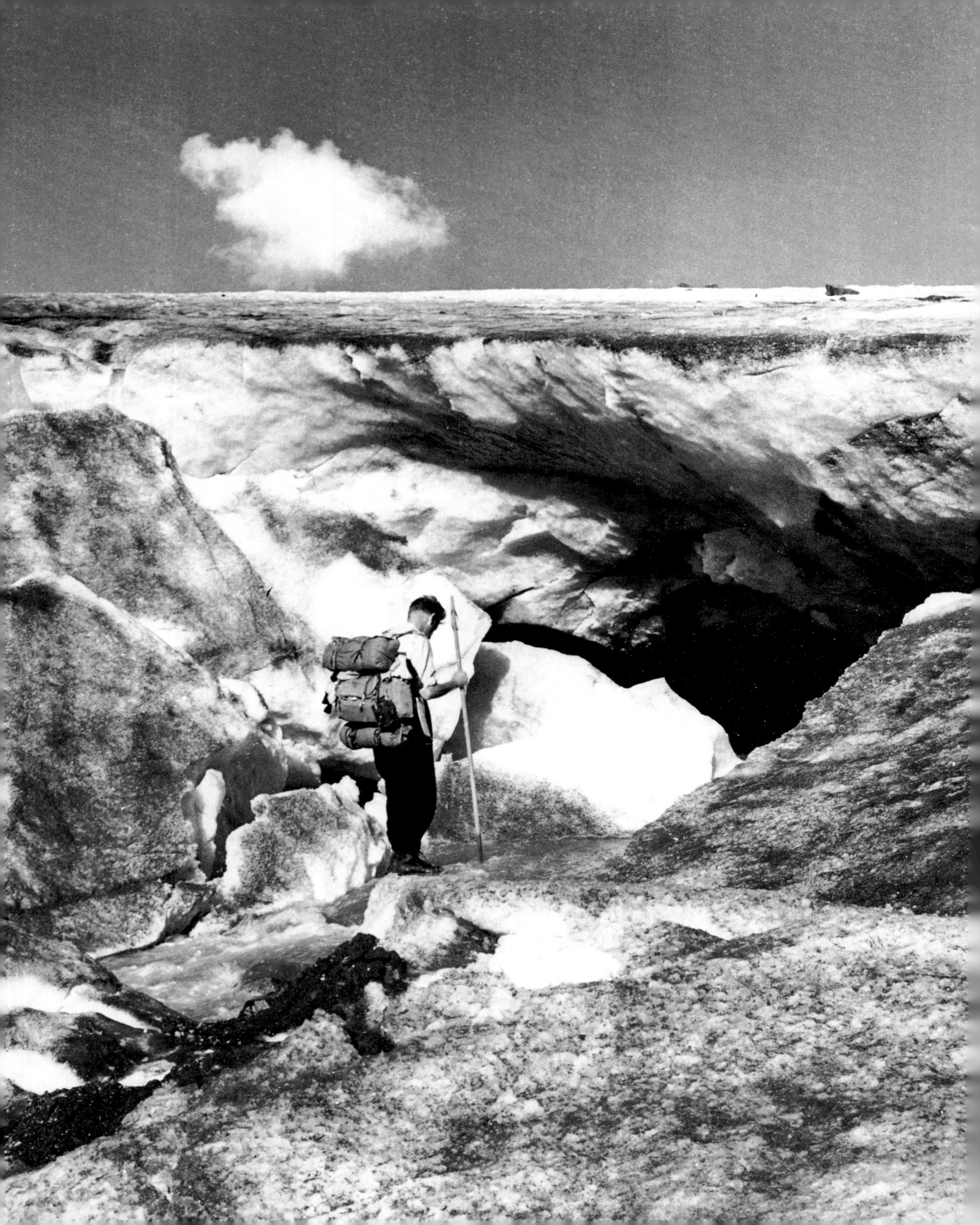

Hammarskjölds Fjäll-Wanderungen enthielten selten alpine Bergsteigeretappen, konnten aber dennoch sehr anstrengend sein. Links überquert er den Pärte-Gletscher in einem Teil des Nationalparks Sarek ohne befestigte Wege – auf dem Bild hat ihn der Fotograf und Verleger der Svenska Turistföreningen Gösta Lundqvist eingefangen.

Das Bild unten von den Gletschern um den See Staddajaure mit dem Gipfel des Sulitjelma im Hintergrund, hat Dag Hammarskjöld selbst aufgenommen.

Himmel streckten, verliehen ihm dasselbe Gefühl der Freiheit wie das Meer seinem Lieblingsschriftsteller Joseph Conrad.

Fast jeden Sommer ging er im Norden auf Tour, zuerst in der freundlichen Landschaft von Jämtland und Härjedalen, dann in den höheren Fjälls von Lappland, hier vor allem im Nationalpark Sarek. Es waren das Licht und der Raum des Fjälls im Sommer, die ihm Lebensgefühl – »Natursolidarität«, wie er es nannte – schenkten. Dagegen wirkte alles andere blass.

Hammarskjöld wurde auch zu einem begeisterten Naturfotografen, dessen Bilder die Fremdheit und die Winzigkeit des Menschen in der offenen Landschaft hervorhoben. Er wurde Vorsitzender des Svenska fjällklubben und engagierte sich in der Svenska Turistföreningen, einer nach wie vor bestehenden großen Naturfreunde- und Jugendherbergs-Vereinigung, in deren Vorstand er mitwirkte und zu deren Publikationen er mit Bildern und Texten beitrug.

Gern nahm er seine Kollegen mit auf Touren, jedoch nicht, ohne sie vorher mit Packinstruktionen zu versorgen. Sverker Åström, der noch niemals zuvor im Fjäll gewesen war, fürchtete um sein Leben, als er zusammen mit seinem Chef den Sulitelma bestieg. Völlig paralysiert saß er auf einem Absatz über einem Abgrund fest, warf sich schweißnass zu Boden und musste mit einem Seil gesichert werden. Doch auch die intellektuelle Herausforderung war nicht unbedeutend. Am Abend schlug Hammarskjöld vor, dass die Gruppe aus dem Gedächtnis Gedichte zitieren sollte. Åström kam zwei Verse weit, danach »fuhr Dag, während das Feuer herunterbrannte, ungefähr eine Stunde fort, schwedische und fremdsprachige Lyrik aufzusagen«.

Selbst als die Arbeitsaufgaben immer drückender und der Zeitplan immer gedrängter wurden, geschah es, dass Hammarskjöld seinen Rucksack mit Rosinen und Haferflocken packte, sich allein in den Nachtzug setzte, in Jämtland oder Lappland ausstieg, über die Moore wanderte, in einer Fjäll-Hütte übernachtete und am Tag darauf wieder den Zug zurück nach Stockholm nahm.

Doch nicht nur das Fjäll lockte ihn. Viele Jahre hatte die Familie Hammarskjöld in Marstrand Urlaub gemacht, und Dag kehrte gern »für ein windumtostes Sonnenbad auf den Klippen und ein rasches Eintauchen ins kalte Wasser und Meditationen beim Sonnenuntergang über der Ostsee« dorthin zurück, wie der nicht gleichermaßen begeisterte Klackenberg berichtete. Im dramatischen Kriegssommer 1941 entdeckten die beiden Freunde während eines Fahrradurlaubs auch Skåne, was dazu führte, dass Dag mit den Schriftstellern Sten Selander und Carl-Julius Anrick bei der Svenska Turistföreningen eine Anthologie mit Lyrik aus Skåne zusammenstellte.

Für Hammarskjöld sollten Skåne und vor allem auch Österlen im Südosten von Skåne mit der Zeit eine ebenso wichtige Landschaft werden wie die Welt des Fjälls. Während der 1940er-Jahre gab es deshalb noch mehrere Fahrradurlaube mit Klackenberg. Später, während seiner Zeit als UNO-Chef, verbrachte er gern seinen Sommerurlaub in der Nähe von Kåseberga beim Naturreservat Sandhammaren. Meist wohnte er dort bei dem Künstler Bo Beskow und seiner Frau Greta, doch in einem Sommer mietete er sich eine Hütte am Strand, nicht weit von der Halbinsel Sandhammaren entfernt. Später kaufte er Backåkra, einen verlassenen Hof neben dem Beskow'schen Grundstück, den er zu seinem eigenen Sommerhaus machen wollte.

Am 1. Juli 1945 wurde die Große Koalition, die Schweden seit 1939 regiert hatte, aufgelöst. Doch schon im Frühjahr 1944 hatten die Sozialdemokraten ein ziemlich radikales Nachkriegsprogramm lanciert, das die bürgerlichen Parteien verärgerte. Die Arbeiterbewegung wurde beschuldigt, die Planwirtschaft einführen zu wollen, und die politischen Temperaturen stiegen. Hammarskjöld gehörte zu denen, die dabei in die Schusslinie gerieten.

Vor der Wahl 1948 kritisierten bürgerliche Politiker seine Doppel-Position als Wirtschaftsexperte für die Regierung und Vorsitzender des Zentralbankrats der Reichsbank. Doch im Hintergrund schwang natürlich mit, dass er so lange die rechte Hand von Wigforss gewesen war. Der Finanzminister war – ebenso wie Hammarskjölds Kollege Gunnar Myrdal – einer der Architekten des Nachkriegsprogramms. Im Frühjahr 1947 ging Harald Nordensson von der rechten Högerpartiet in der Ersten Kammer des Reichstags zum direkten Angriff über, indem er einen Vergleich mit der Kloster-Operette *Lilla Helgonet* bemühte, die mit Åke Söderblom als Zwitternatur Floridor-Célestin aktuell im Kino lief:

> Alle kennen wir den loyalen Ehrgeiz des schwedischen Beamten, den Ideen, die ihm vorgelegt werden, eine geschickte und überzeugende Ausformung zu verleihen, doch ich glaube, es besteht ein gewisses Risiko, dass er dabei vom Ausformulieren der Ideen zum Verteidiger derselben wird […] Ich glaube, die Doppelposition, [die Hammarskjöld] einnimmt, ist nicht länger tragbar. Man kann nicht gleichzeitig der Floridor der unpolitischen Geldpolitik und der Célestin der parteilichen Wirtschaftspolitik sein.

Hammarskjöld wehrte den Angriff ab, indem er drohte, als Vorstand des Zentralbankrats zurückzutreten. Doch Nordenssons Worte waren ein Giftpfeil, der ihn durchaus traf. Die Frage nach der Grenze zwischen Parteipolitik und Beamtenrolle war heikel für ihn, und wenig später trat er zurück.

Nächste Seite: Hammarskjöld war ein leidenschaftlicher Fotograf, vor allem von Naturmotiven. Die Kamera war auf den Fjäll-Touren oft dabei, und seine Bilder wurden in unterschiedlichen Schriften der Svenska Turistföreningen publiziert.

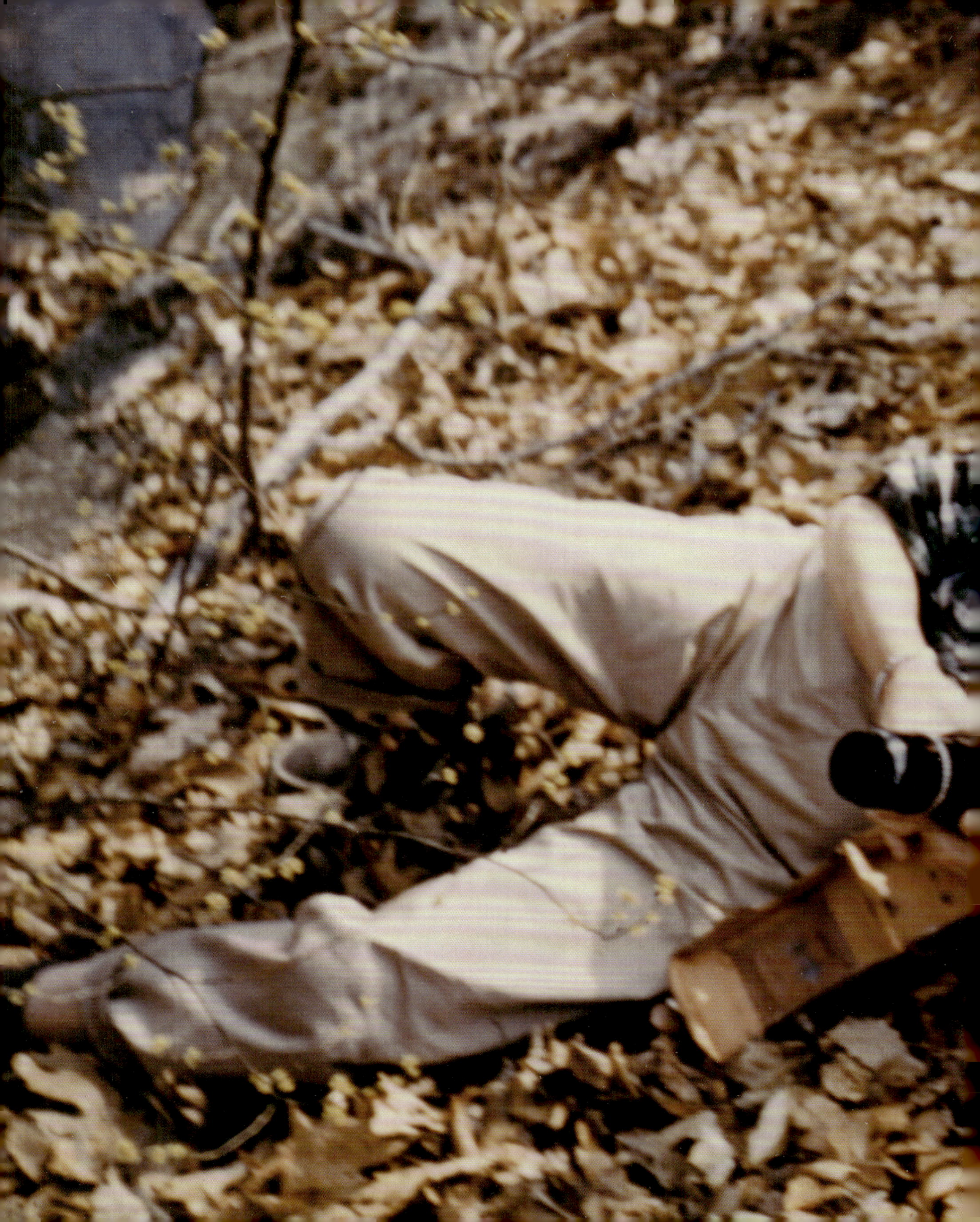

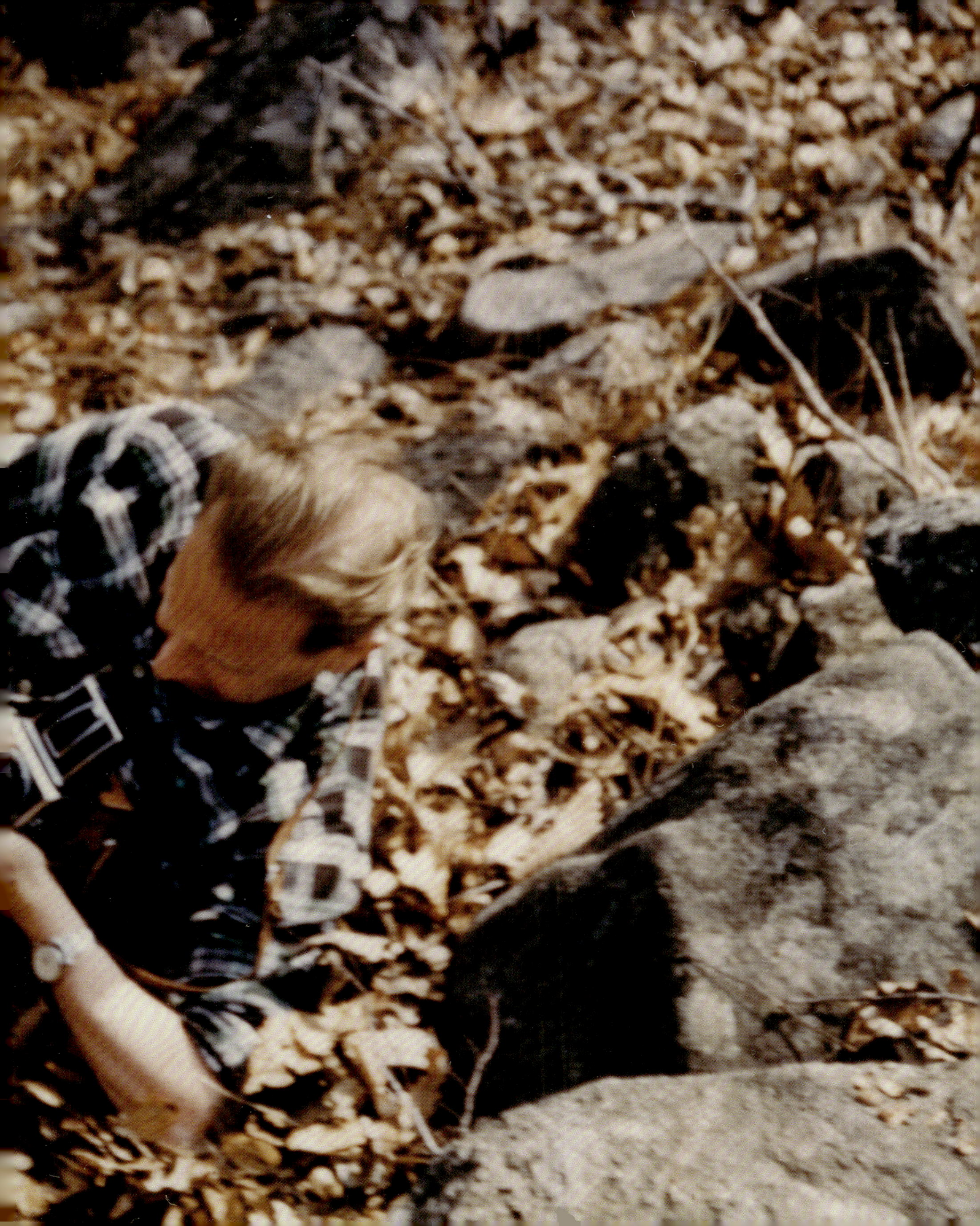

Vielleicht war das auch gut so. Gegen Ende des Krieges hatte er immer mehr Aufträge als Verhandler in internationalen Wirtschaftsfragen erhalten. Er verließ Wigforss und wurde ins Außenministerium unter Östen Undén versetzt. Nun reiste er zwischen London und Washington hin und her und wohnte längere Zeit in Paris, wo die neue Wirtschaftsorganisation Westeuropas, OEEC, gegründet worden war. Ein Jahr lang war er auch stellvertretender Vorsitzender des Exekutivkomitees dieser Organisation.

Das war eine herausfordernde Aufgabe. Schweden befand sich nach dem Krieg mit seiner Arbeitskraft und dem intakten Produktionsapparat und einer großen Reserve an Valuta in vielerlei Hinsicht in einer privilegierten wirtschaftlichen Lage. Doch gerade deshalb wurde das Land auch von den Siegermächten USA und Großbritannien mit Misstrauen beäugt. Die günstige Lage war schließlich eine Folge dessen, dass Schweden sich dank seiner Zugeständnisse an Nazideutschland aus dem Krieg hatte heraushalten können. Wenn das kleine neutrale Land nun in der neuen Organisation mitmachen wollte, dann musste es sich darauf einstellen, sich unterzuordnen und keine Forderungen zu stellen.

Dem frankophilen Hammarskjöld gefiel es in Paris, und er wurde zu einem inspirierenden Leiter der schwedischen Delegation, die ihm auf kulturhistorische Bildungsausflüge folgen musste: »Er wusste alles über alte Kirchen und Kathedralen«, erinnert sich ein Mitarbeiter. Er trug dazu bei, Schweden in die internationale Zusammenarbeit hineinzuführen, deren Grundstein das Bretton-Woods-Abkommen war und die durch den amerikanischen Marshallplan noch verstärkt wurde. Auch wenn der Ausbruch des Kalten Krieges 1946/47 Schwedens Position verbesserte, spielte Hammarskjöld weiterhin eine wichtige Rolle. Zudem etablierte er seinen Ruf als gebildeter, ehrlicher und geschickter Vermittler – was von großer Bedeutung war, als die UNO im Frühjahr 1953 ohne Generalsekretär dastand.

Außenminister Undén hatte ebenso großes Vertrauen zu Hammarskjöld wie Wigforss und machte ihn 1949 zum Kabinettssekretär, der vielleicht prestigeträchtigsten Position in der schwedischen Verwaltung, deren Geschichte bis in die Zeit Gustavs III. zurückreicht. Er erhielt ein grandioses Eckzimmer neben dem Außenminister im Erbprinzenpalais aus dem 18. Jahrhundert, wo er am Hauptschreibtisch von Prinzessin Sophia arbeitete. Zu der Zeit wurde das Palais gerade renoviert, und das Zimmer – das Blaue Cabinett – sollte die blauen Damasttapeten zurückerhalten, die ursprünglich die Wände bekleidet hatten.

Undén erwog auch, ob Hammarskjöld ihm als Außenminister nachfolgen könnte. Hammarskjöld jedoch lehnte das ab, weil er der Ansicht war, ein Ministerposten würde voraussetzen, dass man der Sozialdemokratischen

Partei beitrat. Ungeachtet der Pläne von Undén wollte aber auch Ministerpräsident Tage Erlander nur zu gern Hammarskjöld in der Regierung haben. »Wir benötigen ihn dringend«, schrieb er in sein Tagebuch. Im Herbst 1950 erhielt Erlander die Genehmigung seiner Kollegen, Hammarskjöld einen Posten als konsultativer Staatsrat, ohne die Verpflichtung, Nachfolger von Undén zu werden, anzubieten.

Jetzt zeigte sich Dag Hammarskjöld offener für den Vorschlag. Doch er stellte eine Bedingung: Es sollte deutlich gemacht werden, dass er politisch neutral sei. Dies sollte dadurch markiert werden, dass er zusammen mit dem Staatsrats-Eid einen besonderen Beamtenvorbehalt an den König richtete. Der pragmatische Erlander war im Grunde genommen damit einverstanden – in Anspielung an Heinrich IV. meinte er, Hammarskjöld würde schon, wenn vielleicht nicht eine Messe, so doch zumindest einen Vorbehalt wert sein.

Doch Erlander wollte wissen, was dieser Vorbehalt beinhalten würde. Wenn er nämlich zu weitreichend ausfallen würde, könnte er unter Umständen die kollegiale Verantwortung innerhalb der Regierung gefährden. Damit begann ein verwirrender Prozess, in dessen Verlauf Erlander und Hammarskjöld subtile Argumentationen darüber führten, wo die Grenze zwischen der Verantwortung des Beamten und der des Politikers verlaufen würde. Nach viel kompliziertem Hin und Her legte Hammarskjöld schließlich den Eid als Außenhandelsminister ohne Vorbehalt, aber mit einem »besonderen Gespräch« beim König am 6. Februar 1951 ab. – Der Kreis zwischen Vater und Sohn Hammarskjöld hatte sich geschlossen. Wie Hjalmar knapp drei Jahrzehnte zuvor war auch Dag nun als neutraler Beamter, und nicht als Politiker in die Regierung eingetreten. Er war so weit gekommen, wie man auf der Beamtenlaufbahn, die er gewählt hatte, nur gelangen konnte.

Aber er war nicht zufrieden. Es schien seiner Umgebung schwerzufallen, die Nuancen seiner Situation aufzufassen: Da er Staatsrat in einer sozialdemokratischen Regierung war, hielt man ihn zwangsläufig für einen Sozialdemokraten. Um die Begrifflichkeit zu klären, publizierte er im Sommer 1951 in der sozialdemokratischen ideengeschichtlichen Zeitschrift *Tiden* (»Die Zeit«) unter der Überschrift »Der Staatsbeamte und die Gesellschaft« einen Artikel, den er als eine Reflexion über ein »persönliches Problem« verstand. Im ersten Teil des Textes argumentierte er, dass es für einen Beamten möglich sei, eine Politik auch dann auszuführen, wenn er sie selbst nicht teilte.

Hammarskjöld meinte, man habe die freie Wahl, Beamter zu werden, und als solcher wäre man manchmal gezwungen, für Zielsetzungen zu arbeiten, die man selbst nicht befürwortete. Die Grenze aber verliefe, einigermaßen unklar, bei einem Gruppeninteresse, das mit dem Gesellschaftsinteresse,

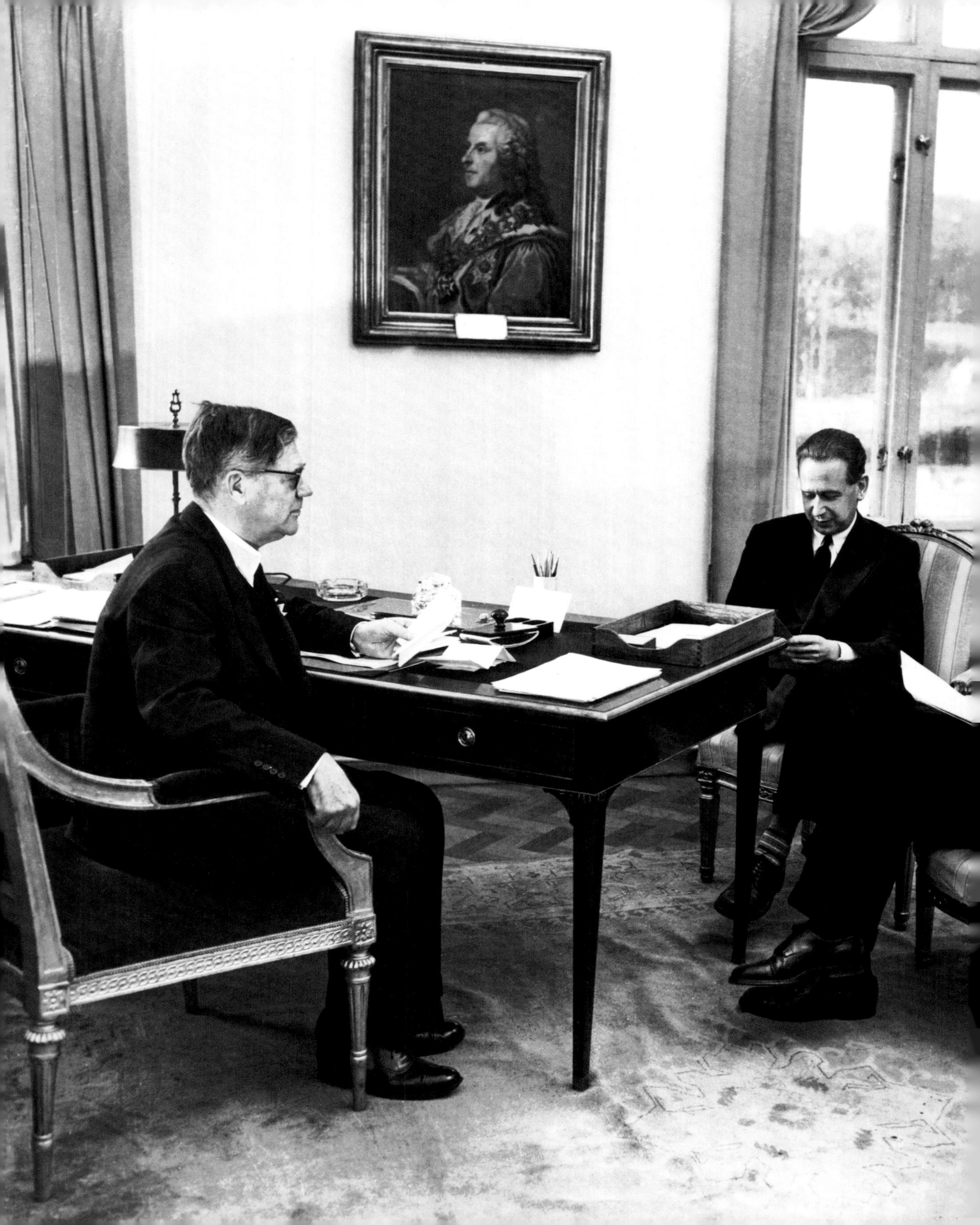

Nach dem Zweiten Weltkrieg wurde Hammarskjöld Wirtschaftsexperte im Außenministerium. Hier ist er mit Außenminister Östen Undén und dem Beamten Arne S. Lundberg in den Übergangsräumen im Klaraviertel (ungefähr beim heutigen Sheraton Hotel) zu sehen, wo das Außenministerium während der Renovierung des Erprinzenpalais 1949–1951 untergebracht war.

dem der Beamte zu dienen habe, »unvereinbar oder ihm schädlich« sei. Voraussetzung wäre allerdings, dass dieses allgemeine Gesellschaftsinteresse wirklich »objektiv« sei und es sich nicht nur um eine subjektive Ansicht handle. So weit war dies hauptsächlich eine Wiederholung der traditionellen schwedischen Beamtenideologie in hägerströmscher Verpackung: allgemeiner Nutzen vor Einzelinteressen.

Doch im besagten Artikel präsentierte er auch ein persönliches Credo, das seinen Einsatz als Chef der UNO quasi vorausnahm. Auch wenn ein Beamter von der Parteipolitik frei sei, dürfe er nicht in einen seelenlosen Roboter verwandelt werden. Es gibt, so war scheinbar Hammarskjölds Meinung, eine unabhängige Beamtenideologie, die im Dienst der Menschheit steht. Er schloss sich dem humanistischen Prinzip »Ehrfurcht vor dem Leben« des deutsch-französischen Arztes und Missionars Albert Schweitzer an, das laut Hammarskjöld als eine Mischung aus Konservatismus, Liberalismus und Sozialismus beschrieben werden könne:

> […] Respekt vor den historischen Gegebenheiten sowie dem Ergebnis des Strebens und der Suche aller Generationen nach Problemlösungen […], die größtmögliche Freiheit für den Einzelnen, sein Leben nach seinem eigenen Sinn zu gestalten […], soziale Gerechtigkeit in Form von gleichen Rechten und gleichen Chancen für alle […], schließlich […] eine selbstverständliche Unterordnung der eigenen Interessen unter das Ganze mit einer moralisch begründeten Loyalität zunächst einmal gegenüber der Nation, aber des Weiteren auch gegenüber dem größeren Gesellschaftszweck, wie er durch den Internationalismus repräsentiert ist.

Das war widersprüchlich. Auf der einen Seite behauptete Hammarskjöld, der Beamte sei zur Loyalität gegenüber der Staatsmacht verpflichtet, und auf der andere Seite, er besitze das Recht, unabhängig zu sein und seinem eigenen Gewissen zu folgen – eine Art Synthese zwischen der Forderung des Vaters, sich dem Gesetz zu unterwerfen, und dem Glauben der Mutter an das Gebot der Liebe. Aber ist das in der zivilisierten Gesellschaft nicht auch wirklich ein notwendiger Kompromiss? Wir wollen keine Beamten haben, die nach Gutdünken Macht ausüben, aber wir wollen auch nicht, dass sie dazu bereit sind, ihren Auftraggebern den ganzen Weg bis hin zu den Vernichtungslagern Gehorsam zu zeigen.

Tage Erlander und Östen Undén waren zufrieden mit Hammarskjöld. Zwar empfand man ihn als ein wenig zu sehr nach Westen orientiert, was unter anderem während der gravierenden Catalina-Affäre im Sommer 1952 bemerkbar wurde, als die Sowjets ein schwedisches Spionageflugzeug abschossen. In seinem Tagebuch konstatierte Erlander, dass Hammarskjöld, der sich für einen härteren Kurs gegenüber den Russen aussprach, wohl »in der Verhandlungsführung gut« war, aber in »politisch schwierigen Situationen« nervös wirke – ein Urteil nicht ohne Ironie, wenn man bedenkt, dass Hammarskjöld schon wenige Jahre später politische Krisen bewältigen musste, die komplizierter waren als alles, was der schwedische Ministerpräsident je auf dem Tisch gehabt hatte.

Nach außen hin schien Hammarskjöld das Dasein als Staatsrat dennoch zu gefallen. Der Druck war im Vergleich zu den vorangegangenen Jahren geringer geworden, er las mehr Bücher, hatte weniger Konferenzen und unternahm längere Urlaubsreisen. Seine Kollegen bemerkten in dieser Zeit auch keine größeren Veränderungen an ihm. Dag war immer noch der pflichtbewusste, gut gekleidete und spirituelle Beamte.

Doch aus den Briefen an die Jugendfreunde kann man herauslesen, dass die Frustration zugenommen hatte. Weihnachten 1951 schrieb er an Rutger: »Auf meine Weise habe ich in meinem derzeitigen Job getan, was ich konnte« – in einem Job, den er damals erst weniger als ein Jahr bekleidete. Im darauffolgenden Herbst klagte er darüber, dass er mit vielen Menschen intensiven Umgang habe, jedoch »lediglich unter den Vorzeichen der Arbeit«. Die Texte in *Zeichen am Weg* klingen 1951/52 zunehmend düster und verzweifelt:

Sinnlos, was ich fordere: dass Leben Sinn haben soll.
Unmöglich, wofür ich kämpfe: dass mein Leben Sinn erhalten soll.
Ich getraue mich nicht, weiß nicht, wie ich glauben könnte:
Dass ich nicht einsam bin.

Er spricht über den Tod – »richtig« sterben zu können – und fragt sich, ob »der Ekel über die Leere« das Einzige vom Leben sei, womit man die Leere füllen könnte. Sein Gefühl der Einsamkeit ist bis ins fast Unerträgliche gesteigert, und er fleht Gott an, ihm eine »Bürde« aufzuerlegen, die ihn mit der Menschheit vereinigt. Er möchte, dass sein Leben ganzheitlich bleibt, dass der äußere und der innere Mensch, sein Glaube und seine Arbeit in einer sinnvollen Ganzheit vereint werden.

Hammarskjöld war ganz oben angekommen, aber wie viel hatte das wirklich mit den Träumen von etwas ganz Großem und Sinnvollem zu tun, die er als junger Mann zusammen mit Jan und Rutger gehegt hatte? Das Problem war, dass die Alternativen zu der Arbeit in der Regierung nicht sonderlich verlockend waren. Es gab eine Reihe herausragender Posten, die ihm angeboten wurden oder für die er zumindest im Gespräch war: Chef des halb-

Nächste Seite: Die Pressekonferenz am 1. April 1953 nach Dag Hammarskjölds Ernennung zum Generalsekretär der UN wurde zur am besten besuchten in der Geschichte des Außenministeriums. Hammarskjöld beeindruckte dadurch, dass er Fragen auf Deutsch, Französisch und Englisch beantwortete. Doch er hatte nicht viel zu sagen; die Veranstaltung dauerte ungefähr so lange, wie Hammarskjöld brauchte, um ein Zigarillo der Marke Rio, Nummer 213 des schwedischen Tabakmonopols, zu rauchen.

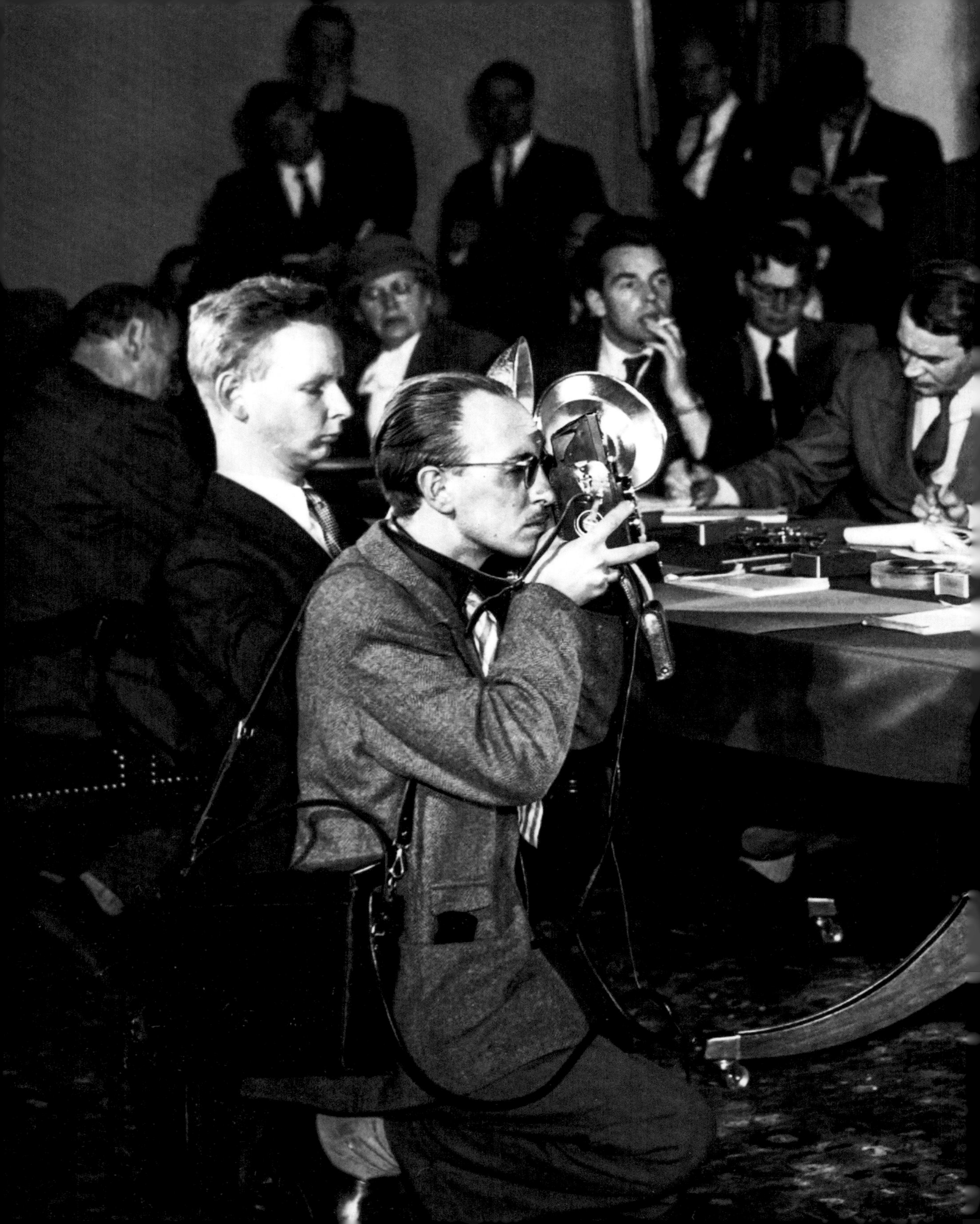

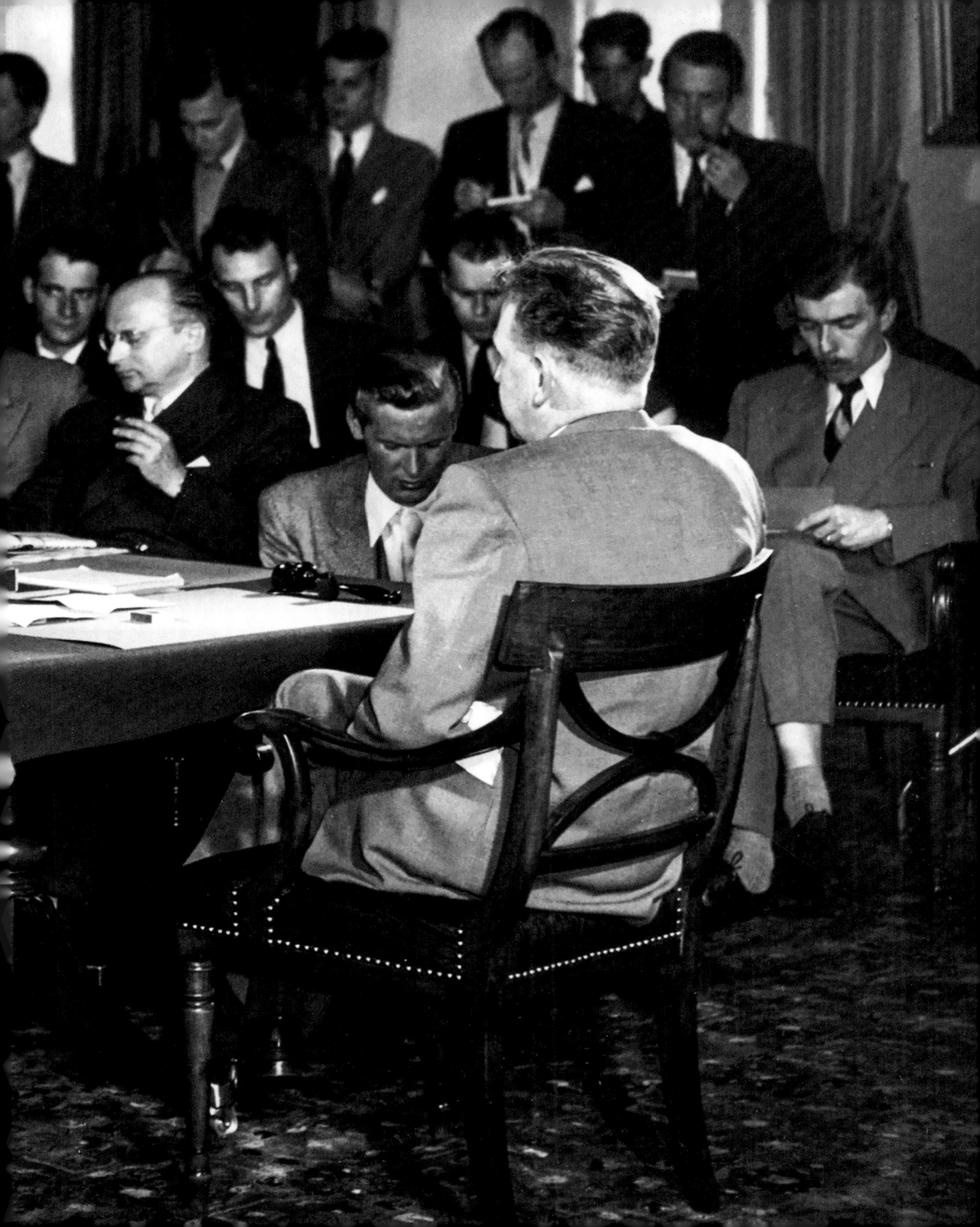

staatlichen Grubenunternehmens LKAB, Direktor der Vin & Sprit AB und sogar, wie sein Vater, Regierungspräsident in Uppsala zu werden. Die beiden ersten Angebote hatte er mehr oder weniger gleich zurückgewiesen. Uppsala hatte ihn gelockt – vielleicht als eine Art Bestätigung und Sieg gegenüber seinem Vater. Aber die Regierung hatte hier andere Vorstellungen.

Da geschah am 31. März etwas Wunderbares und völlig Unerwartetes. Überraschenderweise bekam Dag ein Telegramm vom schwedischen UN-Botschafter, der ihm mitteilte, dass sein Name in den Spekulationen über den Posten des Generalsekretärs aufgetaucht war. Er nahm das nicht ernst. Zwar erwähnte er das Telegramm, als er kurz darauf Ministerpräsident Tage Erlander traf, doch ansonsten verbrachte er seinen Tag wie gewöhnlich. So besuchte er unter anderem den Künstler Bo Beskow, der ein Porträt von ihm malte, und erwähnte das Telegramm nicht, obwohl Beskow erst wenige Tage zuvor, als sie darüber diskutierten, wer wohl der neue Generalsekretär der UN werden würde, vorgeschlagen hatte, dass Dag doch den Job bekommen sollte. Dies wurde der Beginn ihrer lebenslangen Freundschaft.

Doch am Morgen des 1. April gegen drei Uhr kam die definitive Bestätigung, dass es ernst war. Als Dag seine Wohnung an der Östermalmsgatan verließ, wurde er von einem Aufgebot an Journalisten und Fotografen

»Stellvertretender Außenminister Dag Hammarskjöld, ein Junggeselle, wird als einer der brillantesten Diplomaten Schwedens angesehen …«, erklärte die *New York Times*, als die Nachricht von seiner Nominierung am 1. April 1953 die Runde machte.

begrüßt, die Schlagzeilen in der Morgenausgabe des *Svenska Dagbladet*, die sich über die gesamte Seite erstreckten, lauteten: »Dag Hammarskjöld neuer Generalsekretär der UNO?« Trotz aller Grübeleien über die eigene Karriere war ihm doch eine solche Möglichkeit nie in den Sinn gekommen. Bis zu diesem Zeitpunkt war seine Perspektive von einem nationalen Beamtenhorizont begrenzt gewesen. Dennoch musste der äußerst selbstreflektierende Dag Hammarskjöld eingesehen haben, dass dies der Posten war, auf den er sich sein ganzes Leben lang vorbereitet hatte, der »conradsche« Augenblick, in dem er aufs Äußerste geprüft werden würde.

Er besaß Sprachkenntnisse, umfassende administrative Kompetenz und war ein bekanntermaßen geschickter Verhandlungsführer. Das internationale Völkerrecht, auf das sich die UNO gründete, gehörte zentral zu seinem Familienhintergrund, sowohl durch den Vater Hjalmar wie auch den Bruder Åke. Und vor allem bot der Job bei der UNO eine Lösung für den existenziellen Konflikt zwischen Unabhängigkeit und Unterordnung, der sein ganzes bisheriges Leben geprägt hatte. Als Generalsekretär würde er der höchste Beamte der Welt werden, allen politischen Interessen übergeordnet.

Bevor er zusagte, musste er eine Reihe von Personen um Rat bitten. Da waren vor allem seine Vorgesetzten Erlander und Undén, die ihn natürlich bestärkten – ein schwedischer Generalsekretär wäre ein großer politischer Erfolg. Während alle Medien der Welt verzweifelt versuchten, den unbekannten Schweden zu erreichen, dem man den wichtigsten UNO-Job angeboten hatte, saß Dag am Krankenbett seines Vaters. Hjalmar war einundneunzig Jahre alt und lag auf der Krankenstation des Altersheims Sofiahemmet. Dag berichtete von seinem neuen, guten Angebot, doch Anregungen konnte der altersschwache Hjalmar dazu nicht mehr geben.

»Etwas leer für mich, aber vielleicht am besten so«, erklärte Dag traurig seinem Bruder Bo. Danach schickte er ein Telegramm an den Vorsitzenden des Sicherheitsrats und teilte mit, dass er das Angebot annehme. Um fünf Uhr dann war es Zeit für die größte Pressekonferenz in der Geschichte des Außenministeriums mit an die neunzig Journalisten aus der ganzen Welt. Die meisten hatten kaum je von Hammarskjöld gehört, und Tatsache ist, dass auch nur äußerst wenige schwedische Reporter den smarten, eleganten Siebenundvierzigjährigen schon einmal gesehen hatten, der nun mit einem verlegenen Lächeln, aber selbstverständlicher Souveränität im Auftreten den Salon betrat.

Hammarskjölds Antworten waren blass und ausweichend gewesen: »Das Erste, was ich tun werde, ist, die Arbeit zu erlernen. Den Willen, mein Bestes zu geben, habe ich. Inwieweit mir das gelingt, mögen andere beurteilen.« Beeindruckt waren die Presseleute jedoch von seinen Sprachkenntnissen. Er antwortete auf Schwedisch, Englisch, Französisch und Deutsch – die ameri-

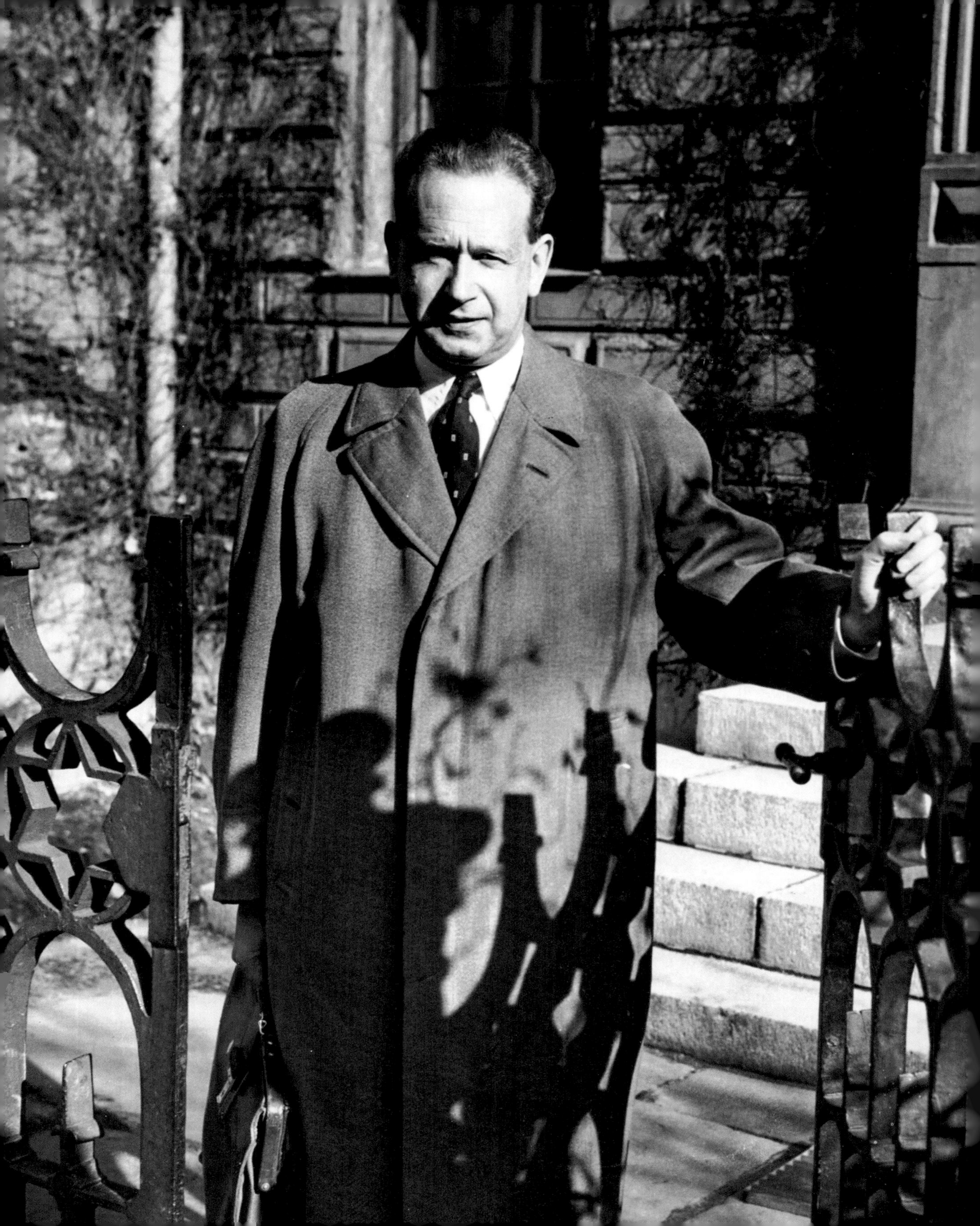

kanischen Journalisten waren besonders begeistert darüber, dass er »yes« nicht in britischer Manier aussprach, sondern »yeah« mit langgezogenem Ä.

Nicht nur auf der Pressekonferenz sagte er »Ja«, sondern auch in seinem Tagebuch. Plötzlich ist alles Finstre wie weggeblasen. »Dem Vergangenen: Dank, dem Kommenden: Ja!«, lautet die Einleitung einer Reihe Gedichte von 1953 in *Zeichen am Weg*, die von einer neuen Reife und »menschlicher Nähe« handeln. Auch Gott hat sich schließlich zu erkennen gegeben: »Ich bin das Gefäß, Gottes ist das Getränk. Und Gott der Dürstende.«

In der folgenden Woche wickelte er sein Leben in Schweden ab. Das war, wie er im Tagebuch schreibt, nicht sonderlich aufwendig: »Frei sein, aufzustehen und alles zu lassen – ohne einen Blick zurück. Ja zu sagen –.« Es gab keine Familie, mit der er verhandeln musste, keine Ehefrau und keine Kinder, die erschrocken oder begeistert sein könnten, in die USA umziehen zu müssen. Er packte seine Anzüge ein, kündigte seinen Staatsratsposten und gab seine Freifahrtenkarte für die Schwedischen Eisenbahnen zurück.

Am 7. April wurde er im UNO-Gebäude in New York als Generalsekretär berufen, und am folgenden Tag würde er Schweden verlassen. Nach den vormittäglichen Beratungen empfing Gustaf VI. Adolf den scheidenden Hammarskjöld in seiner Privatwohnung im Schloss, betonte, dass die Ernennung »eine Ehre für unser Land« sei, und wünschte ihm viel Glück bei der »ungeheuer fordernden Aufgabe«.

Viele wollten sich von Dag auf dem Flughafen Bromma verabschieden: sein Bruder Sten – der ein modernistisches Gemälde mitschickte, das er auf Jylland gemalt hatte –, Ministerpräsident Tage Erlander – der sich sicherheitshalber zweimal verabschiedete –, der amerikanische Botschafter, ferner der Außenminister Östen Undén »in französischer Sonnenbräune und mit bunter Fliege aus Paris, dazu andere Herren aus dem Staatskalender und der Diplomatenliste«, wie Jan Olof Olsson von *Dagens Nyheter* es ausdrückte.

Die Fotografen hatten es kaum geschafft, die Kameras zu heben, da hatte Dag schon in ein paar raschen Sprüngen die steile Treppe zur Passagiertür genommen und setzte sich ganz hinten an ein Fenster. Ebenso wie der schwedische Botschafter in Washington Erik Boheman hatte er einen gebuchten Schlafplatz an Bord. Um fünf Uhr nachmittags hob die SAS-Maschine »Leif Viking« Richtung New York ab. Nach der üblichen Zwischenlandung in Prestwick in Schottland – wo der Financier Marcus Wallenberg zusteigen durfte – bekam die DC6 einen derartigen Rückenwind, dass man die sonst übliche Zwischenlandung zum Tanken in Neufundland sparen konnte. Zwei Stunden vor der erwarteten Zeit landete der neue Generalsekretär der UN auf dem Flughafen Idlewild – bereit, der Presse, den Diplomaten und allen Krisen der Welt entgegenzutreten.

»Frei sein, aufzustehen und alles zu lassen – ohne einen Blick zurück«, schrieb Hammarskjöld im April 1953 in sein Tagebuch, als er überraschenderweise zum UN-Chef auserkoren worden war. Am Morgen nachdem die Nachricht von seiner Ernennung bekannt geworden war, wurde er vor seiner Haustür an der Östermalmsgatan von einem großen Presseaufgebot begrüßt.

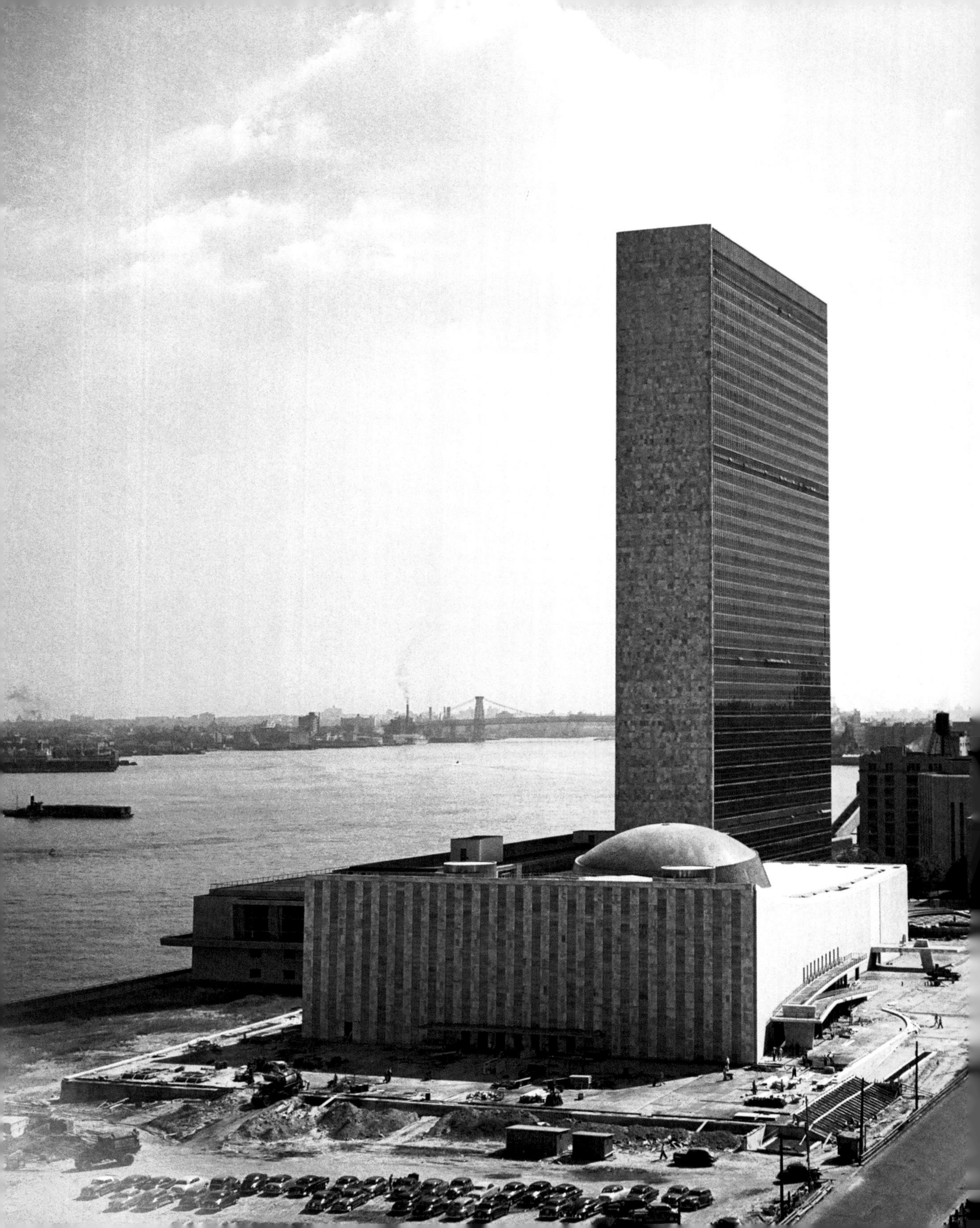

Die gerade fertiggestellten UN-Gebäude in New York zur Zeit von Hammarskjölds Dienstantritt als Generalsekretär. Im Einklang mit dem Grundgedanken der Vereinten Nationen wurde das Material zum Bau aus einer Reihe von Mitgliedsländern geholt, zum Beispiel britischer Kalkstein und italienischer Marmor. Die Büromöbel wurden in Frankreich gekauft, die Textilien in Griechenland und der damaligen Tschechoslowakei, die Teppiche stammten aus England, Frankreich und Schottland. Die verschiedenen Holzarten der Inneneinrichtung stammten aus Belgien, Kuba, Guatemala, von den Philippinen, aus Norwegen und Belgisch-Kongo.

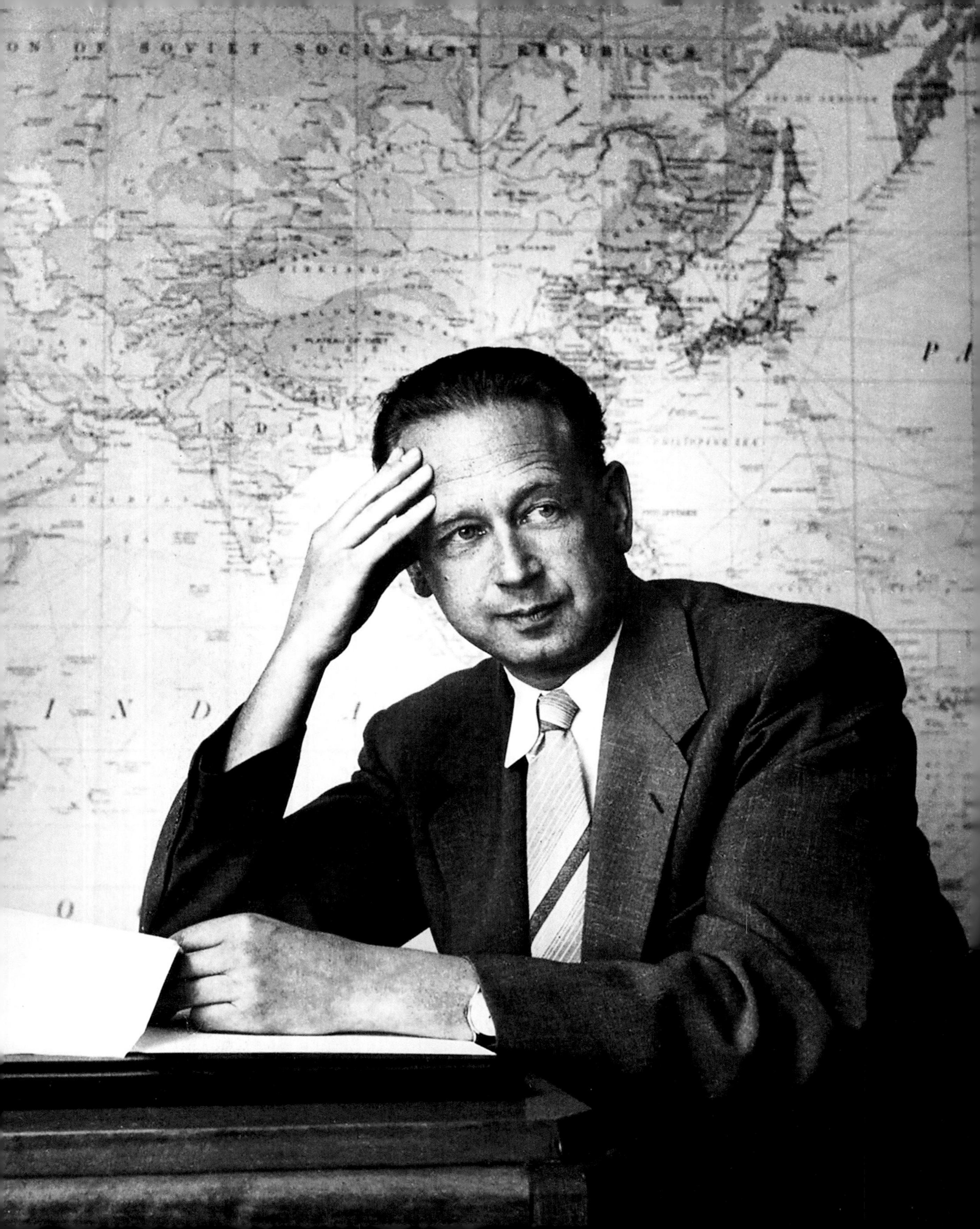
SOVIET SOCIALIST REPUBLICS
INDIA

DAG HAHM-MAHR-SHOLD

Ja sagen zum Leben heißt auch Ja sagen zu sich selbst.
Dag Hammarskjöld, 1953

In einem zukunftsoptimistischen Geist waren die Vereinten Nationen im Sommer 1945 in San Francisco gegründet worden. Die große Allianz zwischen der Sowjetunion, Großbritannien und den USA hatte das nationalsozialistische und faschistische Böse bezwungen. Auch wenn es nach sechs Jahren brutaler Kriegsführung enorme Probleme gab, konnten die fast fünftausend Politiker, Diplomaten und Journalisten, die sich an der amerikanischen Westküste versammelt hatten, den Blick nach vorn richten und darüber nachdenken, wie in der neuen und friedlicheren Welt, die nun aufschien, die Zusammenarbeit zwischen den Staaten organisiert sein sollte.

Der Optimismus beruhte paradoxerweise zum Teil darauf, dass hinter der neuen Weltorganisation eine gewisse Realpolitik stand. Alle waren sich einig, den naiven Idealismus, der dazu geführt hatte, dass der Völkerbund in der Zwischenkriegszeit kollabiert war, vermeiden zu wollen. Die offenkundigste Ursache für die immer wiederkehrenden Krisen war gewesen, dass die Großmächte sich geweigert hatten, den Beschlüssen des Völkerbunds zu folgen. Gleichheit zwischen allen Ländern der Welt in Form von »eine Nation – eine Stimme« hatte sich, so schön der Gedanke auch sein mochte, als unrealistisch erwiesen. In der neuen Organisation erhielten deshalb die »fünf großen« Siegermächte – die USA, Großbritannien, die Sowjetunion, Frankreich und China – ein Vetorecht. Die Vertreter der kleineren Länder, die ebenfalls in San Francisco vor Ort waren, knirschten mit den Zähnen, sahen aber ein, dass dies eine notwendige Voraussetzung dafür war, dass die Großmächte sich in die neue Weltorganisation einordneten.

Ein weiterer entscheidender Unterschied war die Rolle der USA. Zwar hatte der amerikanische Präsident Woodrow Wilson die Idee, einen den Frieden bewahrenden Verbund zu schaffen, schon nach dem Ersten Weltkrieg im Kopf gehabt, doch war es ihm nicht gelungen, den Widerstand der

Mit der Welt als Arbeitsgebiet. Das erste Jahr als Generalsekretär der UNO verlief zögerlich, doch nach einiger Zeit verlieh Dag Hammarskjöld der Weltorganisation unerwartete Kraft und Integrität.

Isolationisten unter den Republikanern im amerikanischen Senat zu überwinden. Gegen Ende des Zweiten Weltkriegs war sein Nachfolger Franklin D. Roosevelt fest entschlossen, nicht denselben Fehler zu machen. Noch vor dem Kriegseintritt der USA hatte er das Außenministerium angewiesen, Richtlinien für eine zukünftige Weltorganisation zu entwerfen und Unterstützung bei der Opposition dafür zu suchen. Das starke amerikanische Engagement war von entscheidender Bedeutung für die Bildung der UNO. In einer kriegszerstörten Welt besaßen nur die USA den Enthusiasmus und die Ressourcen, um die UNO zu finanzieren und mit Personal zu besetzen.

Die neue Organisation bestand aus sechs Organen: Generalversammlung, Sicherheitsrat, Wirtschafts- und Sozialrat, Internationaler Gerichtshof, Treuhandrat (für Entkolonialisierung) und Sekretariat. Deren Mandat wurde durch die konstitutionellen Grunddokumente, die Statuten der UNO, definiert, die man am 26. Juni 1945 angenommen hatte. Der Weg zur Anerkennung dieser Statuten war von harten Verhandlungen bestimmt gewesen. Die heftigsten Konflikte hatte es dabei um den Sicherheitsrat gegeben: Wer sollte ihm angehören, wie groß sollte er sein, wie sollte das Vetorecht definiert werden? Am wenigsten Diskussion hatte es um das Sekretariat gegeben. Es war ebenso selbstverständlich, dass die UNO einen Kader von internationalen Beamten benötigte, wie dass diese einen Chef haben mussten, der den Titel Generalsekretär erhielt. Dieser Posten wurde als eine hauptsächlich administrative Funktion mit gewissen symbolischen Befugnissen betrachtet. Der Generalsekretär würde vom Sicherheitsrat nominiert und von der Generalversammlung gewählt werden, und seine wichtigste Aufgabe würde sein, die Beschlüsse der unterschiedlichen UN-Organe umzusetzen.

Dennoch gab es ein paar Sätze in den Statuten, die dem Generalsekretär eine selbstständigere Rolle ermöglichten. Diese Paragrafen sollte Dag Hammarskjöld während seines außergewöhnlichen Wirkens für die UN ausnutzen. Doch das konnte bei seiner Amtseinführung noch niemand wissen.

Als der neue Generalsekretär am 9. April 1953 auf dem Flugplatz Idlewild in New York landete, wussten die Journalisten nicht so recht, was sie von dem blonden und etwas jungenhaften Mann mit den blauen Augen halten sollten, der ein ausgezeichnetes Englisch mit leicht singender Satzmelodie sprach. Ohne Frage sah er entspannt aus, als er nach der langen Flugreise mit leichtem Bartschatten, aber ohne Hut und Mantel, die Maschine verließ. Er begrüßte den scheidenden Generalsekretär, den Norweger Trygve Lie – ein Skandinavier löste den anderen ab. Doch man wusste fast nichts über diesen unbekannten Siebenundvierzigjährigen, und am allerwenigsten, wie sein seltsamer Name ausgesprochen wurde.

Lie, der in dieser Sache freilich besser Bescheid wusste, freute sich nicht sonderlich über seinen Nachfolger. Im Grunde genommen hätte er keinen Kandidaten akzeptiert, aber von einem mausgrauen schwedischen Beamtentypen wie Hammarskjöld ersetzt zu werden, das war für den kraftvollen sozialdemokratischen Politiker, der während des Zweiten Weltkriegs Außenminister der norwegischen Exilregierung in London gewesen war, besonders ärgerlich. Er begrüßte den Schweden mit knappen Worten und erklärte ihm, dass er nun den »unmöglichsten Job der Welt« übernommen habe.

Lie war der erste Generalsekretär der Weltorganisation gewesen. Während seines ersten Jahres bei der UNO hatte er großartige Taten vollbracht: Er hatte die Administration aufgebaut, den Bau des UN-Wolkenkratzers in New York überwacht und 1948 die Deklaration über die Menschenrechte in den sicheren Hafen gelotst. Doch die Zuspitzung des Kalten Krieges hatte seine Position unmöglich gemacht, und vor allem der Koreakrieg war ihm zum Verhängnis geworden.

Nach einer langen Reise kam Dag Hammarskjöld in New York an. Der Empfang hätte herzlicher sein können: »Willkommen zum unmöglichsten Job der Welt«, sagte der scheidende Generalsekretär Trygve Lie, der am liebsten geblieben wäre.

Nächste Seite:
Bei seiner Antrittsrede in der UNO am 10. April 1953 zitierte Hammarskjöld den amerikanischen Präsidenten Abraham Lincoln und den schwedischen Dichter Erik-Axel Karlfeldt.

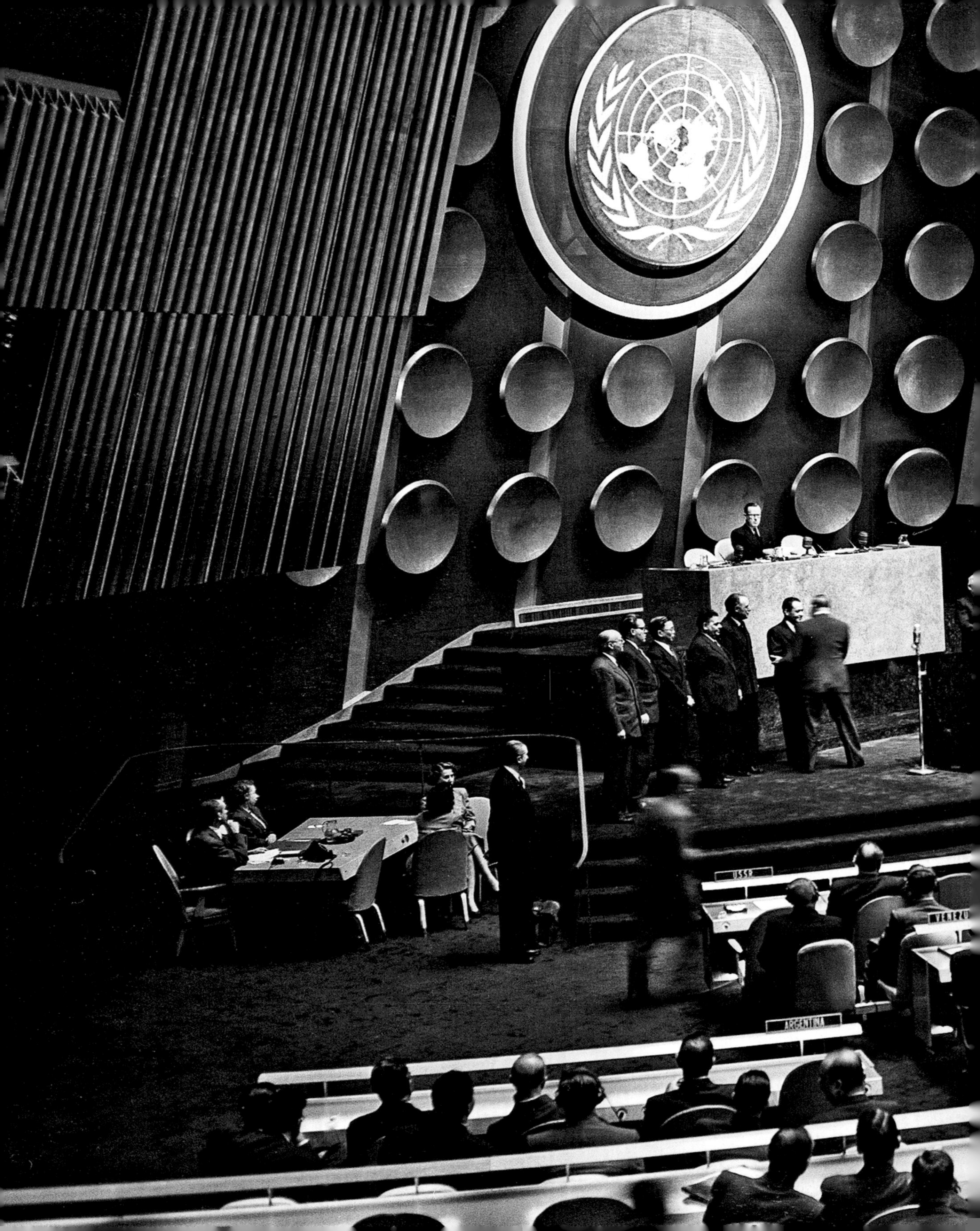
USSR
ARGENTINA

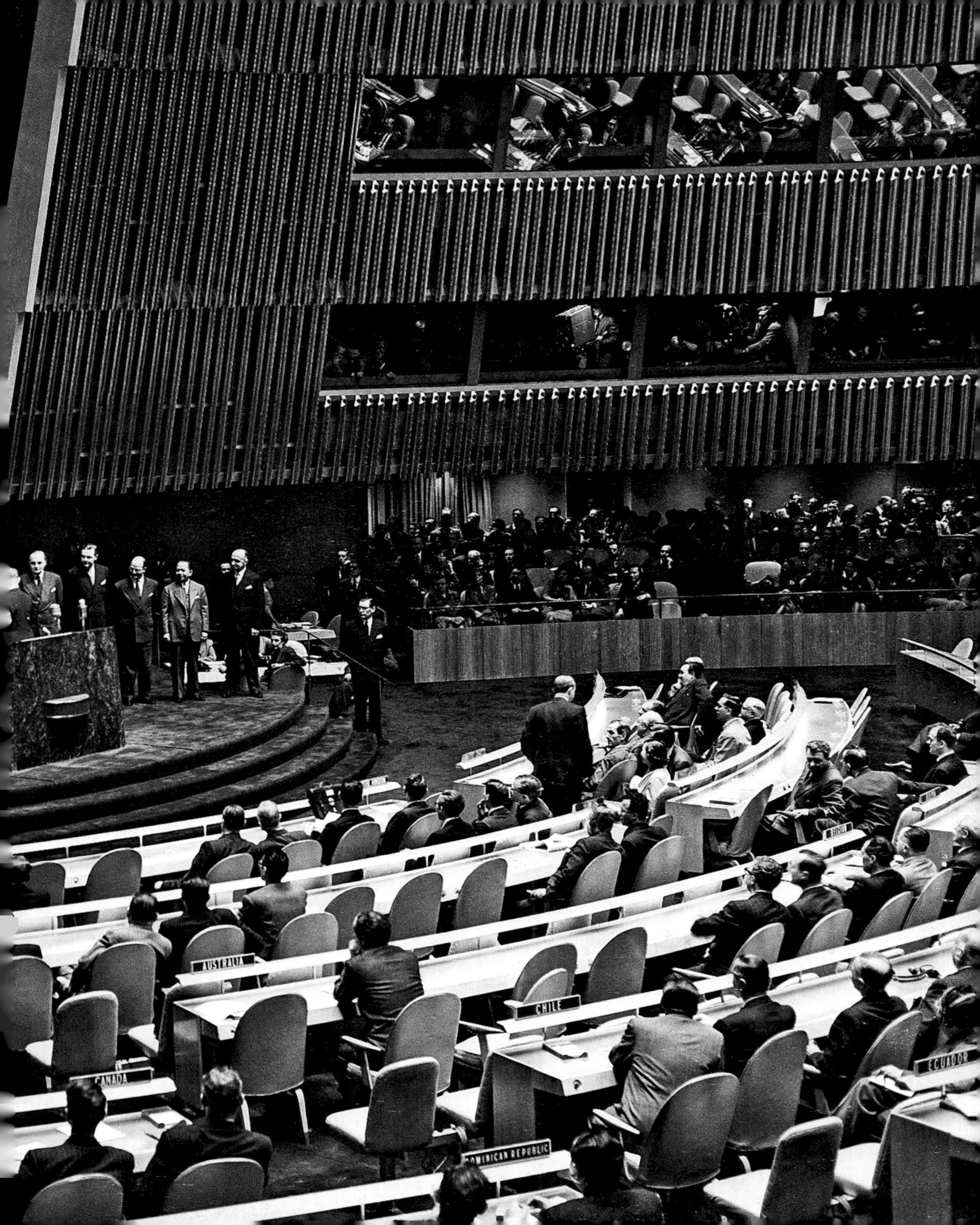
AUSTRALIA
CHILE
CANADA
ECUADOR
DOMINICAN REPUBLIC

Als Korea 1945 von der japanischen Herrschaft befreit worden war, hatten die USA und die Sowjetunion das Land entlang des 38. Breitengrads in zwei Teile geteilt. Im Sommer 1950 dann war die von den USA unterstützte Regierung in Südkorea mithilfe der Sowjetunion und Chinas durch das kommunistische Regime Nordkoreas angegriffen worden. Der Sicherheitsrat stand auf der Seite der USA, deren Militäreinsatz unter der Flagge der UNO geschehen sollte. Normalerweise hätte die Sowjetunion ein Veto eingelegt, doch seit einem halben Jahr boykottierte man den Sicherheitsrat aus Protest, weil die Volksrepublik China in der UNO nicht den Sitz der Republik China auf Taiwan übernehmen durfte.

Den Sicherheitsrat zu boykottieren war nicht gerade eine der besten Ideen der Russen gewesen. Nun machten sie ihrem Frust Luft, indem sie sich weigerten, Lie als Generalsekretär anzuerkennen. Damit verlor er die Möglichkeit, zwischen den Großmächten auszugleichen, und erlitt einen erheblichen Wirkungsverlust. Gleichzeitig wurde er von den Amerikanern, die nur wenig Verständnis für seine schwierige Lage zeigten, stark unter Druck gesetzt, z. B. durch ihren unsensiblen Antikommunismus. Im Frühjahr 1952 hatten amerikanische Behörden eine Überprüfung des UNO-Personals begonnen. Ein halbes Jahr später hatte ein erschöpfter Lie vor der Generalversammlung seinen Rücktritt erklärt.

Dass das UNO-Hauptquartier in New York angesiedelt worden war, spiegelte die Stellung der Stadt als neues internationales Zentrum nach dem Zweiten Weltkrieg wider. Hier sieht man Dag und seinen Vorgänger Trygve Lie 1953 bei einer Zeremonie vor dem New Yorker Rathaus im Zusammenhang mit dem Wechsel an der UN-Spitze.

Doch das löste die Unstimmigkeiten zwischen den Großmächten nicht auf. Die Sowjets weigerten sich, den aussichtsreichsten Kandidaten für einen neuen Generalsekretär, den ausdrucksstarken kanadischen Diplomaten Lester »Mike« Pearson, anzuerkennen. Der Prozess begann wieder von vorn. Unmengen neuer Namen wurden genannt, ohne dass es ein Ergebnis gegeben hätte. Nach einigen Wochen der Verwirrung ging man zu einem pragmatischeren Verfahren über: Erst wurden vier Kandidaten ausgewählt, die für die USA akzeptabel waren, und dann durften die Sowjets dazu Stellung nehmen, ob diese auch für sie tragbar wären.

Dag Hammarskjöld war von Briten und Franzosen ins Spiel gebracht worden, die ihn von der OEEC kannten. »Mein Name wurde ganz einfach aus einem Hut gezogen«, lautete seine eigene Beschreibung. Und es zeigte sich, dass die Russen ausgerechnet dieses Kaninchen gut fanden. Der Durchbruch geschah am 30. März. Der sowjetische Delegierte im Sicherheitsrat teilte mit, er wäre bereit, Hammarskjöld zu akzeptieren. Es ist unklar, wie viel die Russen über ihn wussten. Natürlich war es ein Plus, dass er aus dem neutralen Schweden stammte. Dass er zudem unter dem relativ russlandfreundlichen Östen Undén Vize-Außenminister gewesen war, sprach auch für ihn. Die Russen schienen jedenfalls nicht zu wissen, dass er für eine strengere Haltung der Schweden in der Catalina-Affäre gewesen war.

Die USA waren im Prinzip bereit, ihn sofort anzuerkennen. Hammarskjöld war, wie es der amerikanische UN-Abgeordnete Henry Cabot Lodge ausdrückte, *»as good as we may get«*. Doch erst musste er mit seinem Chef, dem Außenminister John Foster Dulles, Rücksprache nehmen. Zufällig hielten sich, als Lodge anrief, zwei amerikanische Diplomaten in Dulles' Büro auf, die Dag Hammarskjöld kannten. Beide äußerten sich sehr positiv und versicherten Dulles sowohl der Eignung von Hammarskjöld als auch seiner dem Westen gegenüber freundlichen Haltung. Die UNO würde von Glück sagen können, wenn sie ihn als Generalsekretär bekäme.

Dieses Bild wurde einige Tage später auch vom amerikanischen Botschafter in Stockholm bestätigt. Hammarskjöld gehöre zweifellos zur westlichen Welt, meinte dieser. Zudem sei er sympathisch, charmant und weniger steif als die Schweden im Allgemeinen, sagte der amerikanische Diplomat. Doch er hatte auch ein paar kritische Anmerkungen zu machen. Es würde Hammarskjöld an politischer Erfahrung mangeln, und manchmal könne er recht naiv sein, wenn es um die realpolitischen Bedürfnisse der Großmächte gehe, und sich in subtile und unbegreifliche intellektuelle Argumentationen verirren.

Hammarskjölds erste Pressekonferenz in New York verlief völlig anders als die Audienz im Stockholmer Erbprinzenpalais eine Woche zuvor. Jetzt lieferte er eine Absichtserklärung, die er während der Reise über den Atlantik

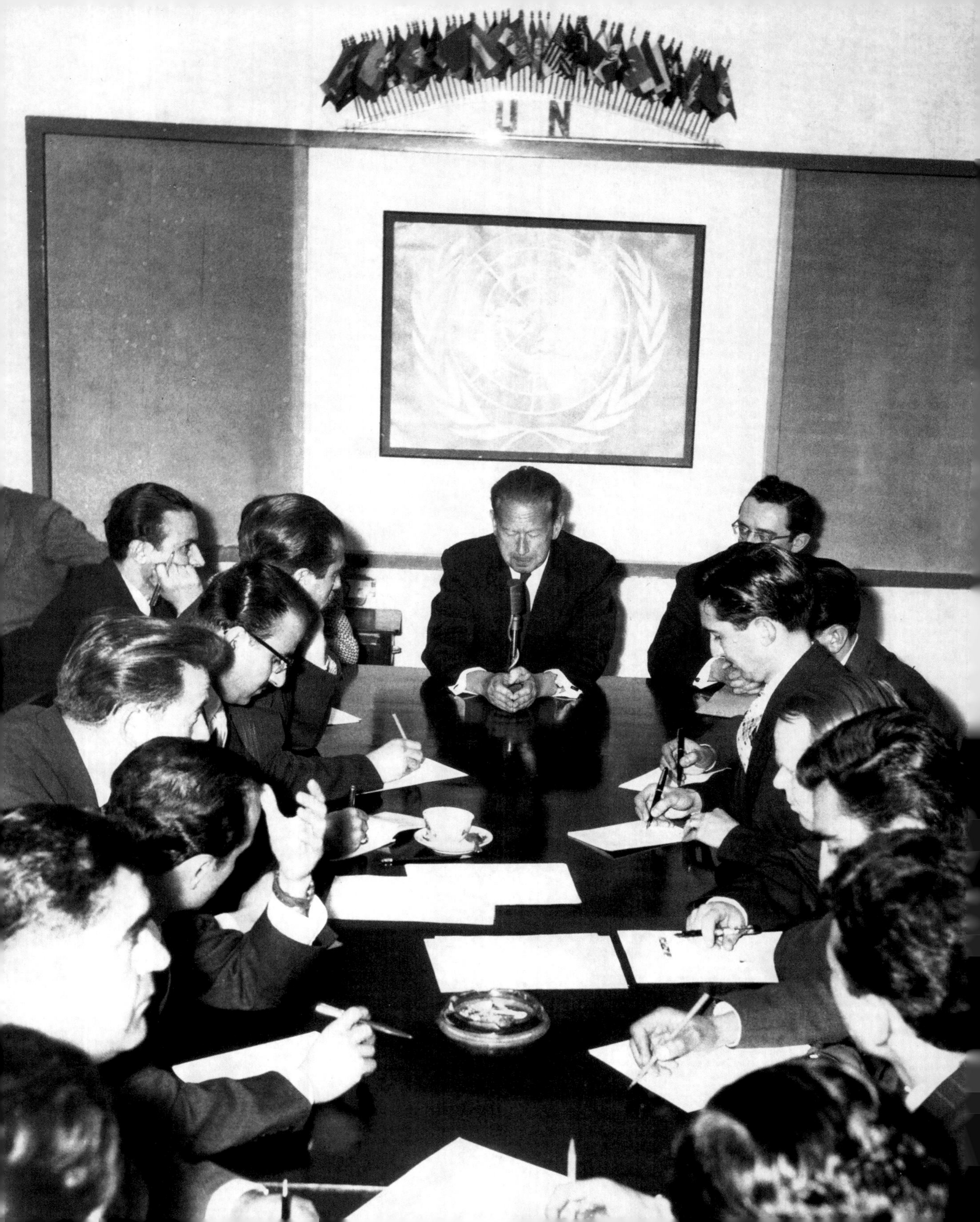
U N

auf einen Spiralblock notiert hatte. Gewiss war es auf seine etwas umständliche Art formuliert, doch sollte sich der Text als prophetisch erweisen:

> In meiner neuen offiziellen Eigenschaft soll der Privatmann zurücktreten und der internationale Beamte seinen Platz einnehmen. Der Beamte existiert, um jene, die die Beschlüsse fassen, […] sozusagen von innen zu unterstützen. Er soll, meiner Meinung nach, zuhören, analysieren und lernen, die handelnden Kräfte voll und ganz zu verstehen […] Glauben Sie nicht, dass er, indem er eine solche persönliche politische Linie verfolgt, lediglich passiv an der Entwicklung teilnimmt. Nein, es ist eine höchst aktive Rolle. Doch ist er als Werkzeug aktiv, als Katalysator, vielleicht als Inspirator. Er dient.

Natürlich wollten die Journalisten gern etwas Kräftiges haben, worüber sie schreiben könnten. Dieser unbekannte Schwede erschien ihnen als ungewöhnlich blass, nicht zuletzt im Vergleich mit Personen wie Lie oder Pearson. Er hatte keine politischen Taten vorzuweisen, hatte an keinem Krieg teilgenommen – war einfach nur Beamter im Dienst des schwedischen Staates gewesen. Nicht einmal eine Familie und süße Kinder hatte er.

Doch am Ende lieferte Hammarskjöld dann doch noch Konkretes. Er verglich die Eigenschaften, die von dem UNO-Generalsekretär verlangt wurden, mit denen, die ein Bergsteiger mitbringen musste: »Durchhaltevermögen und Geduld, die Realitäten fest im Griff haben, sorgfältige, aber phantasievolle Planung, klares Bewusstsein der Gefahren, aber auch, dass unser Schicksal das ist, wozu wir es machen, und dass der sicherste Kletterer der ist, der niemals seine Fähigkeit, alle Gefahren zu überwinden, infrage stellt.«

Das hatte Erfolg; diese Passage durfte er dreimal vor Film- und Fernsehkameras wiederholen. Die Bergsteiger-Metapher wurde mit Hammarskjölds Person verknüpft, wenngleich er selbst der guten Ordnung halber darauf hingewiesen hatte, dass das schwedische Fjäll nur selten die alpine Geschicklichkeit verlangte, die meist mit Bergsteigen assoziiert wurde. Das Bild von dem neuen Generalsekretär als Bergsteiger ging herum. Diese klassische Gentleman-Tätigkeit passte außerdem zu seinen literarischen Interessen: Man stellte sich vor, dass er, auf dem Gipfel angekommen, erst einmal ein Gedicht von T. S. Eliot las, der zu seinem Lieblingsdichter erklärt wurde.

Dag Hammarskjöld sollte dieses Klischeebild der Medien ziemlich leid werden. Doch es leistete ihm auch gute Dienste. Bewusst oder unbewusst hatte er erkannt, dass es notwendig war, als Generalsekretär eine mediale Person zu erschaffen. Er konnte wohl kaum als Kriegsherr oder Politiker dargestellt werden. Stattdessen wurde er zum weisen Mann auf dem Berg,

In seinen Kontakten zur Presse entwickelte Hammarskjöld eine Fähigkeit, entgegenkommend zu wirken, ohne zu viel zu sagen. Das war ein Balanceakt: Viel der Diplomatie musste »schweigend« geschehen, während er gleichzeitig davon abhängig war, durch den moralischen Druck der Weltmeinung die Machthaber, mit denen er verhandelte, beeinflussen zu können. Das Bild zeigt eine der regelmäßigen Pressekonferenzen in der UNO.

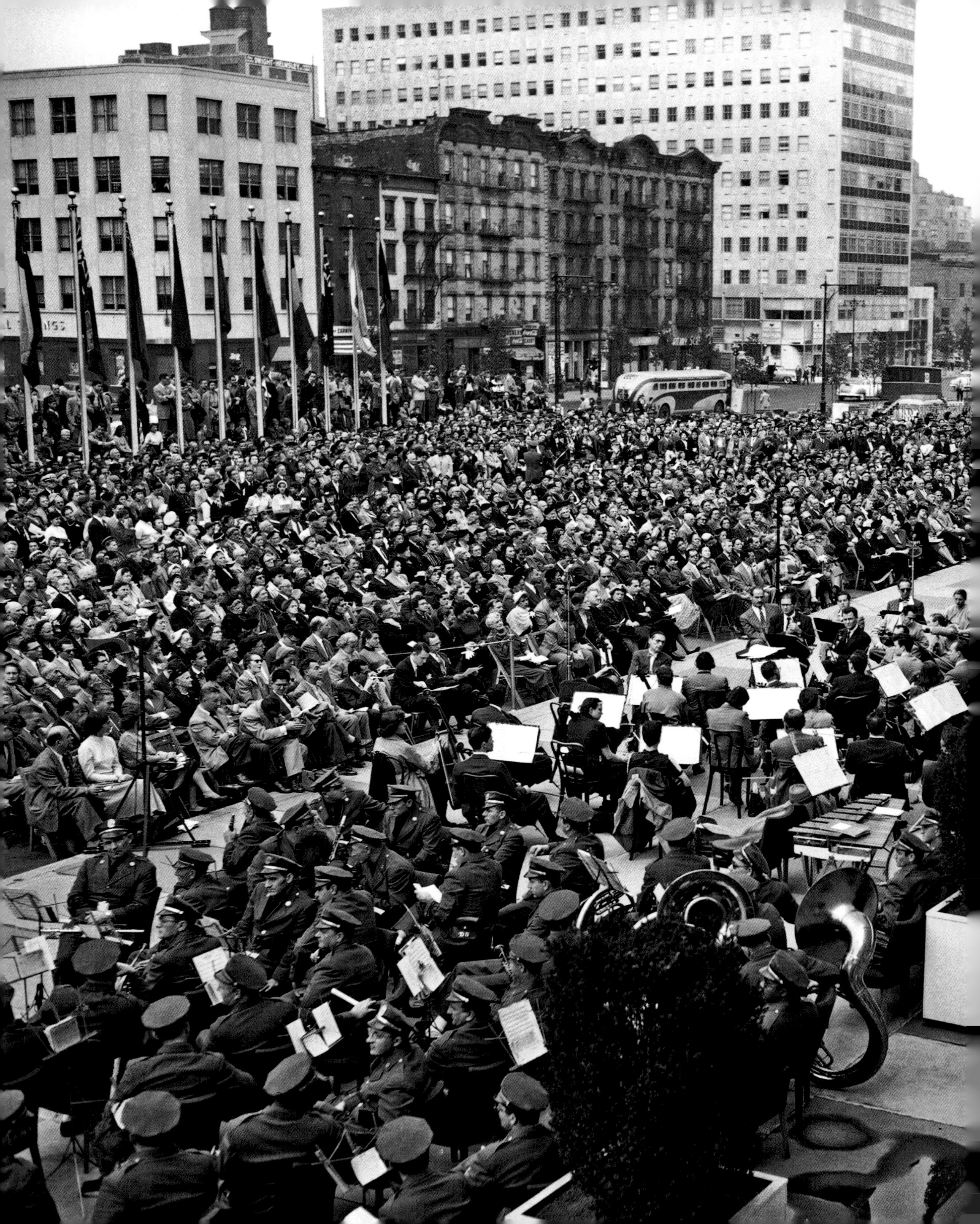

Seit 1948 feiert die UNO jedes Jahr die am 24. Oktober 1945 erfolgte Ratifizierung ihrer Statuten. Hier spricht der frischgebackene Generalsekretär Dag Hammarskjöld im Herbst 1953 an diesem Tag auf der First Avenue. In den vorderen Reihen sitzen die UNO-Beamten und Vertreter der Mitgliedsstaaten. Dahinter sind Mädchen und Jungen aus New Yorker Pfadfindergruppen mit den Flaggen aller Mitgliedsländer.

zum Einsiedler, der hoch über den Tumulten der Menschheit stand – oder zu einem Propheten, der die Gesetzestafeln vom Himmel holte – und der nun heruntergestiegen war, um mit dem Bösen der Welt abzurechnen.

In der Woche seit er das Angebot erhalten hatte, musste er eingehend über seinen neuen Auftrag nachgedacht und erkannt haben, dass es eine seltsame Übereinstimmung zwischen seiner neuen Arbeit und seinem eigenen Lebensideal gab. Eine seiner wichtigsten Aufgaben würde es – gemäß Artikel 100 der Statuten – sein, die Unabhängigkeit des UNO-Sekretariats vom Einfluss der Mitgliedsländer sicherzustellen. Das war die Beamtenideologie, nach der er sein ganzes Leben gelebt hatte. Nur war sein Auftraggeber ein höherer als der Nationalstaat: die ganze Menschheit in Form der Vereinten Nationen.

Wahrscheinlich erkannte er auch noch etwas anderes. Artikel 99 in den UN-Statuten gewährte dem Generalsekretär das Recht, durch eigene Initiative wichtige Themen anzusprechen, die Frieden und Sicherheit bedrohen. Wenn er dieses Recht nutzte, würde er dafür all sein Wissen, seine Erkenntnis und seine Fähigkeiten benötigen. Sein enormes Kulturinteresse und seine Bildung wurden nun zu einem wichtigen Gut. Als säkularer Papst im Dienst des Weltfriedens brauchte er viele Gedanken und Formulierungen, wenn er predigte. Seine Beamtenlaufbahn in Schweden war auf eine volkswirtschaftliche Kompetenz gegründet gewesen. Doch als Generalsekretär war er gezwungen, sich über die Schicksalsfragen der Menschheit auszutauschen: Krieg, Frieden, Überleben, Wohlfahrt, Gesundheit, Gleichheit. Er sollte viertausend Angestellte aus 76 Nationen führen, die Inspiration benötigten.

Am Tag nach der Ernennung lautete die Schlagzeile auf der ersten Seite des *Expressen*: »Nennt ihn ›Smörgåsbord‹ – Hammarskjöld wird Junggeselle Nummer 1 der USA.« Der Reporter vermeldete aus New York auch, dass Hammarskjöld eine Privatwohnung im UNO-Palast und ein Gehalt von 40.000 Dollar erhalten würde, »gleichrangig mit Präsident Eisenhower«. Die Gehaltsangaben waren korrekt, doch von einer Privatwohnung im UNO-Gebäude konnte keine Rede sein, dort gab es nur eine Übernachtungswohnung. Bis auf Weiteres wurde er im Luxushotel Waldorf Astoria einquartiert, wo er von dem damals erst siebzehnjährigen irakischen König Faisal II. eine Suite mit Salon und zwei Schlafzimmern im 32. Stock übernahm.

Seine erste Herausforderung lag im Administrativen. Wenn er die UN so führen wollte, wie er es sich vorstellte, dann brauchte er einen Kader von Beamten, die seine Idee von politischer Neutralität und Selbstständigkeit teilten. Die Statuten der UN schrieben zwar vor, dass ein Beamter seine Loyalität zur eigenen Nation aufgeben und ausschließlich der Weltorganisa-

Hammarskjöld wurde aus unterschiedlichen Richtungen unter Druck gesetzt. Doch er stand fest zu seinen Idealen und ließ sich von Argumenten wie »Es gibt so etwas wie eine politische Vernunft« nicht beeindrucken, sondern soll darauf geantwortet haben: »Und es gibt so etwas wie Integrität.« Eine seiner ersten Taten als Generalsekretär war, die UN-Administration in einen festen Griff zu nehmen – eine Notwendigkeit, wenn er sich gegen die Großmächte durchsetzen wollte. Hier bespricht er sich mit dem Botschafter des Jemen.

SECRETARY GENERAL

tion dienen musste. Doch in der Praxis erwarteten viele Mitgliedsländer, dass ihre Bürger, die bei der UNO tätig waren, sich dem Heimatland gegenüber loyal zeigten.

Seit dem Ausbruch des Kalten Krieges 1946 waren Medien und staatliche Organe in den USA damit beschäftigt, angebliche kommunistische Infiltration ausfindig zu machen. Anfänglich war davon vor allem der Bereich der Kultur betroffen, doch seit im Sommer 1950 Senator Joseph McCarthy den Taktstock ergriffen hatte, war sogar die amerikanische Staatsverwaltung ins Visier geraten. Eine der Gruppen, die überprüft wurden, waren die Beamten in der UNO, einer Organisation, die von McCarthy verabscheut wurde. Im Mai 1952 hatte ein Senatskomitee Verhöre mit amerikanischen UN-Beamten über ihr Verhältnis zum Kommunismus geführt, was zu einer Liste mit 38 angeblichen Kommunisten oder Sympathisanten führte. Unter dem Druck der Kommunistenjäger hatte Präsident Truman im Januar 1953 einen Exekutivbefehl erteilt, der amerikanischen Behörden das Recht einräumte, die Loyalität der UNO-Angestellten zu überprüfen. Das öffnete die Türen für das FBI, welches nun begann, im UNO-Hochhaus zu ermitteln.

Es war schwierig, mit den amerikanischen Forderungen umzugehen. Hammarskjöld beklagte sich in einem Brief nach Schweden über den amerikanischen Außenminister: »Dulles ist fast täglich eine Quelle unangenehmer Überraschungen.« Die USA standen für einen großen Teil des Budgets der Weltorganisation, das Hauptquartier der UNO lag in New York, und den Behörden des Landes stand es im Grunde zu, seine Bürger zu überprüfen. Es führte jedoch zu großem Ärger – nicht zuletzt beim eigenen Personal der UN –, dass Trygve Lie dem FBI Zutritt zum UNO-Gebäude gewährt hatte. Er meinte – nicht sonderlich überzeugend –, es sei eine Frage der Bequemlichkeit. Wenn das FBI die Fingerabdrücke im UNO-Gebäude nähme, müssten sich die Leute nicht zum Polizeirevier bemühen.

Dag Hammarskjölds Art, das Problem zu lösen, war typisch für jene Mischung aus Prinzipientreue und diplomatischem Geschick, die sein Aushängeschild werden sollte. Anfang Mai gelang es ihm, Trumans Exekutivbefehl zu modifizieren. Das beruhte zum Teil darauf, dass McCarthys Stern im Sinken begriffen war und viele hohe Bedienstete in der amerikanischen Verwaltung der Meinung waren, man sei mit der Kommunistenjagd zu weit gegangen. Von seinem Erfolg bestärkt, nutzte Hammarskjöld einige Wochen später einen Vorfall mit einem FBI-Agenten, der im UNO-Gebäude einen Demonstranten festgenommen hatte, um die Bundespolizei aus dem Haus zu werfen. Als Unterstützung dafür benutzte er unter anderem eine Äußerung des FBI-Chefs J. Edgar Hoover, in der jener zugegeben hatte, dass die USA auf dem Gelände der UNO kein Exterritorialrecht besäßen.

Die UNO während des Umbaus. Dag Hammarskjölds erste Handlungen als Generalsekretär waren kaum spektakulär, doch indem er die Administration neu ordnete, stärkte er seine Stellung gegenüber dem mächtigen Sicherheitsrat und seinen Ständigen Mitgliedern.

Nächste Seite:
Mit seinem Antritt als UN-Chef führte Hammarskjöld die Tradition der Personaltage für die Beschäftigten im UN-Gebäude ein. Der erste fand am 8. September 1953 statt. Rechts von Hammarskjöld: der amerikanische Komiker und Schauspieler Danny Kaye, die amerikanische Sängerin Marian Anderson und der italienische Opernsänger Enzio Pinza.

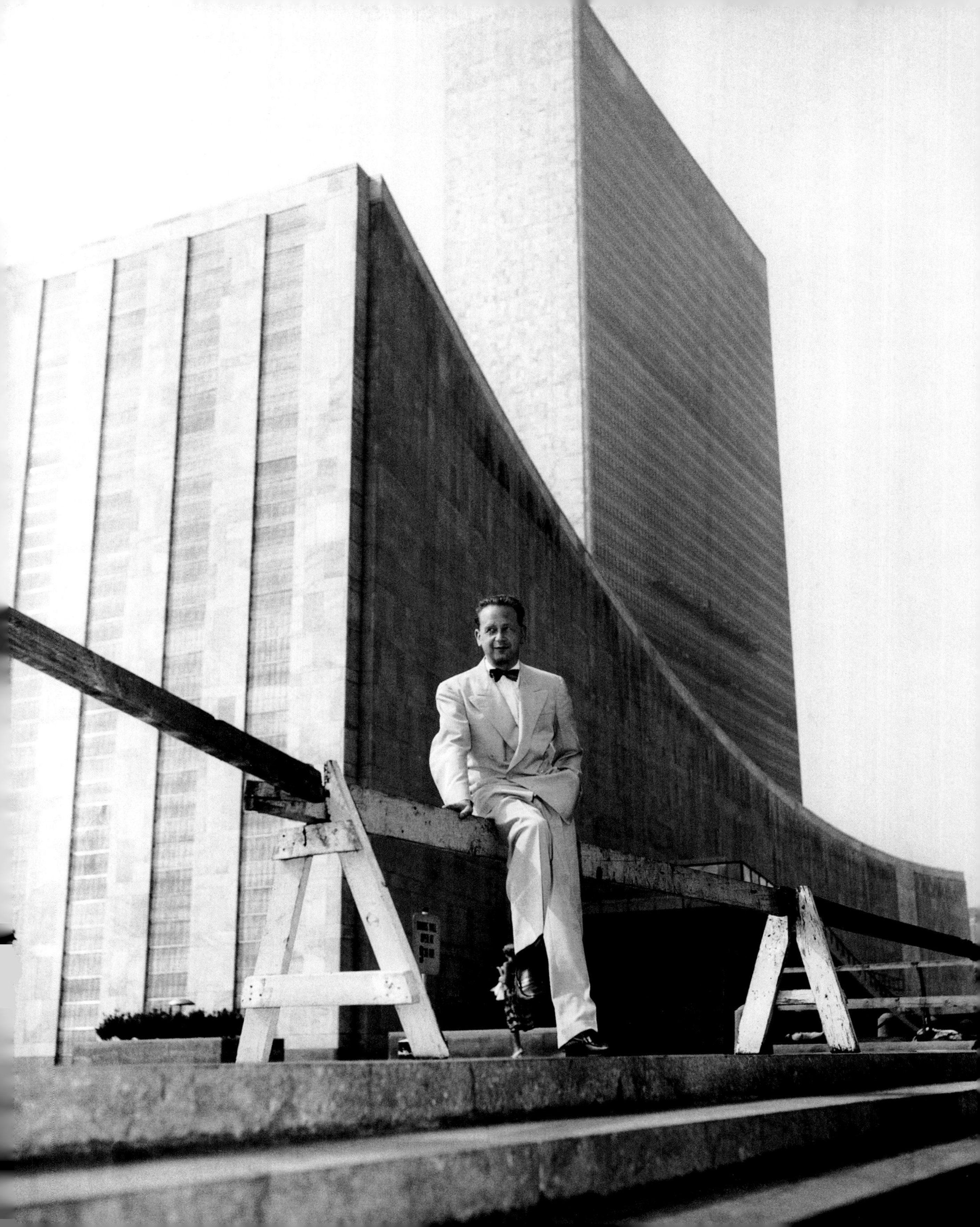

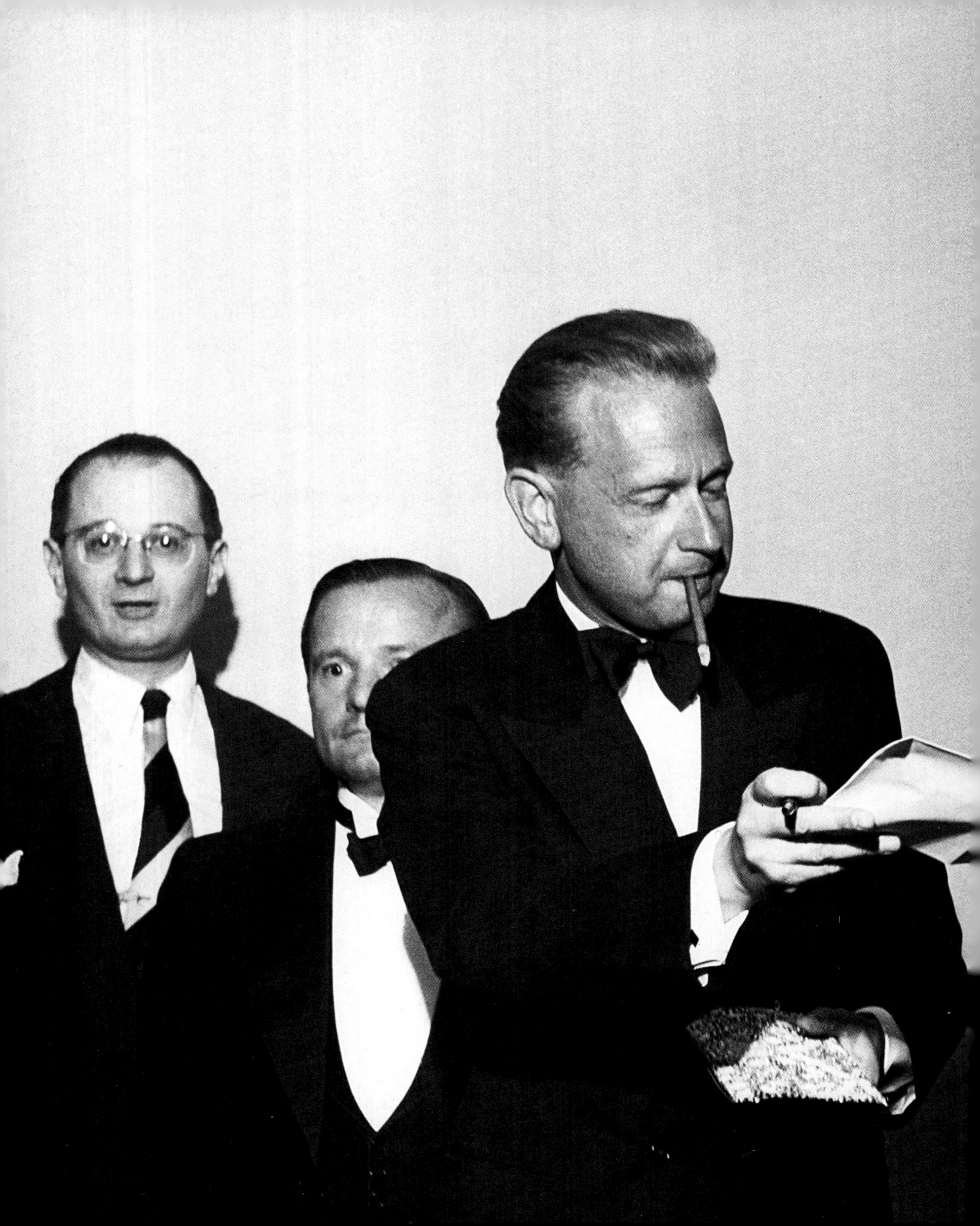

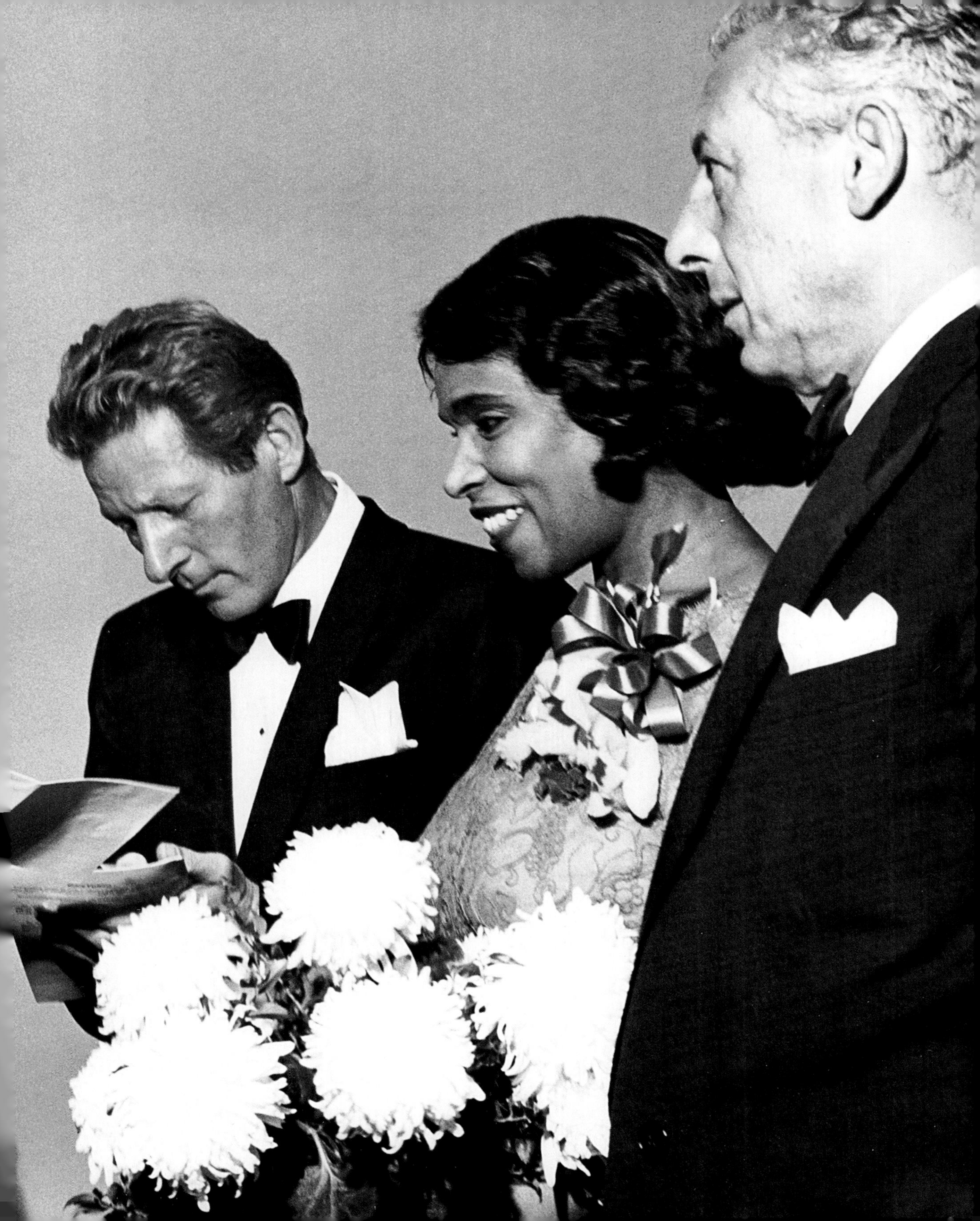

Doch sein Ziel war niemals, kommunistische Beamte zu schützen. Im Gegenteil, Hammarskjöld strebte an, dass die Bediensteten der UNO unpolitisch sein sollten, dass es aber in der Verantwortung der Weltorganisation lag, dieses Prinzip aufrechtzuerhalten.

Um eine selbstständige Beamtenschaft der UNO aufzubauen, genügte es aber nicht, dem FBI die Tür zu weisen. Alle Angestellten mussten dazu gebracht werden, eine Loyalität gegenüber der UNO zu empfinden, die stärker war als ihre jeweiligen nationalen Bindungen. Das wiederum erforderte, dass der Generalsekretär die Organisation fester in den Griff bekam.

Während der ersten Monate ging er durch die Büros und schüttelte allen Angestellten formell und recht mechanisch die Hand, ohne Anstalten zu einem Smalltalk zu machen. Einige störte das gefühlsarme Ritual, und sie fühlten sich von seinen kalten blauen Augen unangenehm berührt. Andere wiederum fanden es gut und staunten darüber, dass er sich wie alle anderen in der Cafeteria in die Schlange stellte. Trygve Lie hatte eine Sonderbehandlung gefordert, war aber auch für seine unkomplizierte Art bekannt gewesen – er wusste, wie die Kinder der Empfangsdame hießen, und scherzte mit Schuhputzern und Fahrstuhlboys. Doch Hammarskjöld war nicht auf persönliche Intimität aus, sondern wollte eine symbolische Handlung ausüben, um die kollegiale Zusammengehörigkeit deutlich zu machen.

Weniger symbolisch verlief seine Umorganisation auf der Führungsebene. Unter dem Generalsekretär standen acht stellvertretende Generalsekretäre, von denen jeder seine eigene Abteilung hatte. Hammarskjöld, der eine starke Führungsgruppe wünschte, wandelte diese eher selbstständigen politischen Ressorts in administrative Dienste um, die dem Generalsekretär direkt unterstellt waren. Das stärkste Argument des ehemaligen Wirtschaftsmannes dafür war, dass es die Kosten verringern würde. Es gab einige Ansätze, wo man sparen musste: In einem ganz normalen Monat wurden im UNO-Wolkenkratzer 100 Tonnen Papier verbraucht, 200.000 ausgehende Gespräche geführt und acht Quadratkilometer Teppich gesaugt. Schon binnen seines ersten Jahres hatte Hammarskjöld eine Million Dollar eingespart.

Es war aber auch eine Veränderung, die den politischen Einfluss auf die Führungsriege der UNO verringerte und ihm selbst mehr Kontrolle über die Spitzenbeamten ermöglichte.

Die britische Zeitschrift *The World Today* stellte im Frühjahr 1954 fest, dass Hammarskjöld innerhalb eines knappen Jahres die vollständige Unterstützung der Versammlung für eine Konzentration des Sekretariats auf Selbstständigkeit und Integrität gewonnen und öffentlich das Prinzip bekräftigt habe, dass das Sekretariat ein internationaler Beamtenkader sei, und nicht nur ein Tummelplatz für solche, die Druck ausüben wollten, oder eine Abstellkammer für weniger taugliche oder nützliche Dienstleute.

Als Dag Hammarskjöld im späten Frühling 1953 zu einem kurzen Besuch nach Stockholm zurückkehrte, war er voller Begeisterung und hoffnungsfroher Pläne für die Zukunft. Die Freunde merkten, dass er mit seinem neuen Auftrag glücklich war. »Reife, auch dieses: lichte Ruhe im Augenblick des Spiels, in der selbstverständlichen Zusammengehörigkeit des Kindes mit den Kameraden«, schrieb er in sein Tagebuch. Etwas später schrieb er von der »Demut, die aus dem Vertrauen anderer geboren wird«. Man kann nicht anders, als alle diese Vokabeln der Gemeinschaft – Spiel, Zusammengehörigkeit, Vertrauen – als Anzeichen dafür zu interpretieren, dass er sich mehr als sonst im Leben zu Hause fühlte.

Wenn ein Mensch erlebt, dass die Puzzle-Teile seines Lebens plötzlich an den richtigen Platz fallen, dann geht es dabei selten um nur einen Aspekt. Dag Hammarskjöld war von seinem neuen Auftrag beseelt, doch er fühlte auch, dass er endlich in sein wirkliches Zuhause gekommen war. Im Sommer 1955 schrieb er aus einem orkangebeutelten New York an Per Lind:

> Draußen vor dem Fenster rast der Orkan Connie, und der Kontrast zu den sonnigen Tagen in Europa ist groß. Doch es fühlt sich gut an, wieder zurück zu sein. Lustig – trotz meiner tiefen Wurzeln in Schweden ist dies der Ort, an dem ich mich am meisten zu Hause fühle.

Vom obersten Stockwerk des UNO-Hochhauses aus gesehen muss »Connie« ein beeindruckendes Erlebnis gewesen sein. Das 154 Meter hohe Haus am East River zwischen der 42. und der 48. Straße war nur ein halbes Jahr vor der Wahl Hammarskjölds zum Generalsekretär fertiggestellt worden. Es war ein komplizierter und langwieriger Prozess gewesen, einen Bauplatz zu finden, und erst nachdem der Multimillionär John D. Rockefeller ein Grundstück in Midtown kostenlos zur Verfügung gestellt hatte, konnten die Pläne verwirklicht werden. Doch am Ende war alles fertig: der 38 Stockwerke hohe Wolkenkratzer mit Glasfassade, in dem sich das Sekretariat befand, das niedrige Gebäude mit dem Saal der Generalversammlung sowie die Konferenzgebäude für den Sicherheitsrat und den Wirtschafts- und Sozialrat.

In diesem Haus Babel, in dem alle Sprachen der Welt gesprochen wurden, bewegten sich die Beamten in einer kühlen, modernistischen Umgebung, deren unpersönliche Ausstrahlung eine grundlegende Gleichheit garantierte: Niemand konnte sich mehr zu Hause fühlen als ein anderer. Einige sehnten sich vielleicht nach einem gemütlicheren Arbeitsplatz, doch für Dag

---

Nächste Seite:

In den schwedischen Abendzeitungen wurde darüber spekuliert, dass Dag Hammarskjöld im obersten Stockwerk des UN-Wolkenkratzers eine Luxuswohnung bekommen würde. Die gab es jedoch nicht. Allerdings bekam er ein großzügiges Büro im 38. Stock mit Blick über den East River. Sein Schreibtisch war, abgesehen von einigen Stiften und einem Brieföffner, immer leer.

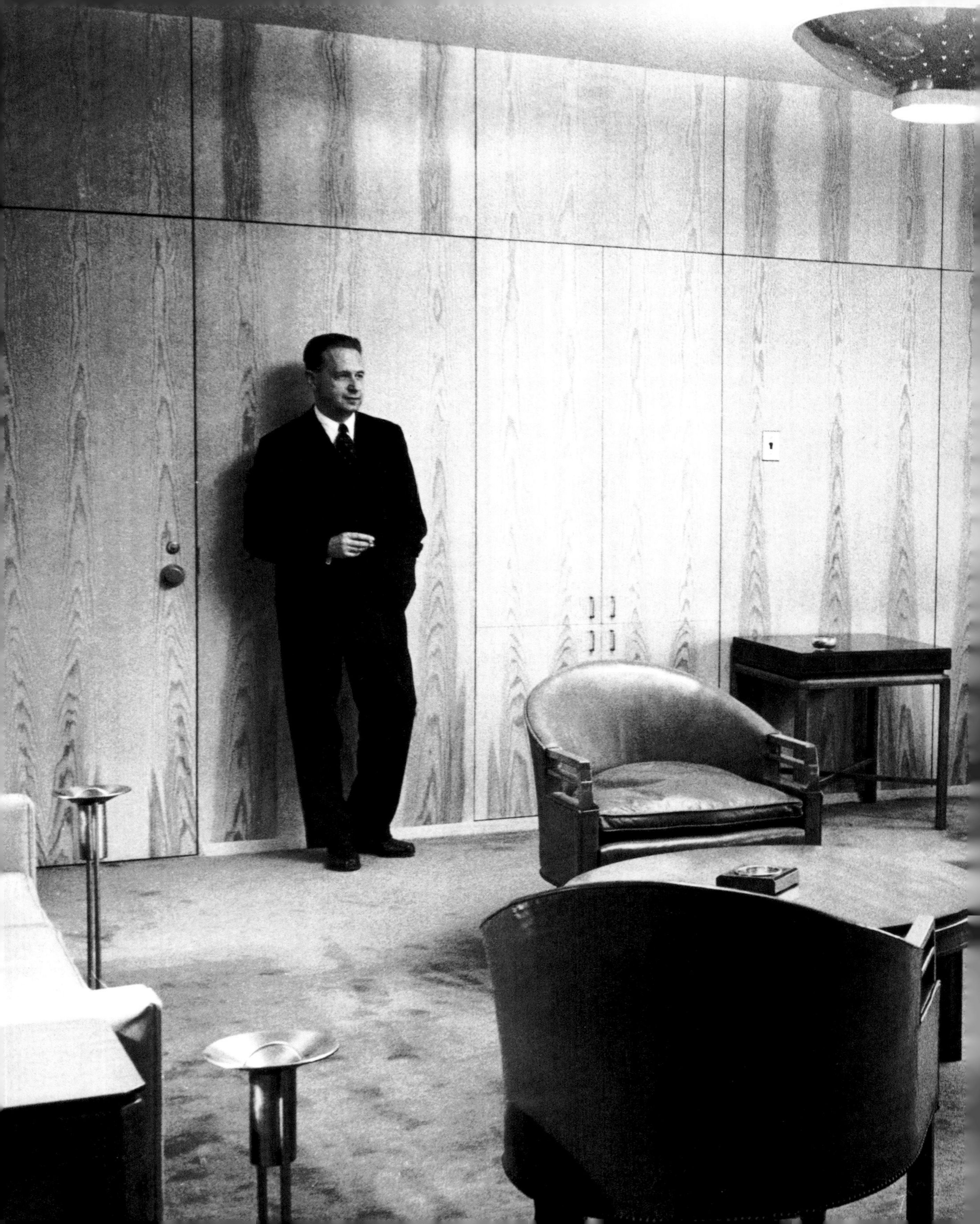

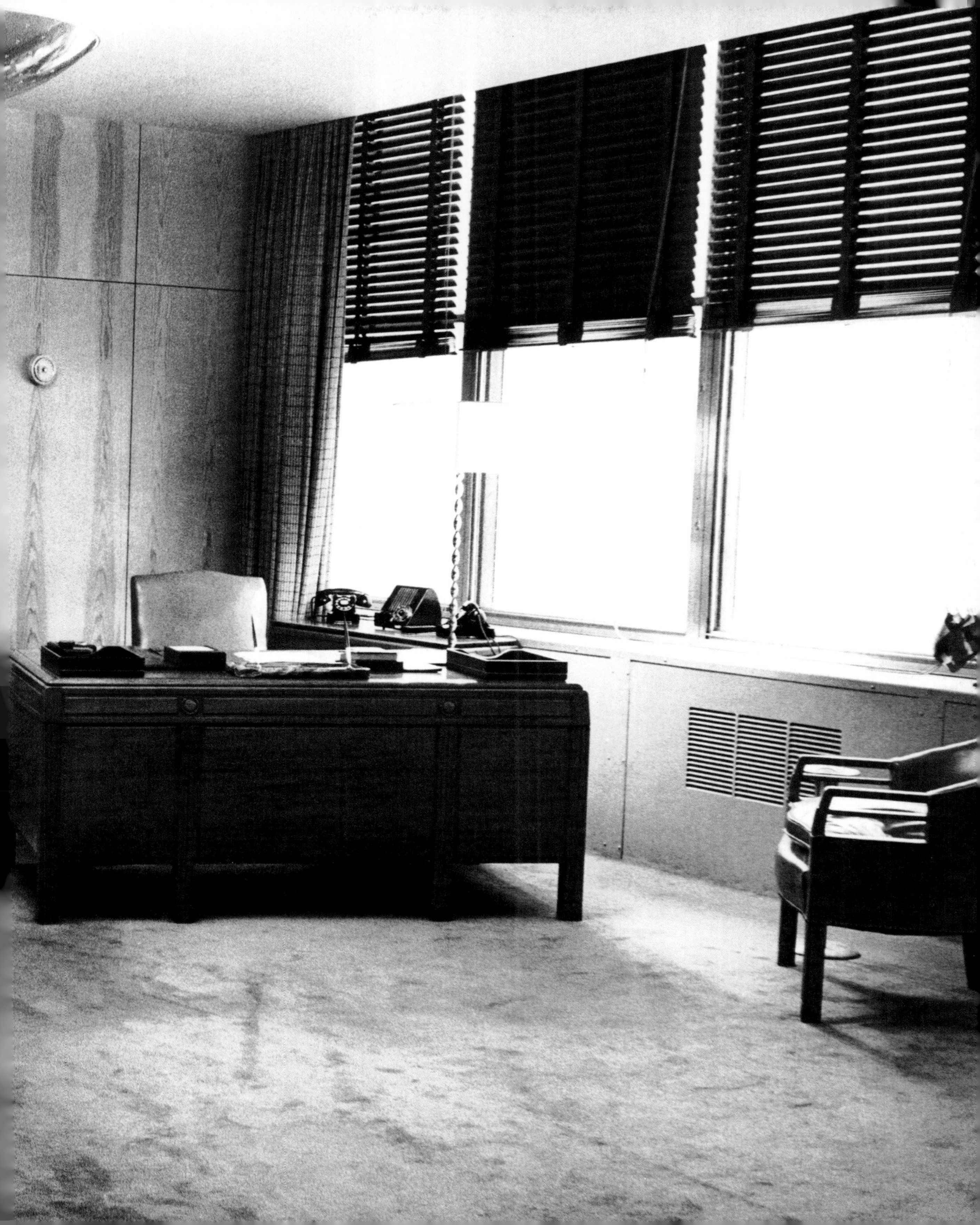

Hammarskjöld, der allzu intime Situationen nicht mochte, war das ideal. Die hochmodernistische Formensprache des UNO-Komplexes spiegelte seine eigene wider: idealistisch, effektiv und distanziert.

Wenn er nicht auf einer seiner zahlreichen Dienstreisen war, begann Hammarskjölds Arbeitstag damit, dass er zusammen mit seinem loyalen Leibwächter und Chauffeur Bill Ranallo im Dienstwagen, einem großen Cadillac, im UNO-Haus ankam. Er wurde von salutierenden Wachen begrüßt, durchquerte die große Lobby und nahm einen Fahrstuhl in den 38. Stock. Trygve Lie hatte den Fahrstuhlboy meist angewiesen, ihn sofort hochzufahren, doch Hammarskjöld ließ ihn ganz normal den Fahrstuhl anhalten, um andere Passagiere ein- und aussteigen zu lassen.

Sein Büro lag auf der südöstlichen Ecke mit Aussicht über die Hafengebiete des East River und die Industriegebäude in Queens auf Long Island; sein Schreibtisch war, abgesehen von ein paar Stiften und einem Brieföffner, immer leer. Im Zimmer nebenan arbeitete seine persönliche Sekretärin, zunächst die Norwegerin Aase Alm, die er von Lie übernommen hatte, und dann die Niederländerin Hanna Platz. Im Wartezimmer, wo Hammarskjöld später Kunstwerke von Picasso und Braque aufhängte, die er aus dem Museum of Modern Art ausgeliehen hatte, gab es einen Empfang, an dem Mrs. Cowan saß, eine entschlossene Frau, die fast jeden Menschen auf der Welt ans Telefon bekommen konnte. Dort hatte auch Ranallo seinen Schreibtisch. – Etwas entfernt saß Andrew Cordier, stellvertretender Generalsekretär und ein geselliger, effektiv arbeitender Amerikaner, der seine Laufbahn als Mittelalter-Historiker begonnen hatte, dann aber in den diplomatischen Dienst gewechselt war. Ein Zimmer weiter saß Hammarskjölds persönlicher Assistent – in der ersten Zeit war dies der Mann aus dem schwedischen Außenministerium, Per Lind. Zu den Räumen gehörte auch eine kleine Suite mit Schlafzimmer, Küche und Badezimmer. Hammarskjöld benutzte sie nie, doch Cordier, der weit draußen auf Long Island wohnte, übernachtete dort manchmal.

Genau wie zu seiner Zeit als schwedischer Staatsbeamter fühlte sich Hammarskjöld in der Arbeitsgemeinschaft unter Menschen, die keine zu großen Erwartungen an ihn hegten, wohl. Es ist »eine Art Kameradschaft unter demselben Stern, in der man nichts begehrt und so viel bekommt«, drückte er es in einem Brief an Bo Beskow aus. Man arbeitete intensiv und war viel zusammen:

> Gestern war ein typischer Tag. Aus irgendeinem Grund ging alles schief, und sogar der beständige Andy beschrieb den Tag als albtraumhaft, als wir das Büro verließen. Trotzdem hatten wir das

anspruchsloseste, fröhlichste Abendessen, seit ich denken kann, bei mir zu Hause […]

Das bedeutete allerdings nicht, dass es immer leicht gewesen wäre, mit ihm zusammenzuarbeiten, meinte sein Berater Brian Urquhart:

> Er verbarg seine intellektuelle Überlegenheit nicht und verlor schnell das Interesse an Menschen, die seinen praktischen Idealismus nicht verstanden und erfüllten. Fehler und Missverständnisse konnte er nicht verzeihen. Er hatte vernichtende, wenn auch stille Launen, die manchmal unschuldige Vorübergehende trafen. In seiner Empörung über Menschen, von denen er meinte, dass sie gegen ihn arbeiteten, konnte er extrem sein.

Eine Sekretärin berichtete ebenfalls von Problemen: »Es ist schwer, ihn zu stenografieren. Er spricht schnell, in langen Sätzen, verwendet komplizierte

»Lustig – trotz meiner tiefen Wurzeln in Schweden, ist dies der Ort, an dem ich mich am meisten zu Hause fühle«, stellte Hammarskjöld im Sommer 1955 über New York fest. Dort pulsierten Kunst und intellektuelles Leben, hochmoderne Architektur und die Art von kühler Gemeinschaft, die er schätzte.

Begriffe, spricht mit der Pfeife im Mund und vergisst alle Regeln von normalen Arbeitstagen […]« Es war unangenehm, Hammarskjölds Reaktionen ausgesetzt zu sein; gewiss war er nicht unhöflich, doch offensichtlich kraftvoll. Zugleich konnte er auch ritterlich und fürsorglich sein, fragte, wie es den Damen gehe, bot Zigaretten an, plauderte über ein neues Buch oder ein interessantes Theaterstück.

Entscheidend jedoch war, dass Hammarskjöld der Arbeit in der UNO eine Aufwertung verschaffte: ein Gefühl von Integrität, Hingabe und hohen Zielen. Mit seiner intellektuellen Intensität strahlte er den Beamtenmythos vom Privileg, dienen zu dürfen, aus. Seine Arbeitskapazität blieb enorm, oft begnügte er sich mit ein paar wenigen Stunden Nachtschlafs. Die Mitarbeiter vertrauten ihm und waren bereit, ihr Äußerstes zu leisten. »Zu sehen, wie Hammarskjöld eine internationale Krise anging, das war, als betrachte man ein künstlerisches Meisterwerk oder höre ein einzigartiges Musikstück«, schwärmte Urquhart.

Auch in der Stadt New York selbst, die sich während der 1950er-Jahre zum Nabel der westlichen Kultur entwickelt hatte, gefiel es Hammarskjöld. Die Universität der Stadt war voller brillanter Intellektueller, viele von ihnen jüdische Flüchtlinge aus Europa. Die Kunstszene blühte, mit Namen wie Jackson Pollock und Mark Rothko war New York zum Zentrum des abstrakten Expressionismus geworden. Die wirtschaftliche Hochkonjunktur führte zu einem Bauboom im Zentrum von Manhattan und neuen, durch das UNO-Hochhaus inspirierten Wolkenkratzern. Im Bohème-Viertel Greenwich Village trafen sich Beat-Autoren und Folkmusiker, die zu Beginn der Sechzigerjahre eine kulturelle Explosion anstoßen sollten. Hammarskjöld war an der Beatkultur nicht sonderlich interessiert, doch er las trotzdem Jack Kerouac und mochte es, wenn Stan Getz die schwedische Lokalhymne »Ack Värmeland du sköna« für ihn anstimmte, wenn er einmal von Freunden in einen Jazzklub mitgeschleppt wurde.

Als er seinen Dienst angetreten hatte, war darüber spekuliert worden, ob er wohl die Luxusvilla von Trygve Lie in Forest Hills übernehmen würde, die in schwerem norwegischem Wikingerstil gehalten war. Doch massive Kiefer und Gästesalons waren nicht die Sache des hochmodernistischen Hammarskjöld. Außerdem wollte er in Manhattan wohnen, in einer Gegend, die ihn an sein altes Wohnviertel auf Östermalm erinnerte. Also bezog er eine Etagenwohnung mit sechs Zimmern auf der 73. Straße, Ecke Park Avenue – eine der elegantesten Adressen von New York. Das Esszimmer bot Platz für vierundzwanzig Gäste, und mithilfe von Köchin Nelly und Diener Ivar lud Hammarskjöld viel ein, und zwar nicht nur Kollegen und Diplomaten, sondern auch Künstler, Schriftsteller und andere Intellektuelle.

Als UN-Chef hätte Dag Hammarskjöld die im norwegischen Wikingerstil gehaltene Villa seines Vorgängers in Forest Hills übernehmen können. Doch er entschied sich, eine Etagenwohnung an der 73. Straße, Ecke Park Avenue in Manhattan zu mieten.

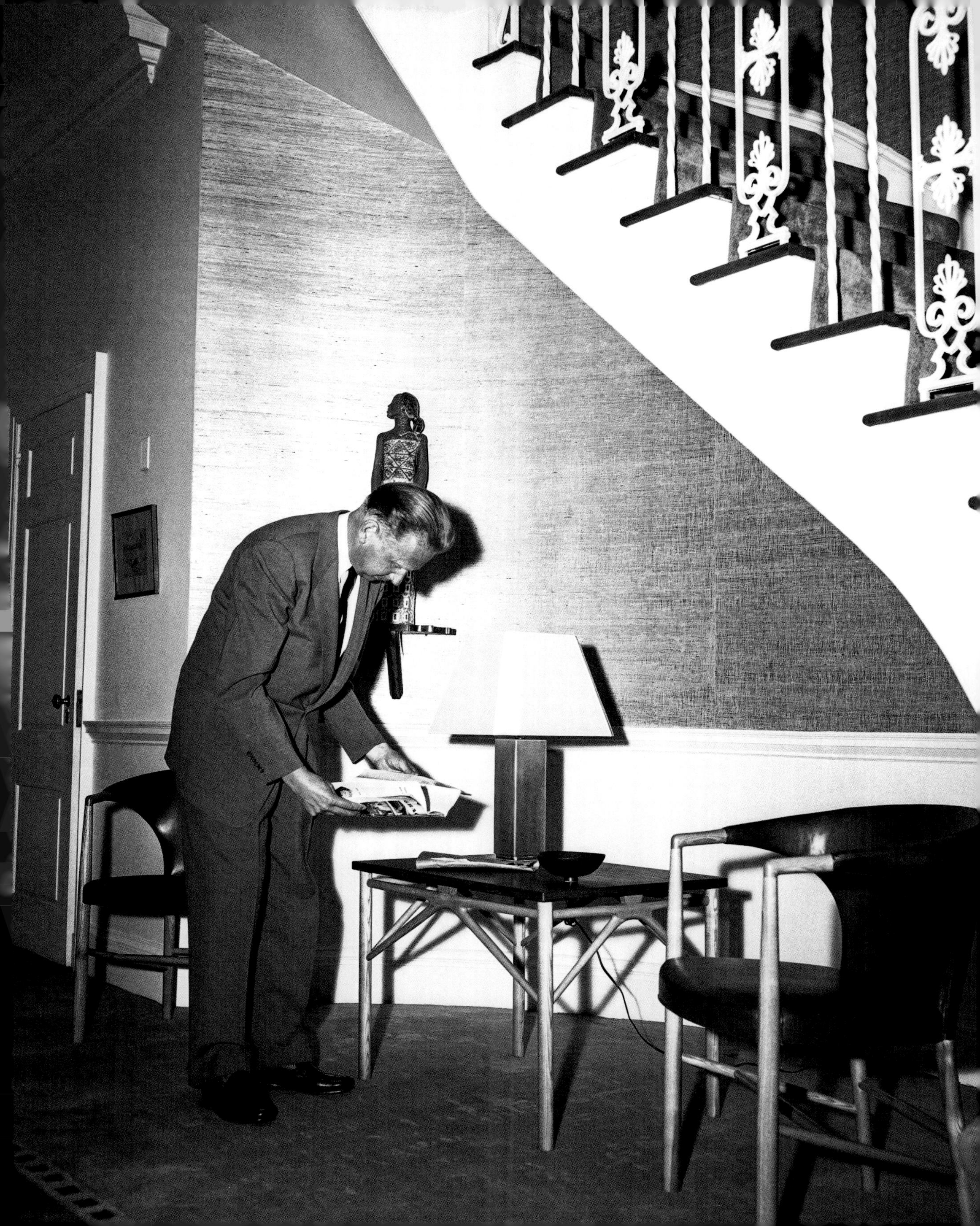

Die Wohnung war, wie eine UNO-Beamtin berichtet, zuvor »wie ein Boudoir« mit Spitzendeckchen und Jahrhundertwende-Nippes möbliert gewesen. Doch als sie einige Monate später wieder dort war, hatte Hammarskjöld so gut wie alle Möbel aus der Wohnung geworfen. »Ich mag kahle Wände«, war sein lakonischer Kommentar. Ein anderer Besucher meinte, es sei eine Wohnung für einen Mönch. Nach und nach wurde die Wohnung wieder eingerichtet: niedrige Möbel in geometrisch interessanten Formen, an den Wänden abstrakte Kunst, Mengen von Schallplatten und Tausende von Büchern. Die einzige ästhetische Abweichung war ein altertümlicher Sekretär aus Lärchenholz, der einmal seiner Mutter Agnes gehört hatte.

In der Wohnung fanden sich auch Geschenke aus der ganzen Welt. Über dem Kamin hing eines von Dags liebsten Objekten, ein Eispickel, den er von dem Sherpa Tenzing Norgay bekommen hatte, der, wenige Wochen nach Hammarskjölds Amtsantritt als UNO-Chef, zusammen mit Edmund Hillary als Erster den Mount Everest bestiegen hatte. »*So you may climb to even greater heights*«, lautet die Inschrift. An den Wänden hingen auch zahlreiche Waffen, darunter ein siebenhundert Jahre altes arabisches Schwert mit Edelsteinen und Gold besetzt, das ihm vom saudi-arabischen König Saud geschenkt worden war, ebenso wie afrikanische Speere und gebogene Messer. Als der sowjetische Außenminister Gromyko die Sammlung sah, sagte

Nach und nach füllte sich Hammarskjölds streng modernistische Wohnung. Er erhielt Geschenke aus der ganzen Welt, unter anderem den Eispickel über dem offenen Kamin. Er stammte von Tenzing Norgay, der nur wenige Wochen nach dem Amtsantritt Hammarskjölds zusammen mit Edmund Hillary den Mount Everest bestiegen hatte.

er, in Anspielung auf den jüngsten UNO-Vortrag des Generalsekretärs zum Thema Kernwaffen: »Was die Abrüstung angeht, Herr Hammarskjöld, glaube ich, wir fangen am besten bei Ihnen an!«

»Guatemala ist eine schmutzige Angelegenheit«, schrieb Hammarskjöld Anfang Juli 1954 an seinen Bruder Bo, nachdem er seinen ersten Misserfolg als Generalsekretär erlebt hatte. Die USA waren der Ansicht, das Regime in Guatemala müsse weg. Am Ende des Zweiten Weltkriegs hatte das kleine zentralamerikanische Land seine erste vom Volk gewählte Regierung bekommen. Dies geschah nach einer langen Zeit der Instabilität und der Willkürherrschaft, in der nicht zuletzt auch amerikanische Interessen eine Rolle gespielt hatten: Die United Fruit Company und einige wenige Gutsbesitzer kontrollierten über 70 % des bewirtschafteten Bodens. Anfang der 1950er-Jahre führte Präsident Jacobo Árbenz Guzmán gesetzlich garantierte Mindestlöhne und Bodenreformen ein, um so die verarmten Bauern aus den feudalistischen Verhältnissen auf dem Land zu befreien.

Doch die amerikanische Regierung, beeinflusst von der United Fruit Company, deren Gewinne mit Bananen aufgrund der Reformen gesunken waren, vertrat die Ansicht, Guatemala sei dabei, in den Kommunismus abzurutschen. Am 18. Juni 1954 wurde das Land mithilfe einer vom CIA trainierten Einsatztruppe unter Befehl eines guatemaltekischen Offiziers besetzt. Der Offizier übernahm die Macht und begann eine brutale Verfolgung seiner politischen Widersacher. Die Reaktionen der Umgebung auf den Putsch reichten von äußerst kritisch aufseiten der Sowjetunion bis moralisch berührt bei den Westmächten.

Hammarskjöld wollte, dass der amerikanische Staatsstreich vor den Sicherheitsrat käme. Doch die USA behaupteten, Guatemala sei eine regionale Angelegenheit und gehe die UNO nichts an. Der Generalsekretär war zutiefst empört und erwog, eine scharfe Rüge an die USA zu richten, begnügte sich aber schließlich damit, ein juristisches Gutachten an die Amerikaner zu schicken, das zu dem Schluss kam, dass ihr Handeln gegen die UNO-Statuten verstoße. Selbst dieses interne und ziemlich trockene Dokument reizte die USA, die Hammarskjöld vorwarfen, er sei »parteiisch« und »tendenziös«. Dadurch erinnerte man ihn auf gewaltsame Weise daran, dass er nicht viel entgegenzusetzen hatte, wenn eine der Großmächte die Muskeln spielen ließ, selbst wenn sie dabei gegen die UNO-Statuten verstieß.

Ein halbes Jahr später bot sich Hammarskjöld die Chance, auf die er gewartet hatte. Während des Koreakrieges war eine amerikanische B-29 über chinesischem Luftraum abgeschossen worden, und im November 1954 meldete der chinesische Rundfunk plötzlich, dass die elf Besatzungsmitglie-

Nächste Seite:
Am 20. Dezember 1954 folgte Dag Hammarskjöld seinem Vater auf Stuhl Nr. 17 in der Schwedischen Akademie nach. Trotz seiner Arbeitsbelastung als UN-Chef nahm er eifrig an den Diskussionen zum Nobelpreis für Literatur teil. Auf dem Bild aus dem Jahre 1957 sieht man rechts von Hammarskjöld König Gustaf VI. Adolf und die Schriftsteller Eyvind Johnson und Olle Hedberg.

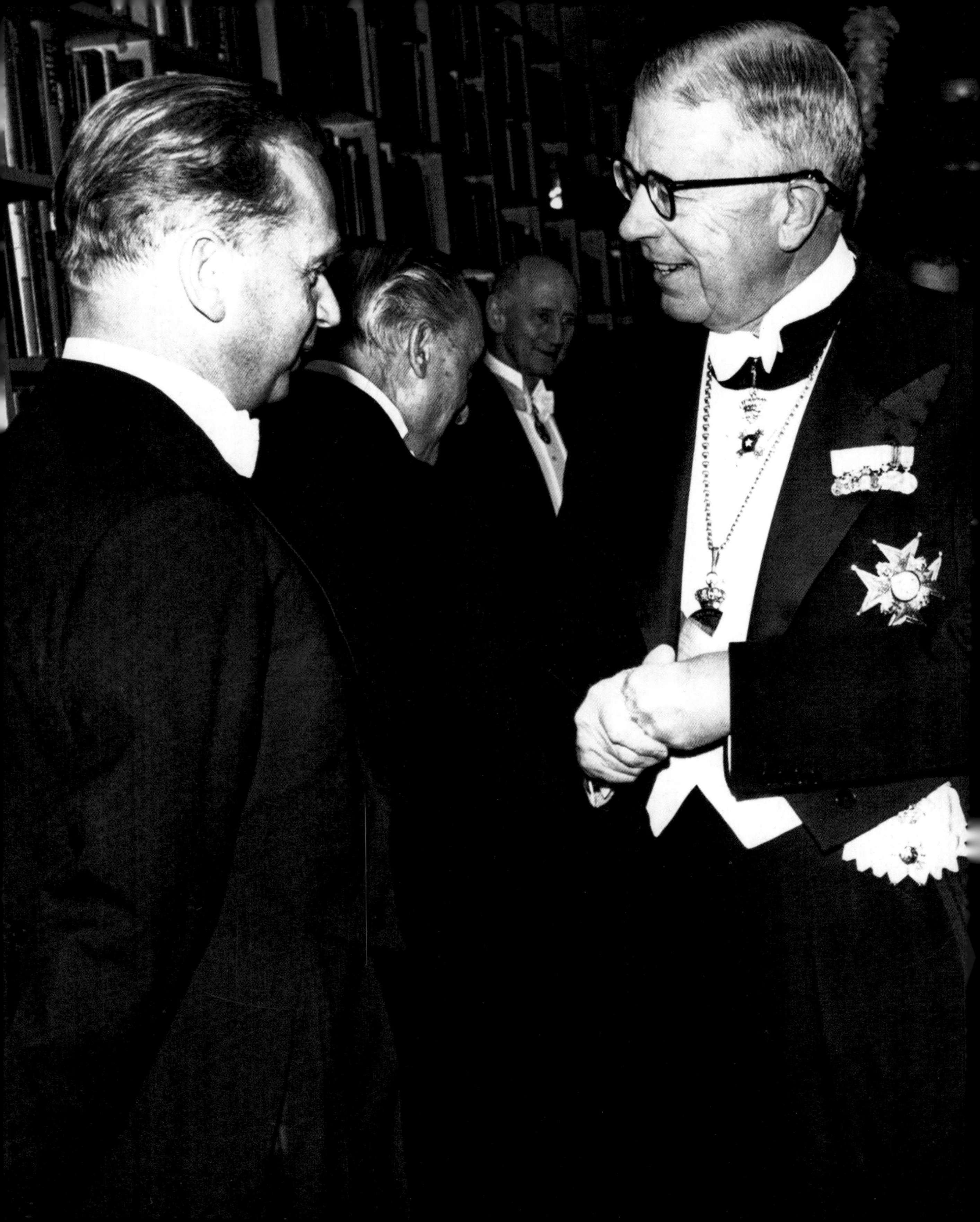

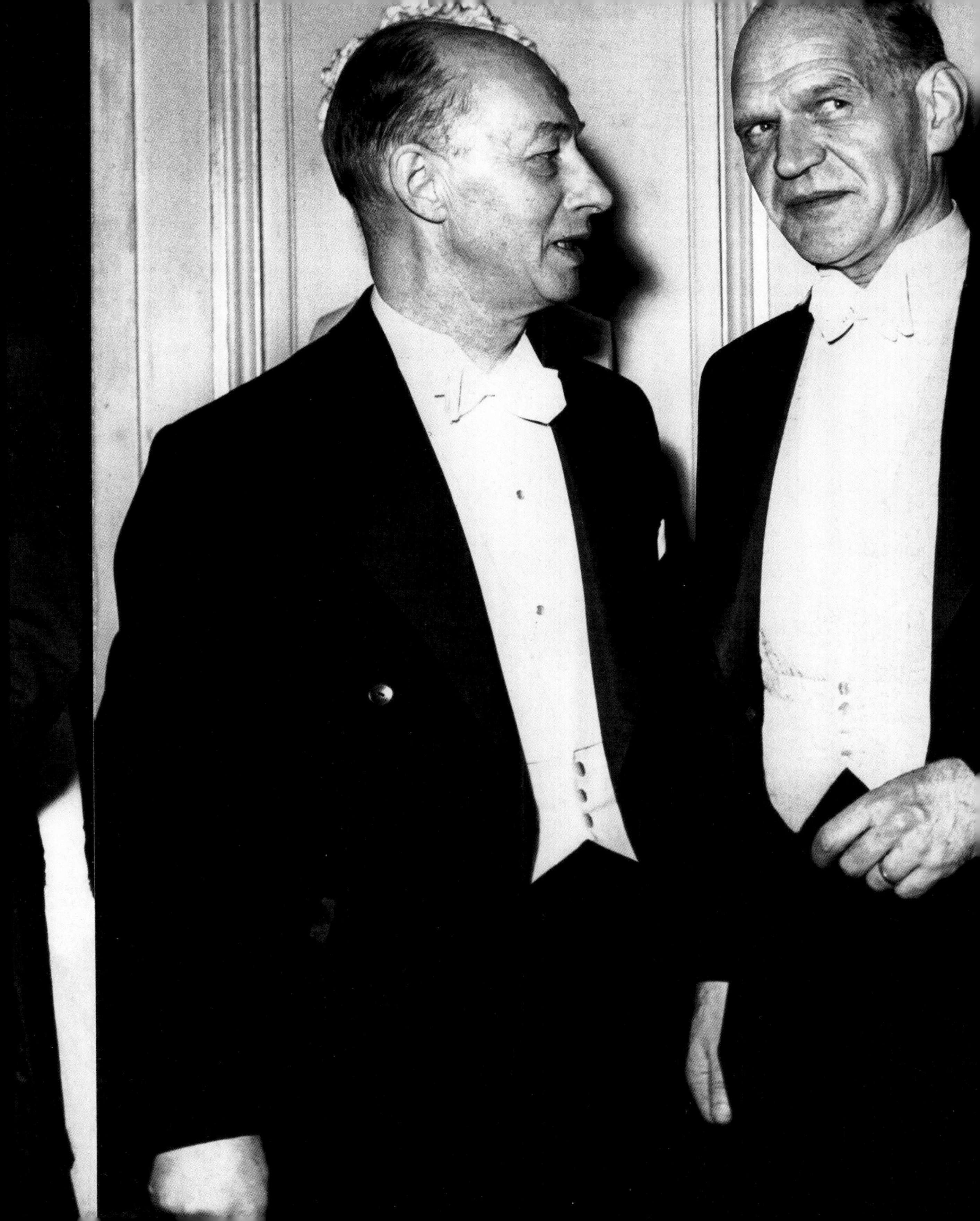

der von einem Kriegsgericht zu langen Gefängnisstrafen verurteilt worden waren. Dies war ein Bruch des Waffenstillstandsabkommens, das ein Jahr zuvor zwischen den Repräsentanten Chinas, Nordkoreas und der UNO getroffen worden war und welches vorschrieb, dass alle Kriegsgefangenen ausgetauscht werden müssten. Die Chinesen behaupteten, sie hätten Beweise dafür, dass es sich bei den amerikanischen Piloten um Spione handele. Die Empörung in den USA war groß; im amerikanischen Senat forderten die Republikaner eine Schiffsblockade gegen China.

Präsident Eisenhower wandte sich an die UNO. Aus seiner Perspektive war das eine ziemlich risikoarme Alternative. Er wollte in keinen Krieg ziehen, konnte aber auch keine direkten Verhandlungen mit dem chinesischen Regime führen. Wenn es der UNO gelänge, die Gefangenen freizubekommen, dann war es gut, wenn nicht, dann wäre man lediglich wieder zurück auf Los. Für Hammarskjöld hingegen sah die Sache anders aus. Er konnte das Begehren der USA kaum ablehnen; formell betrachtet, waren die amerikanischen Piloten UNO-Personal. Doch im Unterschied zu Eisenhower hatte er sehr viel zu verlieren.

Zwei aristokratische Beamte, die einander fanden. Dag Hammarskjöld und Zhou Enlai bekämpften sich eine Woche lang auf diplomatische Weise mit Worten in der Halle der Westlichen Blüten in Peking. Das Ergebnis der Gespräche war, dass Zhou andeutete, die amerikanischen Piloten könnten freigelassen werden, wenn Hammarskjöld eine Form dafür fände, die China das Gesicht wahren ließe.

Hammarskjöld setzte alles auf eine Karte und entschied sich, nach Peking zu reisen und direkt mit dem chinesischen Premierminister Zhou Enlai zu sprechen. Doch es gab ein Problem. Die Volksrepublik China erkannte die UNO nicht an, da China im Sicherheitsrat immer noch von Chiang Kaisheks Regime auf Taiwan vertreten wurde. Deshalb war hier eine gewisse diplomatische Geschicklichkeit vonnöten.

Doch zunächst verlangte eine dringende Angelegenheit seine Anwesenheit in Stockholm.

Hjalmar Hammarskjöld war 1953, ein halbes Jahr nachdem sein jüngster Sohn Generalsekretär der UNO geworden war, im Alter von einundneunzig Jahren gestorben. Von New York aus hatte Dag nicht viel ausrichten können, und Sten befand sich mitten in einer schwierigen Scheidung. Die Verantwortung für die Beerdigung und das Ausräumen der Wohnung ruhte deshalb vor allem auf den Schultern von Bo, dem ältesten Bruder.

Dag selbst war in die Regelung von Hjalmars Nachlass nicht groß involviert gewesen, doch ein halbes Jahr nach dem Tod des Vaters wurde ihm ein unerwartetes Erbe zuteil: In der Sitzung der Schwedischen Akademie der Wissenschaften am 18. März wählte man ihn zum Nachfolger seines Vaters auf Stuhl Nummer 17. Die Anfrage war eingetroffen, als er gerade in London gewesen war. Es war ein wenig so wie mit dem UNO-Job: »Vor die Frage gestellt, ob ich akzeptieren soll, und mit einer Stunde Zeit, kam ich doch zu dem Schluss, dass ich es annehmen muss«, erklärte er Bo.

Es war das erste Mal, dass jemand Nachfolger eines Elternteils auf demselben Stuhl der Akademie wurde. Dennoch war es nicht so seltsam, wie es aus heutiger Sicht vielleicht erscheint. Heute besteht die Akademie ausschließlich aus Schriftstellern und Humanisten, doch gab es lange Zeit einen großen Anteil hoher Beamter dort. Auf Stuhl Nummer 17 hatten vor Vater und Sohn Hammarskjöld schon der Diplomat und General Gustaf Mauritz Armfelt wie auch der Beamte Louis de Geer gesessen. Dag war nicht gewählt worden, um Nachfolger seines Vater zu werden, sondern weil er als Generalsekretär der Vereinten Nationen der höchste schwedische Beamte seiner Zeit war – wie einst auch Hjalmar.

Da konnte er kaum Nein sagen. Sein Leben lang waren die Beschäftigung mit Belletristik und Lyrik seine vorrangige Freizeitbeschäftigung gewesen. Jetzt sollte er mit einigen der führenden Schriftsteller Schwedens nicht nur die Verantwortung für den Nobelpreis in Literatur übernehmen, sondern auch durch die Verteilung von Stipendien das gesamte kulturelle Klima in Schweden beeinflussen. Doch es gab eine unangenehme Sache: Jedes neue Mitglied muss beim Eintritt in die Akademie eine Rede über seinen Vorgänger halten.

Als Präsident Eisenhower die UNO bat, einzugreifen, um die Besatzung einer abgeschossenen amerikanischen Maschine aus China freizubekommen, gab das dem neuen Generalsekretär die Möglichkeit, sein Mandat zu stärken. Auf dem Bild sieht man ihn (v. l. n. r.) mit dem Außenminister der USA John Foster Dulles, Präsident Dwight Eisenhower und dem amerikanischen UN-Botschafter Henry Cabot Lodge.

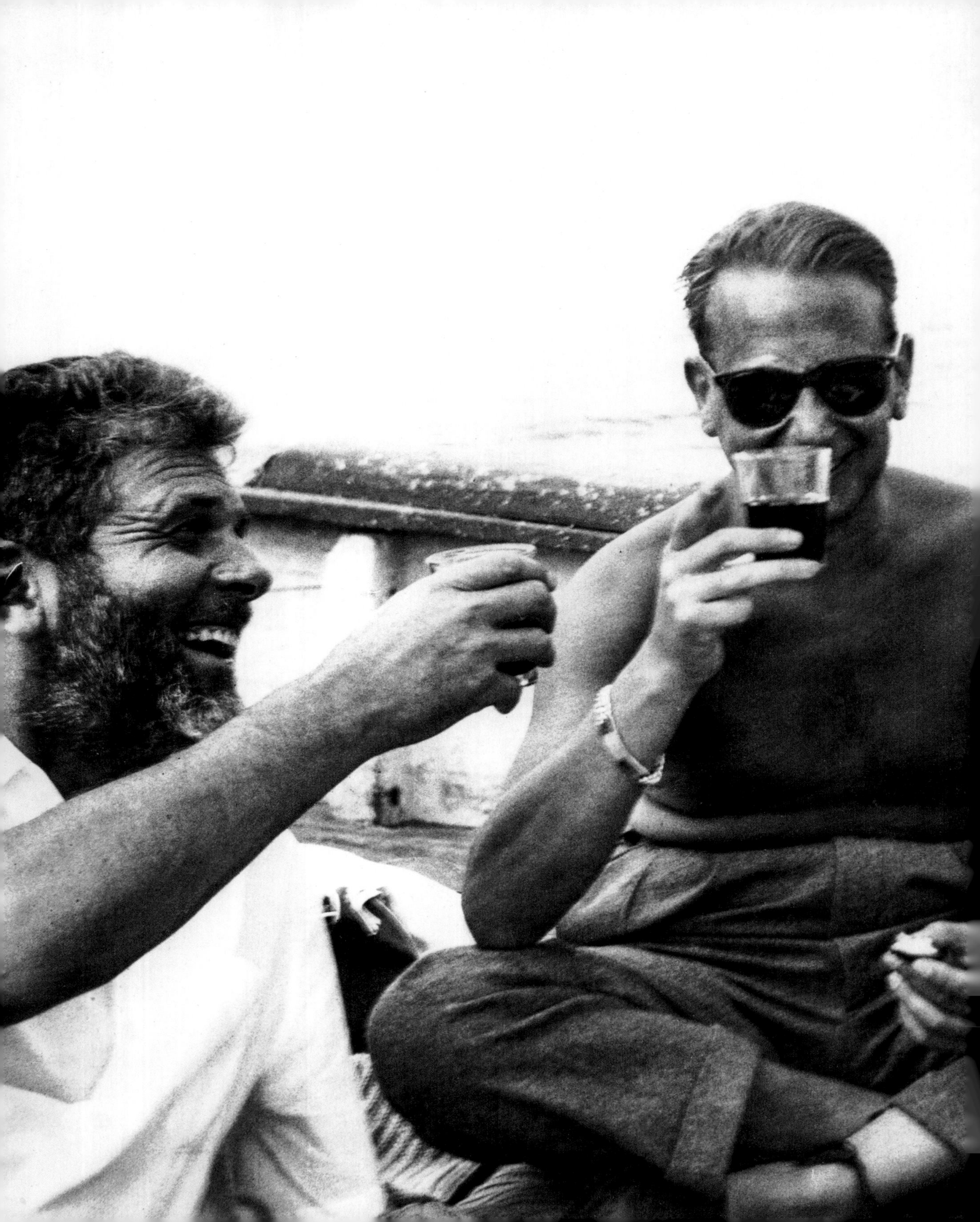

Dag feierte seinen fünfzigsten Geburtstag mit einer Angeltour zusammen mit den Beskows und Bill Ranallo. Sie fingen keinen Dorsch, aber der Generalsekretär entzog sich so allen Gratulanten – zumindest, bis sie wieder in den Hafen von Kåseberga kamen. Da wurden sie von einem Aufgebot an Journalisten empfangen, die von Hammarskjöld einen Kommentar zur Freilassung der amerikanischen Gefangenen durch China hören wollten.

»[Habe] ich Papa gegenüber das Recht, auch nur ansatzweise sein innerstes Pathos zu interpretieren«, grübelte er in einem Brief an den Bruder. Das Verhältnis zum Vater war kompliziert und nichts, was er zu Markte tragen wollte. Die Lösung war schließlich eine Verteidigungsrede für Hjalmar Hammarskjöld, in der die Seiten an ihm hervorgehoben wurden, mit denen Dag sich identifizieren konnte: die Beamtenehre, das Pflichtgefühl und das internationale Engagement. Irgendwelche persönlichen Details aus dem Elternhaus gab er nicht preis. Die Rede »zerschlägt keine Mythen«, schrieb er an seinen Freund Bo Beskow, aber sie war »strikt ehrlich«.

> Natürlich habe ich andere Aspekte, in denen ich selbst im Zentrum stehe, in ständigem Konflikt mit einer dominierenden Vaterfigur (in vielem völlig verschieden von mir, dessen Druck ich hasste und dessen Schwächen ich sehr klar sah). Doch das Bild sagt mehr über mich als über ihn und ist in diesem Zusammenhang außerhalb des Betrachtungsfeldes.

Vor der Ernennung im Börsenhaus aus dem 18. Jahrhundert musste er den Frack anziehen, den er bei seinem Rigorosum verweigert hatte. Außerdem hatte ihm die Entscheidung, wen er einladen sollte, Kopfschmerzen bereitet, denn er hatte ein paar engere Freunde von der Gästeliste streichen müssen, um für die beiden Haushälterinnen der Familie Hammarskjöld aus der Sturegatan Platz zu haben.

Niemand wusste jedoch, dass der Generalsekretär das Treffen in der Schwedischen Akademie auch benutzte, um insgeheim die Verhandlungen mit Zhou Enlai vorzubereiten. Der erste Kontakt hatte eine Woche zuvor in New York stattgefunden. Da hatte Hammarskjöld den Chinesen deutlich gemacht, dass er nicht vorhatte, auf der Grundlage der Resolution zu verhandeln, die von der UNO-Generalversammlung beschlossen worden war und die verlangte, dass die amerikanischen Piloten freigelassen werden müssten, sondern ausschließlich kraft seiner Stellung als Generalsekretär der Vereinten Nationen auf Grundlage der UN-Statuten.

Er ging davon aus, dass diese von der Volksrepublik anerkannt werden müssten, da die Kommunisten 1945 in San Francisco zu der chinesischen Delegation gehört hatten. Das war ein listiges, aber riskantes Manöver: Wenn die Chinesen sich weigerten, ihn zu empfangen, dann hatte er mit einem Schlag das Amt des Generalsekretärs mehr beschädigt als Lie während seiner gesamten Amtszeit. Doch er kam damit durch. Am 17. Dezember antwortete der chinesische Premierminister, dass er »im Namen des Friedens und der internationalen Entspannung« bereit sei, Hammarskjöld zu empfangen. Sie einigten sich auch darauf, dass Hammarskjöld das endgültige Arrangement des Treffens während der Aufnahmefeierlichkeiten in die Schwedische Akademie mit dem chinesischen Botschafter in Stockholm vereinbaren solle.

Vor Ort half ihm dabei sein Freund Uno Willers, Bibliothekar der Riksbiblioteket und Sekretär im Nobelkomitee der Akademie. Dag hatte Uno im Vorhinein per Telegramm gebeten, den chinesischen Botschafter in Stockholm zu einem Cocktail einzuladen. Nach einigen hin und her gewechselten Telegrammen wurde stattdessen ein sonntägliches Mittagessen daraus, das ganz im Geheimen in der Wohnung des Ehepaars Willers an der Grevgatan auf Östermalm eingenommen wurde.

Die Delegation der Vereinten Nationen kam am 6. Januar 1955 in Peking an. Man hatte da eine fast sechstägige Reise hinter sich, die am Neujahrstag mit einem Militärtransporter von New York nach London begonnen hatte. Dort schloss sich der Missionar Gustav Nyström der Gruppe an, der in China dolmetschen sollte. Nach einem eiligen Treffen mit Premierminister Eden wurde die Delegation mit einem Flugzeug nach Orly in Paris gebracht, wo Frankreichs Président du conseil Mendès France zu einem kurzen Gespräch und Champagner einlud. Von dort aus reiste man mit einem von der britischen Regierung zur Verfügung gestellten Flugzeug nach New Delhi. Nach neunzehn Stunden des Wartens auf Indiens Premier Nehru folgte ein Austausch über die Lage in China, und dann reiste man nach Kalkutta, um dort zu übernachten. Ein indisches Flugzeug brachte die Gruppe dann über Bangkok nach Kanton in Südchina. Von dort wurden sie mit einer chinesischen zweimotorigen Maschine zum Übernachten nach Hankou gebracht, wo man auch Dag Hammarskjölds Neffen Peder traf, der als schwedischer Diplomat in China tätig war. Erst danach flog man nach Peking.

Die Verhandlungen zogen sich eine Woche hin und fanden in der »Halle der Westlichen Blüten« in der Dienstwohnung des Premierministers statt, unterbrochen durch Banketts mit Schwalbennestern und Lotussamensuppe. Der fünfundfünfzigjährige Zhou Enlai machte großen Eindruck auf Hammarskjöld; er sei »der scharfsinnigste Kopf, dem ich bisher auf dem Feld der Außenpolitik begegnet bin«, schrieb er ein paar Wochen später an einen schwedischen Freund (ein Urteil, dem Henry Kissinger zustimmen sollte).

Wie Hammarskjöld stammte auch Zhou Enlai aus einer aristokratischen Beamtenfamilie, die stark vom Pflichtgefühl gegenüber der eigenen Nation geprägt war. Ein »unergründlicher Schwede« traf auf einen »unergründlichen Orientalen«, wie ein UNO-Mitarbeiter es ausdrückte. »Die Atmosphäre war sehr feierlich, im ganzen Raum war kein unerwünschtes

Geräusch zu hören, außer den Füßen der chinesischen Dienerinnen, wenn sie umhergingen und Tee in hohen Tassen mit Deckel servierten.«

Das Ergebnis des diplomatischen Schwertkampfes der beiden Mandarine war, dass Zhou andeutete, die amerikanischen Piloten könnten freigelassen werden, jedoch unter der Bedingung, dass es nicht wie die Kapitulation vor einer amerikanischen Drohung aussähe. Ein mögliches Szenario wäre, wenn die USA den Angehörigen der Piloten erlaubten, nach Peking zu reisen, deutete Zhou weiterhin an, denn dann würde China die Gefangenen in einer humanitären Geste begnadigen können. Hammarskjöld verließ Peking in der Gewissheit, mit seinem Auftrag erfolgreich gewesen zu sein, doch würde es noch eine Weile dauern, bis die gefangenen Piloten freigelassen werden konnten. Die China-Reise sei ein phantastisches Erlebnis gewesen, schrieb er an Beskow: »Seither bin ich auf gewisse Weise erwachsener als zuvor.«

Die Reise zurück in die USA dauerte drei Tage, mit Flugzeug und Zug nach Hongkong, mit der SAS nach Tokio und dann in einem amerikanischen Militärflugzeug mit Zwischenlandung in Honolulu über den Pazifik. In New York tobte ein Schneesturm – und im UNO-Hochhaus kündigten sich wei-

Un Chinois aux yeux bleus, ein Chinese mit blauen Augen – so beschrieb ein Franzose Dag Hammarskjöld, der ihm in New York begegnete. Wahr oder nicht, schien sich der schwedische UN-Chef doch in China wohlzufühlen. Hier in der Residenz des schwedischen Botschafters in Peking.

tere Unwetter an. In der amerikanischen Presse wurde die Expedition als Misserfolg dargestellt; führende Politiker vom rechten Forum steigerten die Rhetorik: das chinesische Regime bestehe aus »Gangstern«. Noch schlimmer war aber, dass die amerikanische Regierung den Angehörigen der Gefangenen abriet, das Angebot, die Männer in Peking zu besuchen, anzunehmen, weil ihre Sicherheit nicht garantiert werden könne. Damit wurde die Geste unmöglich, die es Zhou erlaubt hätte, ohne Gesichtsverlust auf die Forderungen der UNO einzugehen.

Doch Hammarskjöld gab nicht auf. Im Frühjahr und Sommer 1955 bearbeitete er Chinesen und Amerikaner hartnäckig. Die Lage war komplex, doch schließlich trugen seine Anstrengungen Früchte. Der schwedische Botschafter in China wurde zu Zhou Enlai einberufen und erfuhr, dass die amerikanischen Piloten freigelassen würden, um »die Freundschaft mit Hammarskjöld zu bewahren«. Zhou hoffe, dass der Kontakt aufrechterhalten würde, und gratulierte dem Generalsekretär nachträglich zum Geburtstag.

Hammarskjöld erhielt die Nachricht, während er bei seinem Freund Bo Beskow in Skåne seinen fünfzigsten Geburtstag feierte. Die Geburtstagsgesellschaft war auf dem Wasser gewesen, um Dorsch zu angeln, und als sie in den Hafen von Kåseberga zurückkehrten, wurden sie von Hurra rufenden Menschen, Journalisten und Pressefotografen erwartet. Sie verbarrikadierten sich in Beskows Haus, während Telegramme aus der ganzen Welt in der Telegrafenstation in Ystad eintickerten. Um alle Glückwünsche, die bis zum Abend eingetroffen waren, auszuliefern, war eine Schubkarre vonnöten.

Das war ein Triumph – Entspannung anstelle eines dritten Weltkriegs. Natürlich war die Freilassung nicht allein das Ergebnis von Hammarskjölds Fähigkeit, Kontakt zu Zhou Enlai herzustellen. Im Hintergrund fand die ganze Zeit ein Spiel zwischen den USA und China statt, das den Rahmen dessen bestimmte, was auf dem Verhandlungsweg zu erreichen möglich war.

Doch wie Hammarskjöld es auf einer Pressekonferenz ausdrückte: »Erfolg haben heißt, zu verwirklichen, was möglich ist. Das Mögliche muss verwirklicht werden.« Als Diplomat hatte er die Voraussetzungen dafür geschaffen, dass die USA und China eine Lösung finden konnten. Er war ein großes Risiko eingegangen, hatte seine Autorität als Generalsekretär bis zum Äußersten ausgereizt und all sein Verhandlungsgeschick mobilisiert – und schließlich Erfolg gehabt. Auf der ganzen Welt wurde ihm gehuldigt, und er konnte sein Porträt auf dem *Time Magazine* betrachten. Nach nur zwei Jahren als Generalsekretär hatte er dem Amt eine neue und gewichtigere Bedeutung verliehen.

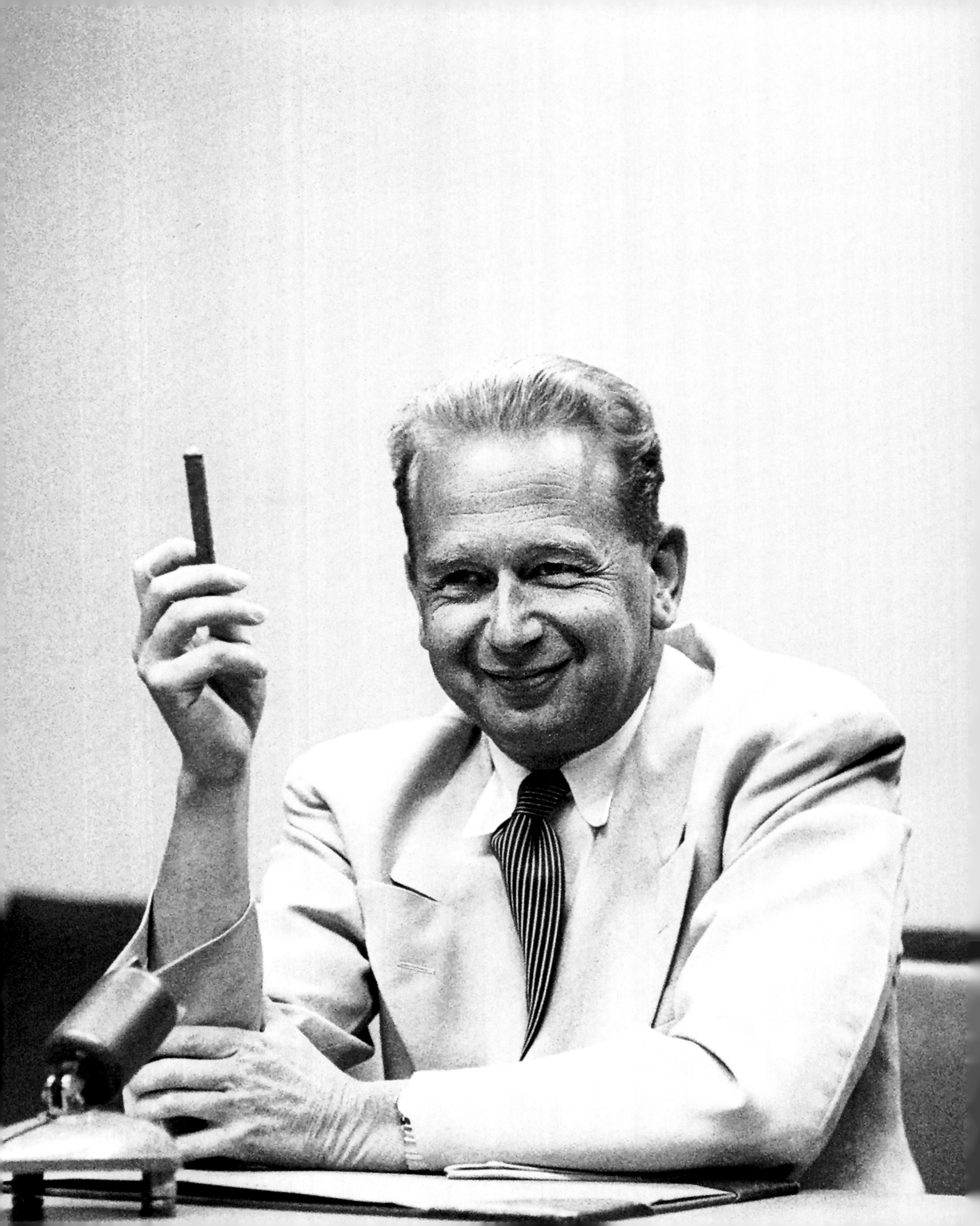

ÜBERLASS DAS MAL DAG

Politisch ist der Generalsekretär ein Gebrauchsgegenstand, und soll es auch sein, doch darf er nicht verbraucht werden, weil jemand anders nicht selbst bezahlen will.

Dag Hammarskjöld, 1956

»Ich bin, wie Sie selbst sagen, zu beneiden«, schrieb Dag Hammarskjöld an den Schriftsteller und Kollegen in der Schwedischen Akademie, Pär Lagerkvist:

> Das Einzigartige, das völlig Unverdiente ist, dass ich die Chance geschenkt bekommen habe, auf einem entscheidenden Posten ganz und gar auf eines der großen Experimente der Menschheit und der Zeit setzen zu dürfen. Es ist unglaublich, alles bei sich zu wissen, was man geben kann, um dieses Experiment so weit wie möglich zur Reife zu bringen; selbst wenn es am Ende scheitern sollte, doch dazu beizutragen, den Grund zu etwas zu legen, was schließlich einmal glücken muss.

Es sah allerdings nicht so aus, als ob er scheitern würde. Im Gegenteil, im Herbst 1957 war er mit allen Stimmen des Sicherheitsrates zum Generalsekretär wiedergewählt worden. Die UNO hatte sich zu einem angesehenen und zunehmend selbstständigen Akteur in der internationalen Politik entwickelt. Immer mehr Kommentatoren wiesen darauf hin, dass dies an Dag Hammarskjöld persönlich liege. Amerikanische Chronisten, die viel Energie darauf verwendet hatten, zu erklären, wie die USA sich ohne Eisenhower behaupten könnten, machten sich jetzt noch mehr Sorgen darüber, wie die UN eines Tages ohne Hammarskjöld klarkommen würde – der schon zum »wertvollsten und einflussreichsten Beamten der Welt« gekürt worden war.

Sein Erfolg erklärte sich zum Teil dadurch, dass es ihm gelungen war, das Machtverhältnis zwischen dem Sicherheitsrat, in dem die fünf Ständigen Mitglieder Vetorecht hatten, und der Generalversammlung, die von den kleinen Staaten dominiert wurde, durcheinanderzubringen. Der Hebel war

Der einflussreichste Beamte der Welt? Mit realpolitischer Sensibilität, strategischem Überblick, harter Arbeit, der Fähigkeit zuzuhören und dem Mut, verwegene Entscheidungen zu treffen, machte Dag Hammarskjöld die UNO zu einem internationalen Machtfaktor.

die sogenannte Acheson-Resolution, die im Herbst 1950 vom Sicherheitsrat angenommen worden war und es möglich machte, ein Problem an die Generalversammlung weiterzuleiten, wenn die Ständigen Mitglieder des Sicherheitsrates uneins waren. Das Gute an dieser Resolution war aus Hammarskjölds Perspektive, dass sie nicht durch ein Veto aufgehalten werden konnte. Das gab ihm die Möglichkeit, bei den kleineren Ländern, vor allem in Afrika, Asien und Südamerika, Unterstützung zu suchen.

Doch Hammarskjöld hatte noch andere Register, die er ziehen konnte. Inzwischen hatte er eine bedeutende Geschicklichkeit darin entwickelt, die Statuten zu benutzen, um seine Stellung als Generalsekretär zu stärken. Nicht selten erinnerten die komplizierten juristischen Wendungen an Bibelexegese oder Scholastik – wie viele Engel konnten auf dem Dach des UNO-Hochhauses tanzen? Das heißt allerdings nicht, dass seine Interpretationen willkürlich gewesen wären. Er wusste, wenn er selbst die Statuten nicht auf eine intellektuell ehrliche Weise anwendete, würden sie – oder er – kaum von anderen respektiert werden. Wie einer seiner Mitarbeiter es ausdrückte: Hammarskjöld war listig, aber nicht hinterlistig.

Doch Recht und Gesetz genügten nicht. Dags Vater, Hjalmar Hammarskjöld, war ein hervorragender Jurist gewesen, jedoch an seiner Unfähigkeit, andere Menschen zu verstehen und in Beziehung zu ihnen zu treten, gescheitert. Es war eine Sache, was in den UNO-Statuten stand, das Vertrauen, das man dem Generalsekretär entgegenbrachte, war eine andere. Deshalb investierte Dag Hammarskjöld viel Kraft in persönliche Kontakte – von seinem ersten erfolgreichen Gespräch mit Zhou Enlai bis zu der unglückseligen Vereinbarung, im Herbst 1961 auf einem Flugplatz in Nordrhodesien (dem heutigen Sambia) den kongolesischen Politiker Moïse Tschombé zu treffen.

Auch wenn er – wie sein Vater – keine Begabung zum Smalltalk hatte, so besaß er doch die ungewöhnliche Fähigkeit, im Zusammentreffen mit anderen Menschen eine Atmosphäre gegenseitigen Vertrauens und intellektuellen Respekts zu schaffen. Wenn man mit Hammarskjöld verhandelte, so meinte einer seiner Mitarbeiter, ging es nicht mehr um das Berechnen von Vorteilen und Nachteilen, sondern um das gemeinsame Streben, ein moralisch hochstehendes Ziel zu erreichen.

Er, der täglich mit Politikern umging und zum Teil auch einer von ihnen war, verabscheute das politische Leben. Sein Wertefundament als internationaler Beamter war immer noch das, was er in dem Zeitschriftenartikel 1951 dargelegt hatte: ein auf die »Ehrfurcht vor dem Leben« gegründeter Humanismus und die Pflicht, den Nutzen der Allgemeinheit über die eigenen Interessen zu stellen. Die Kraft dieses Humanismus erwuchs aus der für die Umgebung gut verborgenen christlichen Überzeugung, die erst 1963 nach der Veröffentlichung von *Zeichen am Weg* öffentlich werden sollte. Seine harte Forderung an sich selbst war, sein Leben in der Nachfolge Jesu zu leben. Doch er achtete sorgfältig darauf, seinen eigenen Glauben nicht zur offiziellen Beamtenideologie zu machen. Vielmehr betonte er Rationalität, gesellschaftlichen Nutzen und Legalität. Kurzfristige Kompromisse mit den grundlegenden Prinzipien der UNO zu schließen, wäre ganz einfach ein schlechtes Geschäft, das die Organisation künftig auf eine Weise schwächen würde, die durch keinen »unmittelbar gewonnenen Vorteil« kompensiert werden konnte. Die Prinzipien waren historisch erarbeitet, nicht ewig.

Hammarskjöld war nicht konfliktscheu, sondern vielmehr sogar ein wenig streitlustig. Trotz aller Reden über Bergbesteigungen stammte seine wichtigste Metapher für die Arbeit aus der Welt des Boxens: Er war »in guter Form und bereit, sich noch ein paar weitere Runden zu schlagen« oder konnte »einen Sieg nach Punkten einfahren«, wie es in den Briefen nach Hause nach Schweden hieß. Seine Methoden hatten auch nicht sonderlich viel mit der Bergpredigt zu tun: realpolitische Sensibilität, strategischer Überblick, harte Arbeit, die Fähigkeit, anderen zuzuhören, und der Mut, verwegene Entscheidungen zu treffen.

Am 21. September 1955 – nur einen knappen Monat nach der Freigabe der amerikanischen Gefangenen – wurde Hammarskjöld brutal daran erinnert, wie schwach seine Stellung sein konnte: Israelische Streitkräfte eroberten die entmilitarisierte Zone zwischen Ägypten und Israel in der Negev-Wüste, um arabische Kommandotruppen aufzuhalten. Hammarskjöld formulierte eine kraftvolle Protestnote an Israel, doch das trug nur dazu bei, dass die Verbitterung des jüdischen Staates gegenüber der UNO noch wuchs.

Die Anwesenheit der UNO im Nahen Osten war heikel. Im Herbst 1947 hatte die Generalversammlung einen Plan angenommen, der das frühere britische Mandat in Palästina in einen jüdischen, einen arabischen und einen internationalen Teil (Jerusalem) aufteilen sollte. Auf Grundlage dieser Resolution riefen die jüdischen Siedler in Palästina ihren Teil zum selbstständigen Staat Israel aus, was zu einem Angriff durch die arabischen Staaten führte. Doch die zahlenmäßig unterlegene israelische Verteidigung konnte dagegenhalten, und nach einer Weile wurde ein Waffenstillstandsabkommen geschlossen, das vor Ort von der UNO überwacht wurde.

Alle Versuche, einen beständigeren Frieden zu erlangen, scheiterten jedoch. Von Feinden umgeben, die sich weigerten, die Existenz des jüdischen Staates anzuerkennen, wurden die Israelis immer verbitterter gegenüber einer UNO, die ihre Sicherheit bei einem arabischen Angriff nicht garantieren konnte. Die arabischen Staaten ihrerseits waren – nicht ganz unbegründet – misstrauisch gegenüber den früheren Kolonialherren Frankreich und Großbritannien, die im UN-Sicherheitsrat saßen.

Dies traf nicht zuletzt auf den ägyptischen Ministerpräsidenten Gamal Nasser zu, der aus der arabischen nationalen Bewegung stammte. Er wollte, dass der ägyptische Staat Kontrolle über den Suezkanal bekam, der seit dem 19. Jahrhundert von einem Privatunternehmen mit französischen, britischen und ägyptischen Besitzinteressen betrieben wurde. Hierbei wurde er von der Sowjetunion unterstützt, was bedeutete, dass der Konflikt zwischen Israel und den arabischen Staaten dabei war, sich zu einem Teil des Kalten Krieges zu entwickeln.

Die Großmächte im Sicherheitsrat waren über die wachsenden Spannungen im Nahen Osten beunruhigt, sahen sich aber aufgrund ihrer Konflikte innerhalb des Rates außerstande, etwas auszurichten. Jedoch vermochten sich alle darauf zu einigen, das Problem dem Generalsekretär in den Schoß zu legen, der ja mit dem schwierigen Zhou Enlai so glücklich verhandelt hatte. Im Frühjahr 1956 nahm der Sicherheitsrat eine Resolution an, die Hammarskjöld beauftragte, in den Nahen Osten zu reisen und die Parteien dazu zu bringen, das Waffenstillstandsabkommen zu respektieren. Mit einem Vorschuss von vierhundert Dollar aus der Portokasse der UNO flog er am 4. April in New York ab.

Wieder einmal hatte er einen mehr oder weniger unmöglichen Auftrag erhalten, doch bedeutete es einen Prestigegewinn, dass sich der gesamte Sicherheitsrat hinter ihn gestellt hatte. Während drei intensiver Wochen fuhr er zwischen Jerusalem, Kairo, Beirut, Damaskus und Amman hin und her und versuchte, den verschiedenen Regierungen die Zusage abzuringen, von Provokationen und Racheaktionen Abstand zu nehmen. Das war ein heroischer Einsatz und erinnerte an den Versuch, einen hartnäckigen Steppenbrand zu löschen. Wenn er ihn an einer Stelle ausgetreten hatte, flammte er da, wo er zuvor gewesen war, wieder auf.

Auch wenn es ihm nicht voll und ganz gelang, das Feuer zu ersticken, bekam er es doch auf beeindruckende Weise unter Kontrolle. Seine Reise wurde in der Presse als einzigartiger Erfolg gefeiert, und der amerikanische UN-Botschafter Henry Cabot Lodge stellte fest, dass alle dankbar dafür sein sollten, dass es »den Posten des Generalsekretärs der UNO gebe und dass er von einer so tauglichen Person wie Herrn Hammarskjöld eingenommen« würde. Der Schwede selbst äußerte sich eher lakonisch: »Zeitweilig fühle ich mich wie ein Polizist, der am Fensterbrett versucht, einen Selbstmordkandidaten zu überreden, nicht zu springen.«

Genau wie zuvor, als es um die amerikanischen Piloten ging, die in China gefangen genommen worden waren, setzte Hammarskjöld auf die persön-

Im Dezember 1956 traf Hammarskjöld den ägyptischen Präsidenten Gamal Abdel Nasser, um den friedensbewahrenden Auftrag der UNO am Suezkanal zu besprechen. Hammarskjöld hatte Verständnis für den wachsenden arabischen Nationalismus, doch fiel es ihm schwer, einen persönlichen Kontakt zu Nasser herzustellen.

liche Begegnung, vor allem mit dem israelischen Premierminister David Ben-Gurion. Dieser kleine und kantige Siebzigjährige war nicht leicht zu umgarnen – er hatte seine Laufbahn vor dem Ersten Weltkrieg damit begonnen, in Polen jüdische Verteidigungsgruppen gegen Antisemiten aufzustellen.

Ben-Gurion war, nicht ganz unverständlich, Hammarskjöld gegenüber misstrauisch. Der schwedische Generalsekretär stammte wie Folke Bernadotte – der unbeliebte schwedische Vermittler, der 1948 von einer jüdischen Terrorgruppe ermordet worden war – aus einem aristokratischen Milieu in Nordeuropa, das nicht gerade für ein herzliches Verhältnis zum Judentum bekannt war. Ben-Gurions Frau wunderte sich außerdem, warum der Gast ihres Ehemannes wohl keine Familie hatte: »Wenn Sie verheiratet wären, würden Sie sich um Ihre Frau kümmern und uns in Ruhe lassen.«

Nach harten Verhandlungen gelang es Hammarskjöld aber doch, eine persönliche Beziehung zu dem israelischen Staatsmann aufzubauen. Ben-Gurion war von dem Interesse des Schweden für jüdische Philosophie beeindruckt: »Wo haben die Sie denn gefunden?«, fragte er begeistert. Hammarskjöld selbst betrachtete es als ein großes Erlebnis, Ben-Gurion kennenzulernen, wenn sie auch »in vielem uneins« waren und »sehr heftige Meinungsverschiedenheiten« hatten. Es ist möglich, dass Hammarskjöld die

Zu Hause bei dem israelischen Premierminister David Ben-Gurion und seiner Ehefrau Paula. Wie viele ihrer Landsleute fand sie, dass die UNO Israel in Ruhe lassen solle. Doch sie band den Generalsekretär in die Vorbereitungen des Abendessens ein, und nach einer Weile lockerte sich die Stimmung auf.

Nächste Seite:
Dag Hammarskjöld 1956 mit dem russischen UN-Untergeneralsekretär Ilya Tschernyschew auf dem Roten Platz in Moskau. Zu dem Zeitpunkt waren Hammarskjölds Beziehungen zu Chruschtschow noch relativ gut.

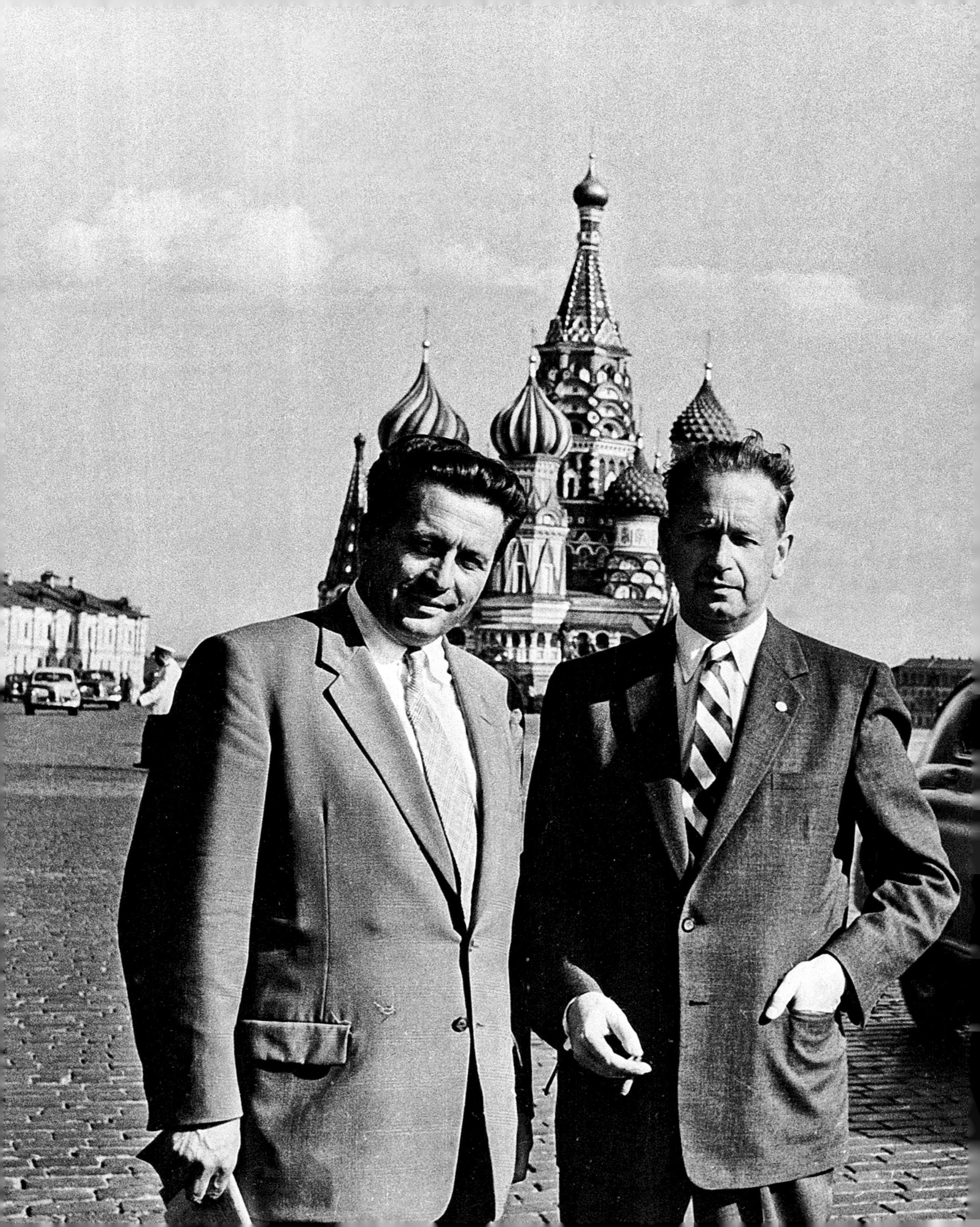

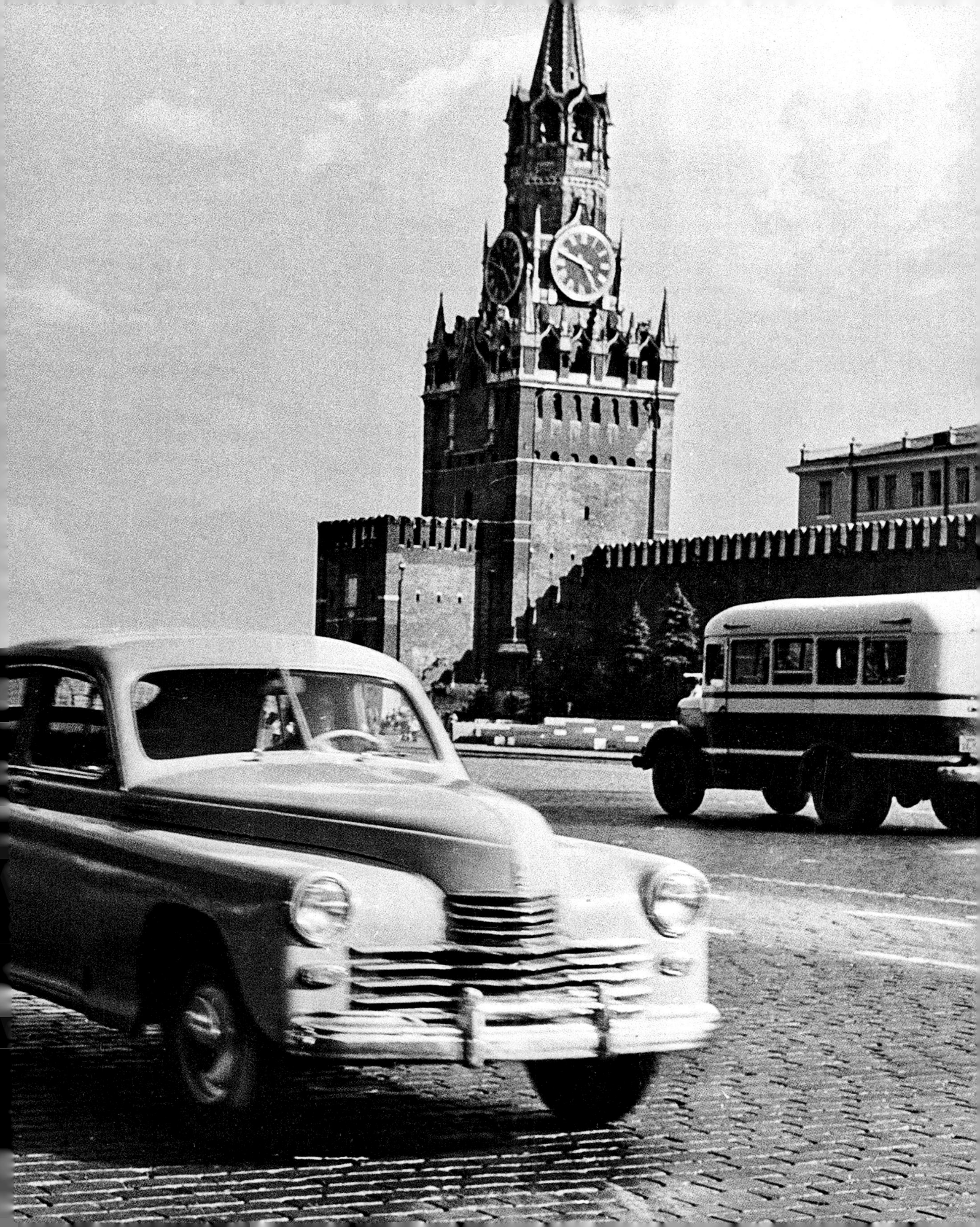

Bedeutung der intellektuellen Gemeinschaft überbewertete. »David Ben-Gurion ist niemandes Freund«, meinte ein israelischer Kommentator. Doch Hammarskjöld widersprach der Ansicht, er sei naiv. »Glauben Sie nur nicht, dass ich mir erlaube, mich von irgendeinem Menschen hinters Licht führen zu lassen«, schrieb er scharf an Ben-Gurion, »doch wissen Sie auch, dass ich nicht davon ausgehen kann, dass Menschen ein doppeltes Spiel spielen, vor allem nicht, wenn sie dabei ihren eigenen Interessen schaden.«

Mit Nasser, der verschlossener und dem zerebralen Charme des Generalsekretärs gegenüber zurückhaltender war, verband ihn kein vergleichbarer persönlicher oder zumindest intellektueller Kontakt. Hingegen wurde er gut Freund mit dem ägyptischen Außenminister Mahmoud Fawzi, einem »sehr viel bemerkenswerteren Mann, als gemeinhin erkannt wird«.

Auf seinen Langstreckenflügen hatte Dag Hammarskjöld es bequemer als die Geschäftsreisenden von heute. In den Passagiermaschinen von damals war die Beinfreiheit größer, und in den Militärtransportmaschinen, die verschiedene Regierungen ihm zur Verfügung stellten, wurden oft Schlafplätze

Viele Flugreisen zwischen verschiedenen Hauptstädten in Konfliktgebieten gehörten zu Hammarskjölds Alltag. Während des Fluges bereitete er sich auf die Treffen vor, entspannte sich aber auch, indem er französische Dichtung übersetzte. Hier ist er an Weihnachten 1958 zusammen mit dem kanadischen General Tommy Burns auf dem Weg von Gaza in die sudanesische Hauptstadt Khartoum.

eingerichtet. Doch die Reisen mit Propellermaschinen waren lang, laut, und man wurde durchgerüttelt. »Sein Durchhaltevermögen war verblüffend«, stellte der kanadische General Burns fest, der von der UNO entsandt war, den Frieden im Nahen Osten zu überwachen.

Diplomatischer Pendelverkehr wurde zu Hammarskjölds Markenzeichen. Die zeitungslesende Allgemeinheit gewöhnte sich daran, Bilder zu sehen, wie er aus Flugzeugen stieg und von Königen, Präsidenten und Ministern begrüßt wurde. Der ansonsten äußerst diskrete Generalsekretär hatte erkannt, dass seine stille Diplomatie von einem gewissen Meinungsdruck unterstützt werden musste. Lange bevor der Begriff geprägt wurde, verlegte er sich schon auf *public diplomacy* und suchte in der öffentlichen Meinung Unterstützung. Er meinte, dass eine demokratische Massenzivilisation im Entstehen begriffen sei, die »dem gemeinen Mann und Gruppenreaktionen eine neue Bedeutung in der Außenpolitik« verlieh.

Zudem erwies er sich als erstaunlich geschickt im Umgang mit der Journalistenschar und arbeitete eng mit seinem australischen Pressesprecher George Ivan Smith zusammen. Sie nannten einander wegen der ständig ausweichenden Antworten, die zu geben sie genötigt waren, Mr Flexibility und Mr Fluid. Das Spiel war der Quadratur des Kreises nicht unähnlich: Auf der einen Seite musste man interessant genug sein, um ein massenmediales Interesse zu erzeugen, auf der anderen Seite vermeiden, in heiklen Fragen Klartext zu reden. Hammarskjöld löste die Aufgabe mit einer Art absurdem Humor:

Hammarskjöld: »Die Kontakte werden nicht nur fortgesetzt, sondern sind in gewisser Weise intensiviert worden.«
Reporter: »Herr Generalsekretär, ich habe nicht verstanden, was nach ›intensiviert worden‹ kam.«
Hammarskjöld: »Man wird eine Intensivierung intensivieren können.«

Es handelte sich ohne Frage um eine respektvollere Zeit – heutzutage würde kein Machthaber mit so etwas davonkommen. Doch seine verschleierte Orakelsprache spielte keine entscheidende Rolle. Die allgemeine Meinung wurde vielmehr von dem Bild des ständig reisenden Generalsekretärs bestimmt, der von einem Krisenherd zum nächsten über die ganze Welt eilte, um säbelrasselnden Politikern ins Gewissen zu reden.

Die Journalisten liebten es, ihn mit bildhaften Ausdrücken zu versehen. Er war »die Garbo der großen Politik« oder »Machiavelli mit dem Aussehen eines Pfadfinders«. Der britisch-amerikanische Journalist Alistair Cooke fand, »sauber geschrubbt« sei das richtige Wort, um Hammarskjöld zu beschreiben:

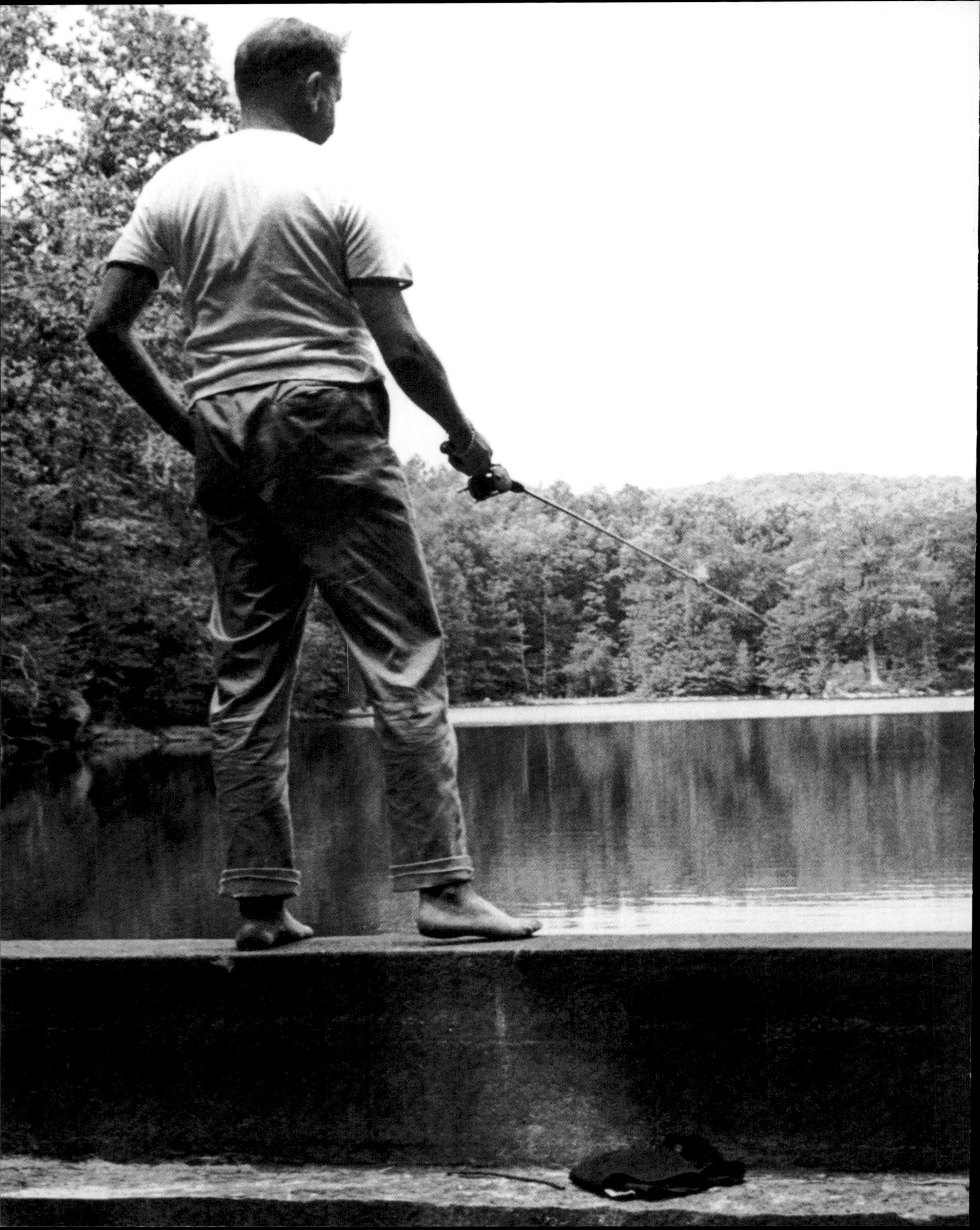

Dag hatte ein Sommerhaus in der kleinen Ortschaft Brewster nördlich von New York gemietet, wo er wanderte und sich der Botanik, dem Schwimmen und Angeln widmete. Hier 1957 zusammen mit Greta Beskow, als ihr Mann Bo an dem Meditationsraum der UNO arbeitete.

Ein blonder, sonnengebräunter Mann, frisch rasiert, eben der Badewanne entstiegen. In Hollywood würde er sofort die Rolle des sympathischen Bruders der trauernden Heldin oder des dritten Schweizer Bergführers in einem Alpenfilm erhalten …

Er hielt ein hohes Tempo und versuchte, das diplomatische Protokoll zu minimieren. Wenn ein lokaler UN-Beamter zum Flugplatz kam, um ihn abzuholen, konnte er eiskalt sagen: »Ah so. Sind Sie auch hier? Ich meinte, Sie hätten anderes zu tun.« In Israel war der Außenminister sauer, weil Hammarskjöld keine Zeit fand, zu einem Empfang zu kommen, in Amman murrte man, weil er zwei Tage in Israel verbrachte und nur zwei Stunden in Jordanien. Als er in Beirut war, klagten die örtlichen Leibwächter darüber, dass er so schnell laufen würde. Als sie vom Kollegen Bill Ranallo hörten, dass der Generalsekretär keine Frau habe, meinten sie, dass darin die Ursache für seine Vitalität liege.

Ranallo ließ seinen Chef nur selten aus den Augen. Er hatte während des Zweiten Weltkriegs als Korporal in der amerikanischen Armee gedient, war Leibwächter von Präsident Roosevelt gewesen und dann 1946 von der UNO angestellt worden, wo er zum Chauffeur und Leibwächter von Trygve Lie aufgestiegen war. Diese Aufgaben nahm er auch unter dem neuen Generalsekretär wahr, wurde aber viel mehr: Hilfsperson, Freund und ständiger Begleiter. Ranallo, mit einem Colt-22 bewaffnet, für den er eine besondere Genehmigung brauchte, wenn er zum Beispiel mit Hammarskjöld in den Urlaub nach Schweden fuhr, scheint der perfekte Assistent mit der butlerartigen Fähigkeit gewesen zu sein, seinem Herrn effektiv und diskret zu dienen.

Ranallo hatte etwas von Sancho Pansa. Er war ein bodenständiger, geselliger Mann, der gern aß, das Leben genoss und ein Auge für schöne Frauen hatte. Die politischen und intellektuellen Diskussionen, die sich um ihn herum abspielten, tangierten ihn kaum, hingegen war er ständig darauf konzentriert, für die Sicherheit und Bequemlichkeit des Generalsekretärs zu sorgen. Hammarskjölds Freunde, nicht zuletzt in Schweden, lernten Bill Ranallo vor allem wegen der Fürsorge, die er seinem Chef zuteilwerden ließ, schätzen. Deshalb war Leif Belfrage auch keineswegs unangenehm berührt, als Dag ihn in einem Brief bat, dafür zu sorgen, dass Ranallo ein Paar Ledershorts in der richtigen Größe (46 oder 48) aus dem Laden auf der Hamngatan, wo Wigforss einzukaufen pflegte, bekam.

Unter Dags schwedischen Freunden stand Ranallo jedoch Bo Beskow am nächsten. Der hochgewachsene Leibwächter fühlte sich bei Bo und Greta in Skåne ungeheuer wohl, auch wenn ihm die niedrige Decke dort ständig Beulen am Kopf einbrachte. Bo und Bill korrespondierten über die Jahre (auch

---

Ein säkularer Papst – so beschrieb Dag Hammarskjöld seine Rolle gegenüber dem britischen Dichter W. H. Auden. Der echte Papst Pius XII. stimmte zu: »Sie sind mein weltlicher Gegenpart«, sagte er bei der Begegnung mit dem UNO-Chef.

Nächste Seite:
Die Besprechungen im UN-Sicherheitsrat während der Suez-Krise verliefen dramatisch. Hammarskjöld geriet in Konflikt mit den Kolonialmächten Großbritannien und Frankreich, es gelang ihm jedoch mithilfe der USA und der Sowjetunion, die Frage nach einer Intervention im Nahen Osten in die Generalversammlung zu verlegen.

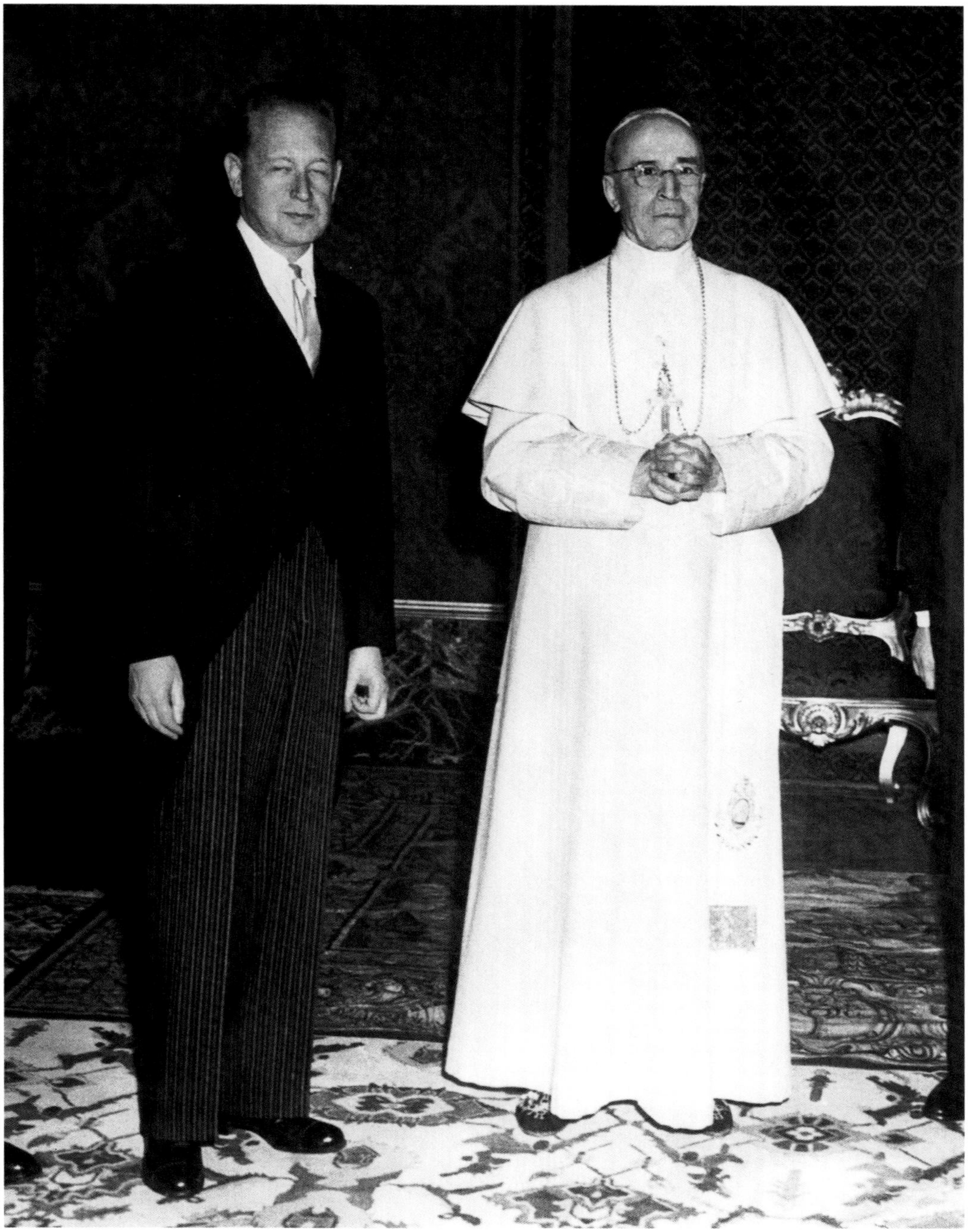

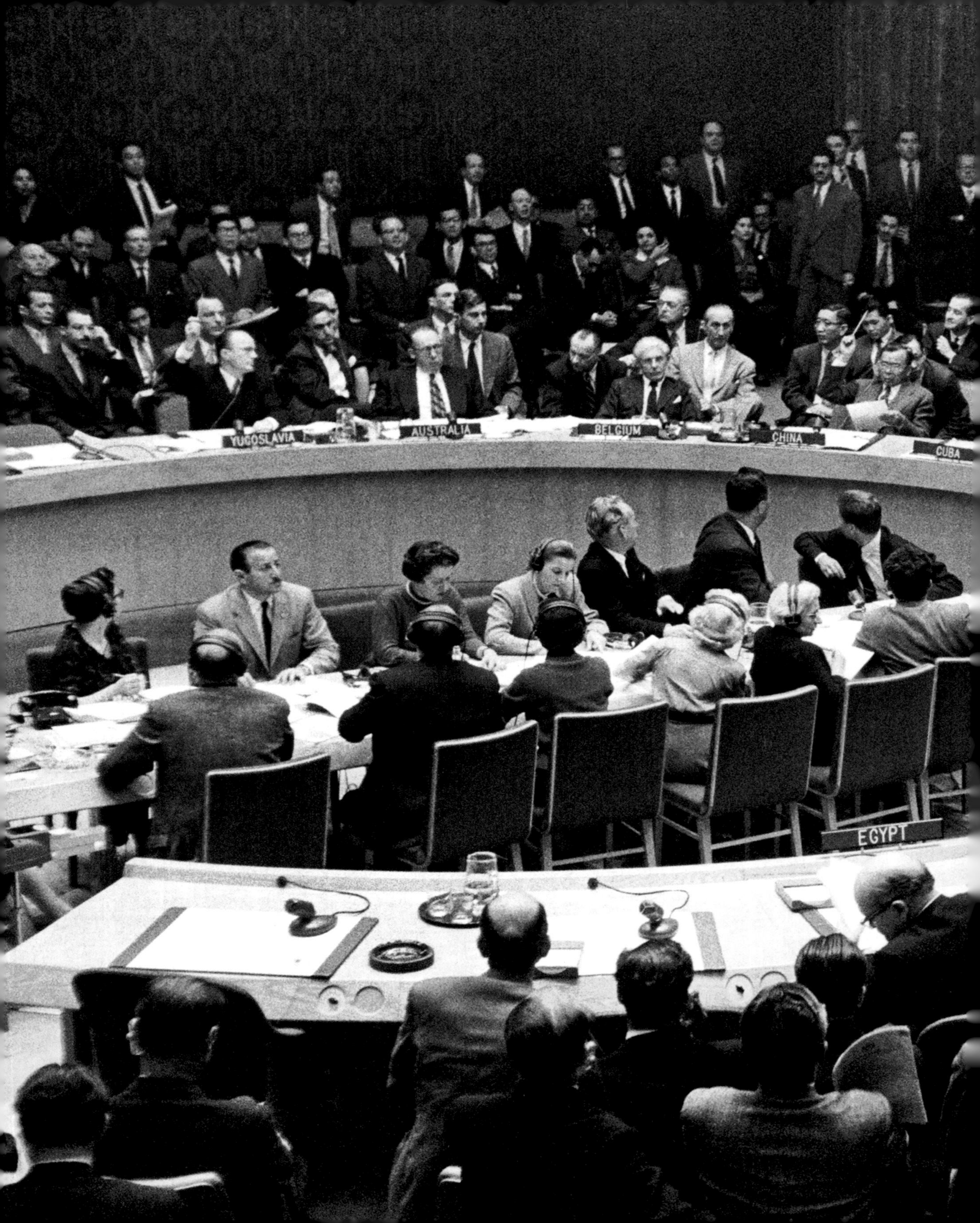
YUGOSLAVIA
AUSTRALIA
BELGIUM
CHINA
CUBA
EGYPT

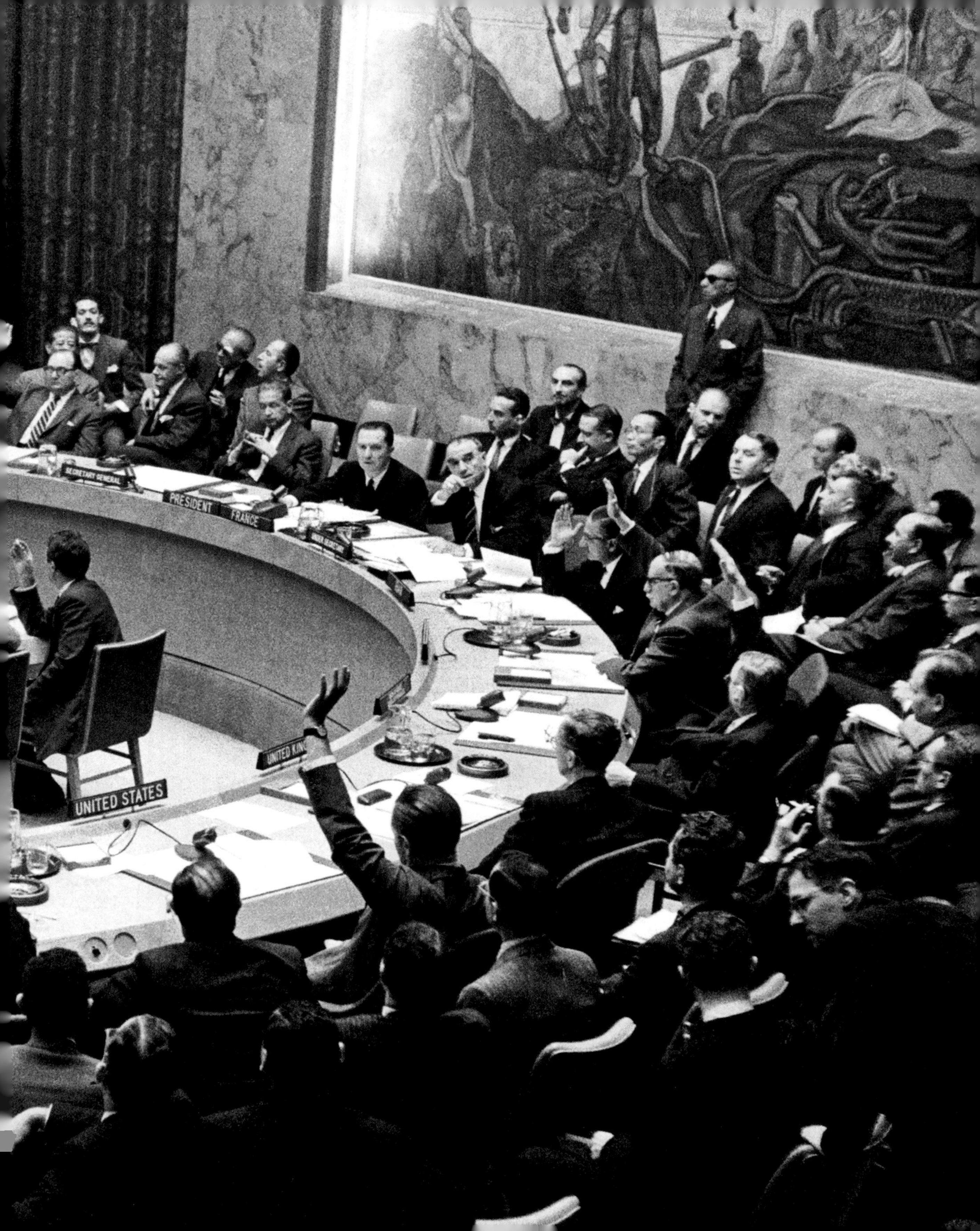
SECRETARY GENERAL
PRESIDENT
FRANCE
UNITED STATES

wenn Ranallo ein eher träger Briefeschreiber war) und plauderten über alles Mögliche. Vor allem sorgten sie sich um Dag, über dessen Zustand Ranallo kontinuierlich berichtete. Meistens war alles gut: »The boss« kam mit dem Arbeitstempo und dem ständigem Druck besser klar als Ranallo. Doch der kluge Leibwächter wusste auch, dass Hammarskjöld seine Freunde brauchte. Im Frühjahr 1957 – nach der Suez-Krise – schrieb er:

> Der Chef treibt sich selbst wie immer hart an & hat im letzten halben Jahr keine Entspannung gehabt, aber er sieht frisch aus, und der Herr hat ihn mit einer starken Konstitution gesegnet. Ich weiß nicht, was ihn in Gang hält, wenn nicht sein Glaube an die UNO & seine Liebe zur Arbeit. Auch seine wunderbaren Freunde, die ihn & was er tut verstehen. Hör nicht auf zu schreiben, Bo – er braucht Deine Briefe, und sie sind eine Stütze. Ich nehme an, dass er nicht so oft antwortet, aber ich kann Dir versichern, dass er oft an Euch denkt …

Während seiner Reisen stand Hammarskjöld in engem Kontakt zu seinen Mitarbeitern im UNO-Hauptquartier in New York, hier vor allem zu »Andy«, also Andrew Cordier im 38. Stock, seinem nächsten Mann. Doch hatte er auch eine Reihe sowohl formeller als auch eher informeller Ratgeber. Einer der wichtigsten war der Brite Brian Urquhart, der im Zweiten Weltkrieg an mehreren Fronten gekämpft hatte und bei der Befreiung des Konzentrationslagers Bergen-Belsen dabei gewesen war. Zum engsten Kreis gehörten auch der Kanadier Lester Pearson, der Norweger Hans Engen und der Amerikaner Ralph Bunche, die alle bedeutende Karrieren hinter sich hatten.

Pearson war im Ersten Weltkrieg Pilot gewesen und dann zum kanadischen Top-Diplomaten avanciert, Engen war im Zweiten Weltkrieg im norwegischen Widerstand gegen die Deutschen gewesen. Bunche, Professor an der Universität Harvard, hatte unter anderem im Palästina-Konflikt vermittelt, war Träger des Friedensnobelpreises und besonderer Berater der amerikanischen Regierung in Sachen Beziehungen zwischen den Rassen. Hammarskjöld hatte großen Respekt vor Bunche, seine manchmal etwas unklare Art führte jedoch dazu, dass dieser einmal dachte, er würde gekündigt werden.

Das Missverständnis mit Bunche war, laut Brian Urquhart, eine Folge davon, dass Hammarskjöld zu wenig Erfahrung mit engen Beziehungen besaß und es ihm deshalb schwerfiel, andere Menschen »zu lesen«. Urquhart meinte, sein Chef lasse es manchmal an Menschenkenntnis fehlen (wie man annehmen darf, nicht in der Beziehung zu Urquhart selbst). Hammarskjölds Schüchternheit und seine mangelnde Fähigkeit zu alltäglichem Umgang beeinflussten seine Führungskraft ohne Zweifel negativ. Die Klarheit und

Genau wie schon im Jahr zuvor, verbrachte Hammarskjöld auch Weihnachten 1958 mit den UN-Truppen in Gaza. Am Weihnachtsabend selbst war er ein willkommener Gast bei den skandinavischen UNO-Kräften.

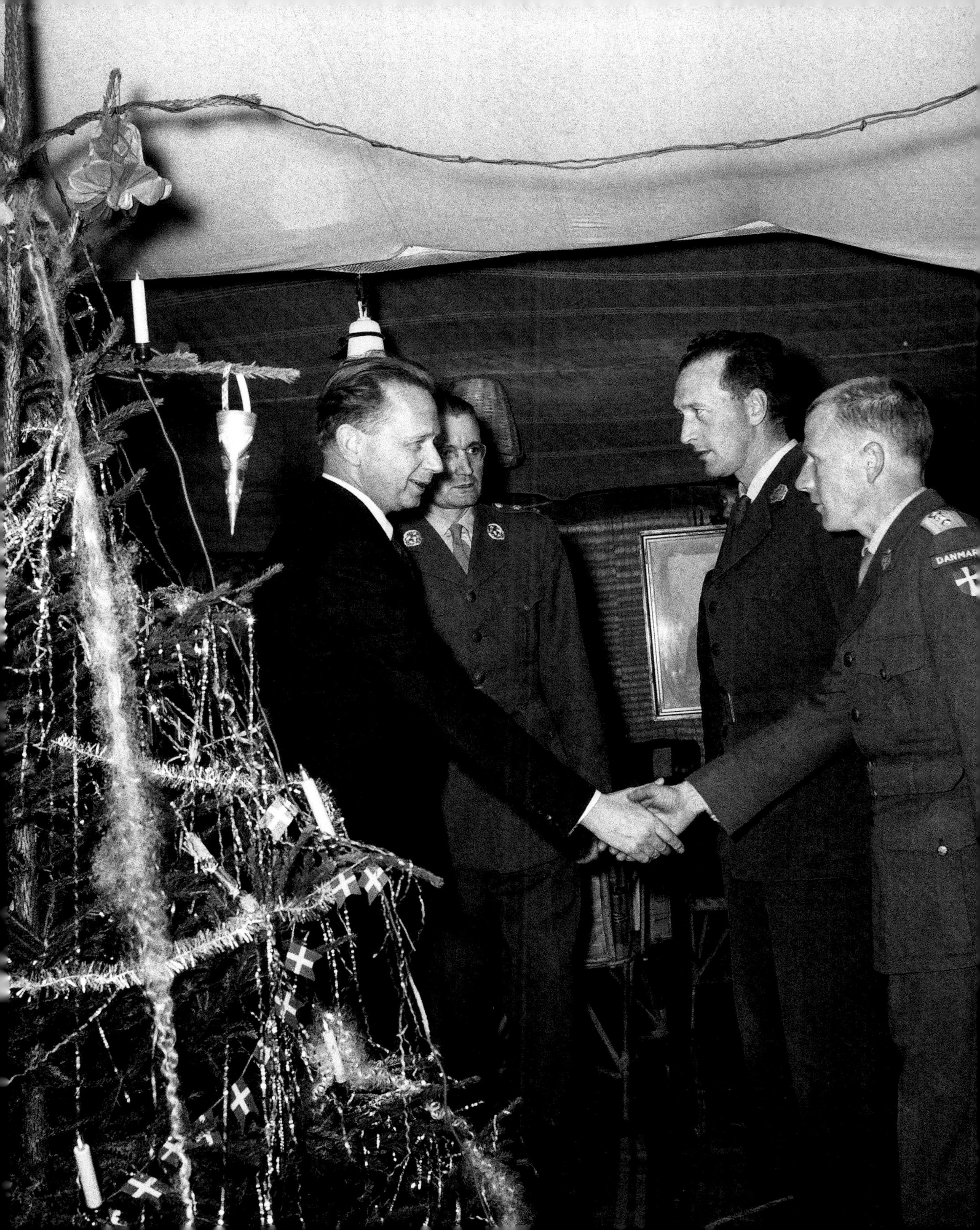
DANMAR

Kraft, die er in politischen und intellektuellen Analysen beweisen konnte, verschwand in Situationen, die eher individualpsychologische Aspekte des Daseins betrafen. Außerdem neigte er dazu, intellektuelle Meriten überzubewerten. Zum Beispiel wusste er nicht sonderlich viel über den Iren Conor Cruise O'Brien, als er ihn 1961 zum UNO-Repräsentanten in Katanga im Kongo machte, doch ihm gefiel die Sammlung von Essays über katholische Schriftsteller, die O'Brien verfasst hatte.

Die Variablen waren von Meriten bis Nationalität (jedoch nicht Geschlecht) vielfältig, wenn Personen angestellt werden sollten. Auch wenn Hammarskjöld behauptete, die Beamten müssten im Verhältnis zu ihren Regierungen unabhängig sein, war er natürlich gezwungen, die Herkunft seiner Untergebenen zu berücksichtigen. Große Nationen konnten sich übervorteilt fühlen, wenn sie in der höheren Beamtenschicht nicht adäquat vertreten waren, und zögerten nicht, sich beim Generalsekretär zu beklagen. Das bedeutete, dass er auch nicht zu wählerisch sein durfte – ein Teil seiner Mitarbeiter entstammte Diktaturen und konnte Blut an den Händen haben.

Im Januar 1956 machte Hammarskjöld eine Tour durch fünfzehn Mitgliedsländer. Hier besucht er eine Vorschule vor den Toren Jerusalems, in der die meisten Kinder neu aus dem Jemen eingewandert waren. Während der Suez-Krise sollte er Israel noch weitere Besuche abstatten.

Andy, Mike, Brian, Ralph, Hans, George und die anderen Männer um Hammarskjöld teilten sein starkes Pflichtgefühl, sonst wären sie niemals in seinen magischen Kreis vorgelassen worden. Einige von ihnen waren herausragende Intellektuelle, entweder als Wissenschaftler oder als Schriftsteller, manche von ihnen mit Kriegserfahrung aus dem Zweiten Weltkrieg. Allesamt waren sie liberal und weitsichtig und standen sowohl dogmatischem Marxismus wie auch primitivem Antikommunismus distanziert gegenüber. Doch stammten sie fast ausschließlich aus der skandinavischen und angelsächsischen Welt, was zunehmend ins öffentliche Bewusstsein kam, je mehr die UNO sich der Probleme der Entkolonialisierung annahm.

Die Ruhe nach Hammarskjölds Vermittlungsreise in den Nahen Osten währte nicht lange. Am 26. Juli 1956 hatte Nasser das französisch-britische Unternehmen, das seit 1869 den Suezkanal betrieb, nationalisiert. Die Reaktionen in Großbritannien und Frankreich waren heftig: Nasser sei ein neuer Hitler, der gestoppt werden müsse. Die Nationalisierung erzeugte keine unmittelbare Reaktion Hammarskjölds. Seiner Meinung nach war dies keine Frage für die UN, und außerdem war man vollauf damit beschäftigt, das Waffenstillstandsabkommen zwischen Israel und der arabischen Welt aufrechtzuerhalten. Doch im Sommer 1956 ging der Konflikt in ein Säbelrasseln über: Großbritannien und Frankreich drohten Nasser, und die Sowjetunion warnte ihrerseits die europäischen Kolonialmächte, dass man im Falle eines Konfliktes die Partei Ägyptens ergreifen würde. Als die Suez-Frage Anfang Oktober in den Sicherheitsrat kam, hieß es wieder: »Überlass das mal Dag.« Hammarskjöld versprach, die Verhandlungen zwischen den Außenministern von Ägypten, Frankreich und Großbritannien zu begleiten.

Was er zu dem Zeitpunkt noch nicht wusste, war, dass Großbritannien, Frankreich und Israel bereits die Pläne für einen Angriff auf Ägypten fertig hatten. Für die europäischen Großmächte ging es nicht nur um den Kanal – der ja trotz allem offen war –, sondern auch darum, sich in der Dritten Welt Respekt zu verschaffen, wo Nassers forsches Auftreten vielerorts bewundert wurde. Für Israel wiederum stellte Ägypten eine stetige Bedrohung dar. Im Oktober planten die Militärführungen der drei Länder die »Operation Musketier« mit israelischen Angriffen zu Land im Sinai und französisch-britischer Invasion am Suezkanal aus der Luft.

Aber Hammarskjöld verhandelte weiter, vielleicht nicht in aller Ruhe, so doch in bester Zuversicht. Anfang Oktober erhielt er einen freundlichen Brief von Ben-Gurion, der ihn zu einem Besuch in Israel aufforderte, auf dass man die »lehrreichen Gespräche« wieder aufnehmen könne. Sollte er darüber hinaus »die Gegenseitigkeit im Waffenstillstandsabkommen wie-

Nächste Seite: Am 29. Oktober 1956 begannen Frankreich, Großbritannien und Israel die »Operation Musketier«, um die Kontrolle über den Suezkanal zurückzuerlangen. Hammarskjöld, der sowohl von den USA als auch von der Sowjetunion unterstützt wurde, gelang es, das französische und britische Veto im Sicherheitsrat zu umgehen und die Unterstützung der Generalversammlung für eine UN-Intervention zu erlangen.

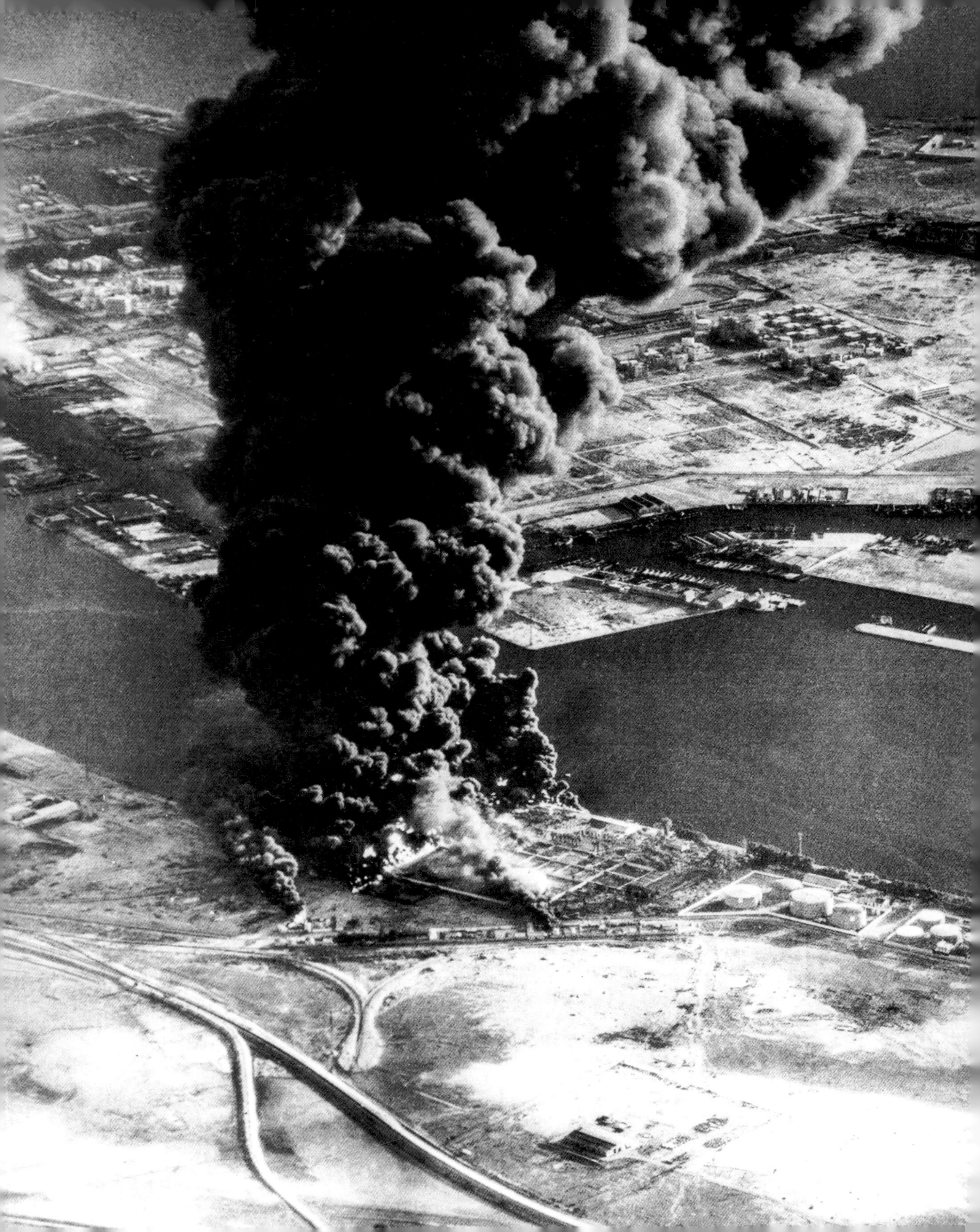

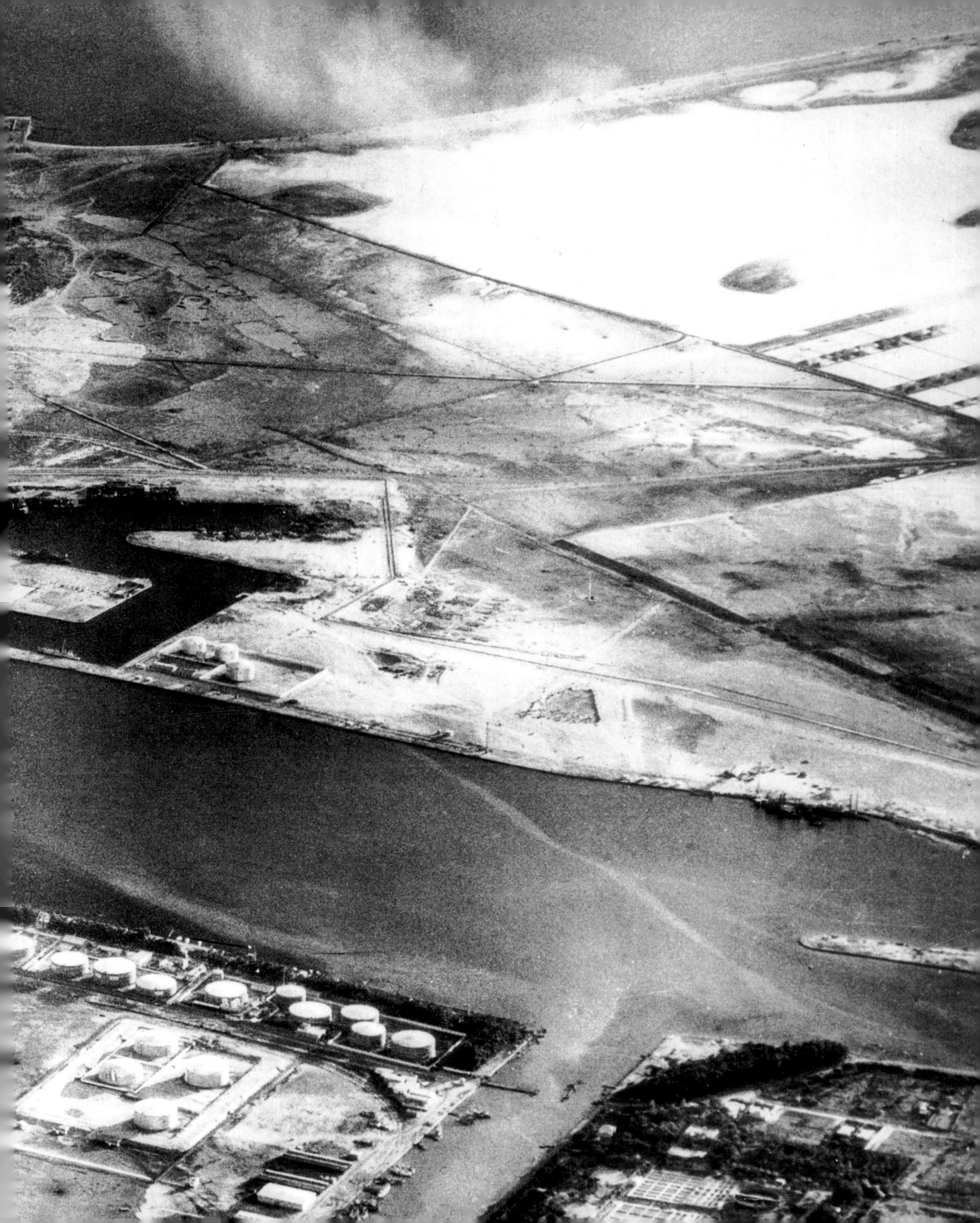

derherstellen« können, dann hätte er etwas Großes geleistet. Selbst wenn der Wunsch des Premierministers, Hammarskjöld zu treffen, vielleicht aufrichtig war, so handelte es sich doch auch um eine unverschämte Methode, die geplante Invasion Ägyptens vor dem UNO-Chef zu verheimlichen.

Doch Hammarskjöld glaubte, eine Lösung durch Verhandlung sei absehbar. Am 20. Oktober schrieb er etwas übermütig an Bo Beskow: »Suez ist mein drittes Kind geworden. Die Eltern kamen in einem Zustand großer Ratlosigkeit und eines gewissen Zorns hierher. Gott weiß, wie, aber das Kind schreit jetzt weniger, und ich werde es, mit guter Hilfe, vielleicht sogar noch das Laufen lehren können.«

In der letzten Oktoberwoche spitzte sich die internationale Situation noch mehr zu. Am Abend des 23. Oktober hatte eine Volksmenge von zweihunderttausend Menschen auf dem Heldenplatz in Budapest angefangen, anti-sowjetische Parolen zu rufen, und eine Stalin-Statue umgeworfen. Am folgenden Tag breitete sich der Aufruhr über ganz Ungarn aus. Es wurden Revolutionskomitees gegründet, kommunistische Symbole wurden heruntergerissen und sowjetische Truppen, die versuchten, die Ordnung wiederherzustellen, wurden mit Molotowcocktails zurückgedrängt.

Einige Tage später, am 29. Oktober, leitete Israels Oberbefehlshaber Moshe Dayan die »Operation Musketier« damit ein, dass er 65 Kilometer vom Suezkanal entfernt Fallschirmjäger abspringen ließ und mit Infanterie durch den Sinai marschierte – eine Aktion, die mit der französischen und der britischen Regierung abgesprochen war. Aus London und Paris kam ein gut vorbereitetes, gemeinsames Ultimatum, das verlangte, dass Israel und Ägypten die Feindseligkeiten einstellten und um den Suezkanal einen Korridor einrichteten, der von französischen und britischen Truppen besetzt werden solle.

Hier offenbarte sich eine Schwäche dieses Planes. Die drei Musketiere des Alexandre Dumas waren in Wirklichkeit vier – und man hatte vergessen, den kraftvollen, aber jugendlichen D'Artagnan mitzuzählen. Zum großen Erstaunen der Franzosen und vor allem der Briten machten die USA gemeinsame Sache mit der Sowjetunion und weigerten sich, das Ultimatum zu unterstützen. Stattdessen legte der amerikanische UN-Botschafter einen Vorschlag vor, nach dem der Sicherheitsrat den Rückzug Israels fordern solle. Als Folge davon taten Großbritannien und Frankreich etwas Sensationelles: Man legte ein Veto gegen die USA ein.

Dag Hammarskjöld war zutiefst schockiert. Großbritannien war das Land auf der Welt, das er am meisten respektierte und mit dem er sich am stärksten identifizierte. Ihn empörten sowohl das betrügerische Verhalten wie auch die nackte Aggression. Als der Sicherheitsrat am folgenden Tag zusammengerufen wurde, klagte er Großbritannien und Frankreich an, gegen die UN-Statuten verstoßen zu haben, und er tat es auf eine Weise, die so interpretiert werden konnte, als würde er sein Amt zur Verfügung stellen:

> Ein Generalsekretär kann unter keiner anderen Voraussetzung arbeiten, als dass alle Mitgliedsstaaten – innerhalb der unvermeidlichen Grenzen, die menschliche Schwäche und ehrliche Meinungsverschiedenheiten mit sich bringen – ihr Versprechen, alle Artikel der Statuten zu achten, einlösen [...] Sollten die Mitglieder eine andere Auffassung von den Pflichten des Generalsekretärs haben als die hier genannten, welche den Interessen der Organisation besser dienen würden, ist es ihr offenkundiges Recht, danach zu handeln.

Der UN-Botschafter Großbritanniens protestierte: es sei kein *Fair Play*, mit einem Rücktritt zu drohen. Hammarskjöld wies bissig darauf hin, dass die

Als das UN-Gebäude errichtet wurde, war ein kleiner dunkler Raum für die geistlichen Bedürfnisse der UN-Mitarbeiter vorgesehen gewesen. Hammarskjöld engagierte sich für dessen Renovierung und schuf einen neuen Meditationsraum mit einem schweren, altarähnlichen Block aus schwedischem Eisenerz in der Mitte und einem Wandfries des schwedischen Künstlers Bo Beskow.

Briten etwas spät auf die Idee kämen, ein faires Spiel einzufordern, nachdem sie im Geheimen die Invasion eines anderen Mitgliedslands der UNO vorbereitet hätten. Gegen die Proteste von Briten und Franzosen beschloss der Sicherheitsrat, dass die Suez-Frage getreu der Acheson-Resolution an die Generalversammlung übergeben werden solle.

Während einer Unterbrechung der intensiven Diskussion über Suez und Ungarn im Sicherheitsrat, fand Hammarskjöld die Zeit, den Fahrstuhl nach unten in den Meditationsraum im Erdgeschoss des UN-Gebäudes zu nehmen. Dieser unansehnliche und finstere Raum, der – wie auf Flugplätzen – für die geistlichen Bedürfnisse der Angestellten und der Diplomaten vorgesehen war, war gerade im Umbau. Hammarskjöld war selbst in die Planung einbezogen und verfolgte alle Details engagiert. Am Ende sollte ein 6,5 Tonnen schwerer Eisenerz-Block aus Grängesberg in der Mitte des Raumes stehen und eine Wand mit einem Fries von Bo Beskow bedeckt sein. Hammarskjölds Einweihungsrede rührte an seinen grundlegenden Gottesglauben:

> … der Stein in der Mitte des Raumes hat mehr zu erzählen. Wir sollten ihn als einen Altar sehen, der leer ist, und zwar nicht, weil es keinen Gott gäbe oder weil es ein Altar für einen unbekannten Gott wäre, sondern weil es eine Huldigung an jenen Gott ist, den viele unter vielen verschiedenen Namen und in vielen verschiedenen Formen verehren.

Dies war nur einer von zahlreichen Einsätzen für die Kultur, die Hammarskjöld während seiner Zeit als Generalsekretär unternahm. Trotz – oder vielleicht gerade wegen – seiner intensiven Arbeitsbelastung, verwendete er viel Kraft auf Literatur und Kunst. Im Herbst 1955 hatte er im Auftrag von Karl Ragnar Gierow, dem damaligen Chef des »Dramaten« in Stockholm, der Witwe des amerikanischen Dramatikers Eugene O'Neill einen Besuch abgestattet. Gierow hatte auf irgendeine Weise erfahren, dass es im Nachlass von O'Neill unveröffentlichte Stücke gäbe, und wollte diese in seinem Theater auf die Bühne bringen. Hammarskjöld lockte die Witwe schamlos damit, dass er sie zusammen mit Greta Garbo und dem britischen Poeten W. H. Auden zum Abendessen einlud. Das Manöver gelang, und am 12. Februar 1956 hatte *Eines langen Tages Reise in die Nacht* in Stockholm Premiere. Hammarskjöld, der mit dem Nahen Osten alle Hände voll zu tun hatte, konnte die Inszenierung nie sehen, doch Gierow war ihm zutiefst dankbar und rief seinen Freund zum »besten Theateragenten der Welt« aus.

Hammarskjöld lud auch zu anderen, weniger instrumentalisierten Abendessen an der Park Avenue ein, bei denen er Künstler und Schriftsteller mit Diplomaten und Politikern zusammenbrachte, darunter Carl Sandburg, John Steinbeck, Gabriela Mistral, Djuna Barnes und George Kennan. Er nutzte auch seinen Einfluss, um den Lyriker Ezra Pound zu befreien. Pound war seit dem Ende des Zweiten Weltkriegs in ein psychiatrisches Krankenhaus eingesperrt, nachdem er aufgrund seines Antisemitismus und seiner Sympathien für Mussolini wegen Landesverrats verurteilt worden war. Der kontroverse Poet war dankbar, wollte aber Hammarskjöld keine weiteren Schwierigkeiten machen. »Ich will ihm keine Blechdose hinten anhängen«, erklärte er. Hammarskjöld meinte dann auch, dass Pound aufgrund seines Antisemitismus unmöglich ein Kandidat für den Nobelpreis sein könne.

Ein Teil dieser Bemühungen um die Kultur unternahm er wahrscheinlich im Pflichtgefühl gegenüber der Schwedischen Akademie. Doch oft geschah es auch einfach aus Lust und dem kreativen Willen, der auf paradoxe Weise durch seine Ernennung zum UN-Chef erwacht war. Irgendwann im Laufe seines letzten Jahres in Schweden, als er sich über seine zukünftige Laufbahn Gedanken gemacht hatte, hatte ihm der Freund Gunnar Myrdal während eines Mittagessens im schwedischen Regierungssitz Rosenbad vorgeschlagen, dass Dag doch die Beamtenlaufbahn verlassen und Schriftsteller oder Wissenschaftler werden könne. Hammarskjöld winkte ab – das war nicht seine Berufung. Dennoch hatte er sich während der Suez-Krise begeistert in eine Übersetzungsarbeit gestürzt. Er half dem schwedischen Lyriker

Hammarskjöld schreitet 1958 am Flughafen von Addis Abeba die äthiopische Wache zu seinen Ehren ab. Er war dort, um die neue Wirtschaftskommission der UNO für Afrika einzuweihen, eine Region, die in Zeiten der Entkolonialisierung immer wichtiger geworden war. Dort traf er auch den äthiopischen Kaiser Haile Selassie, den »siegreichen Löwen aus dem Stamme Juda«.

Nächste Seite:
Hammarskjöld im Dezember 1958 in Gaza zusammen mit dem Grenadier Khali Ram und Korporal Shee Nahrain, die zu einem indischen UN-Bataillon gehörten. Die Gründung friedensbewahrender Truppen im Zusammenhang mit der Suez-Krise 1956 war für die Weltorganisation ein Durchbruch gewesen. Hammarskjöld, der seinen Wehrdienst in Schweden ohne Waffe absolviert hatte, wurde nun zum General der blauen Baskenmützen der UN, die in den Konfliktregionen der Welt »Präsenz« etablieren sollten.

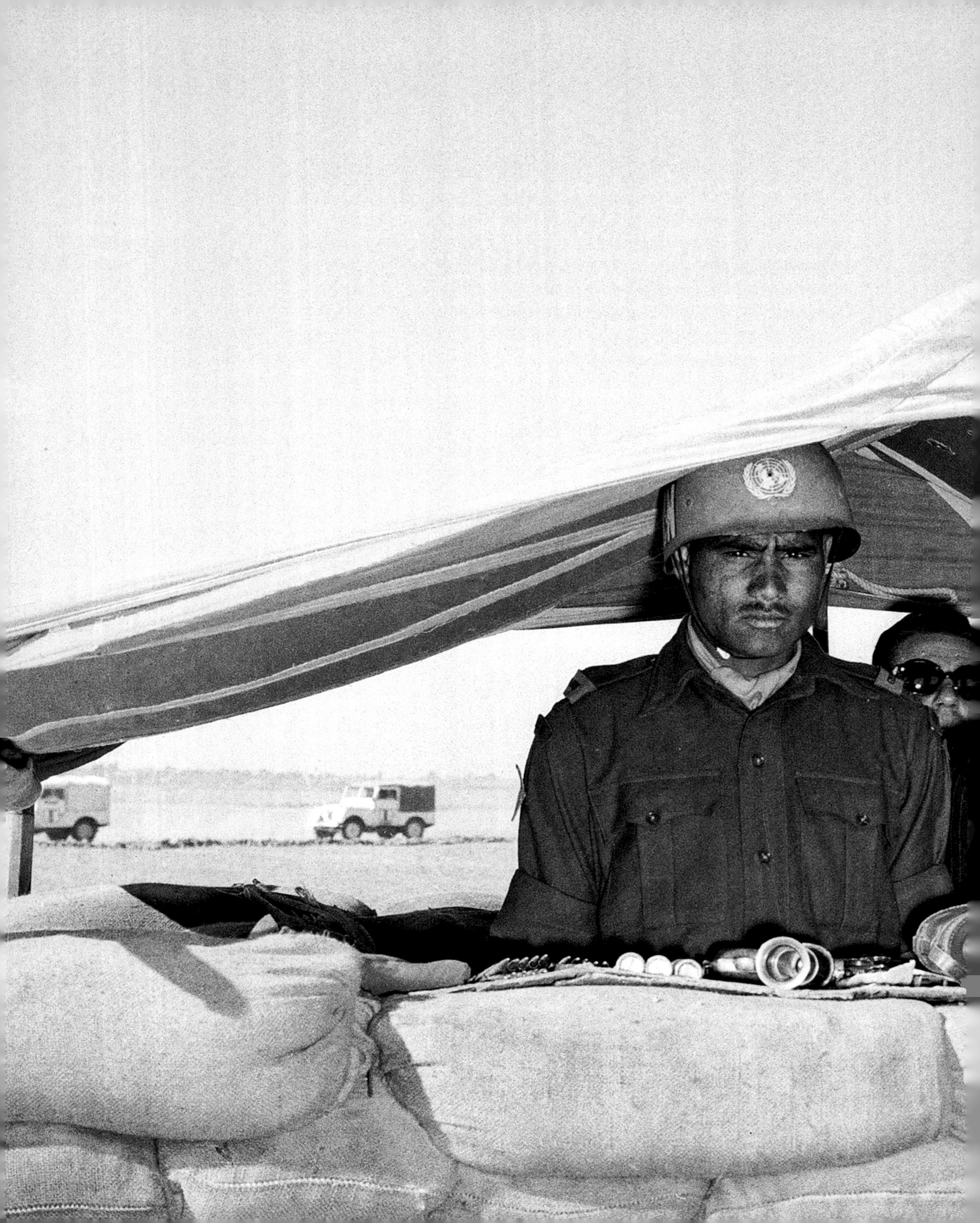

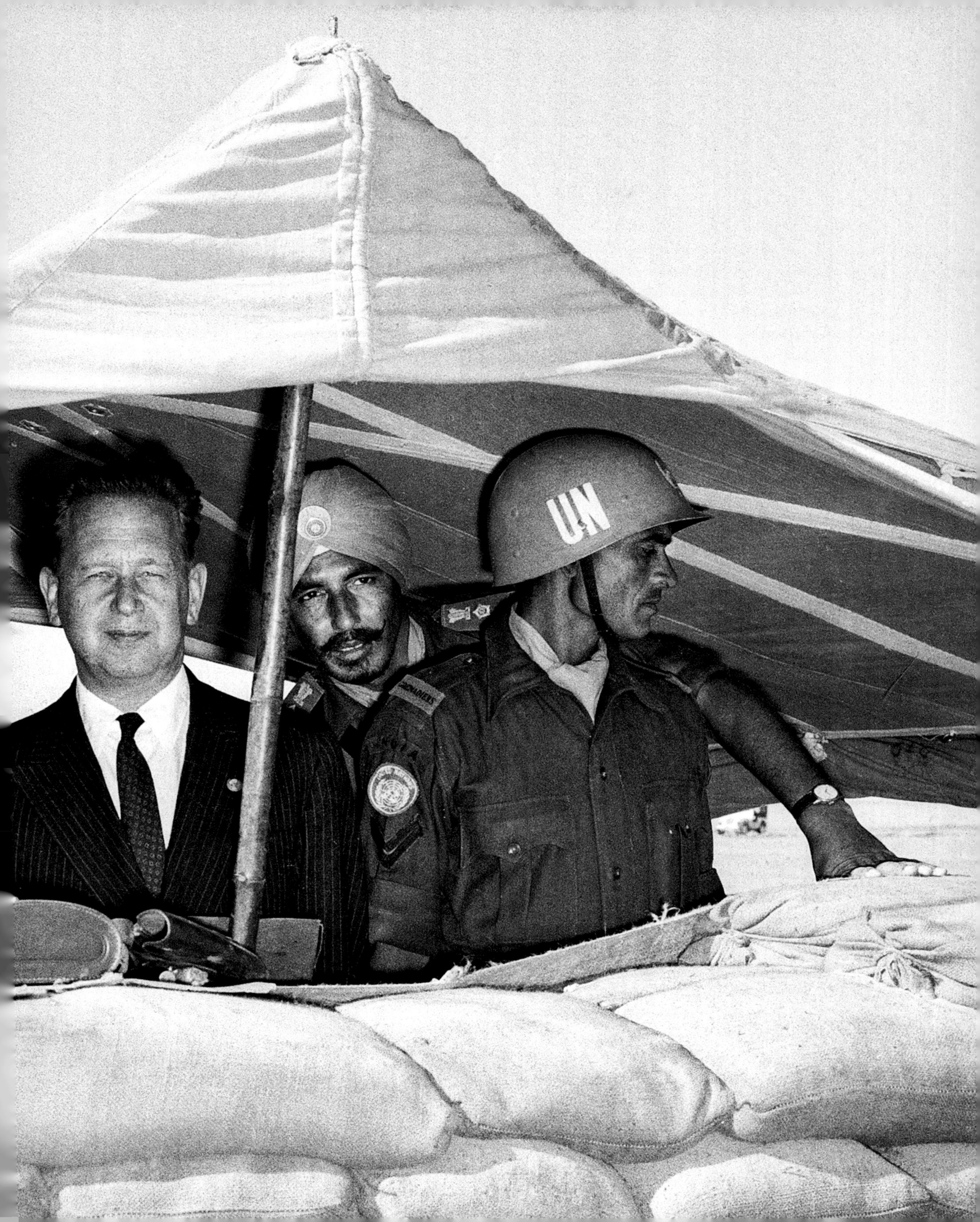
UN

Erik Lindegren, Saint-John Perse zu übersetzen. Hammarskjöld war begeistert von der Aufgabe – der französische Diplomat war einer seiner Lieblingsdichter – und füllte Seite um Seite mit Kommentaren und Vorschlägen, die er an Lindegren schickte, der so womöglich mehr Anregungen erhielt, als er sich ursprünglich einmal gewünscht hatte. Die Arbeit geschah in Hotelzimmern, in ruckeligen Flugzeugen und, vielleicht besonders beeindruckend, in den Pausen, während er auf die Übersetzungen laufender Debatten im Sicherheitsrat wartete.

Hammarskjöld hatte im Laufe seines Lebens schon ungeheure Mengen Text produziert. »So rollt das Leben weiter auf einen neuen Winter der Wortproduktion zu«, seufzte er schon als 27-jähriger Beamter in Schweden. Er hatte eine wissenschaftliche Abhandlung in Wirtschaftswissenschaften verfasst, als schwedischer Staatsbediensteter Unmengen von Aktennotizen und Berichten geschrieben, dazu eine Handvoll mehr oder weniger politikwissenschaftlicher Zeitschriftenartikel. Auch wenn die Gedankengänge darin oft interessant gewesen waren, so brillierten sie kaum durch stilisti-

Zu Besuch bei Freund Bo Beskow in Skåne. Seit Hammarskjöld in den Vierzigerjahren einen Fahrradurlaub auf Österlen verbracht hatte, war er in die Landschaft von Skåne verliebt gewesen. Während seiner Zeit als UN-Chef war er oft zusammen mit Beskow, dessen Frau Greta, Bill Ranallo und anderen Freunden dort.

sche Eleganz. Seine Syntax war oft verkrampft, die eingeschobenen Nebensätze unendlich lang und die Argumentation schwer nachzuvollziehen. »Es ist verständlich, wenn ein Mann, der zwischen dem Rotwelsch der Diplomaten, der Sprache der Politiker, der pedantischen Exaktheit der Juristen und dem lapidaren Stil der Autoren von Pressemitteilungen steht, sich manchmal in wechselnden Verbformen und im Wirrwarr der Wortwahl verirrte«, meinte ein Journalist, der ansonsten große Stücke auf Hammarskjöld hielt.

Doch war etwas geschehen, seit er UN-Chef geworden war. Gewiss fuhr er fort, Mengen von juristisch präzisen, aber umständlichen Dienstdokumenten für den internen Gebrauch zu verfassen. Doch die neue Möglichkeit – oder eher die Aufgabe –, zu einem breiteren Publikum über existenzielle, moralische und kulturelle Angelegenheiten zu sprechen, erlaubte es ihm, eine andere Seite seiner selbst zu offenbaren. Er wurde eingeladen, in Universitäten, Museen und vor ideellen Vereinigungen über den politischen und moralischen Auftrag der UNO zu sprechen, und konnte seine ungeheure Vertrautheit mit der Weltliteratur auf eine freie, aber präzise Weise nutzen.

Die Mitarbeit an Lindegrens Perse-Übersetzung scheint ein weiterer Schritt auf dem Weg zu einer größeren stilistischen Sensibilität gewesen zu sein. Bald darauf fertigte er eigene Übersetzungen an: Teile der Gedichtsammlung *Chronique* von Saint-John Perse und Ausschnitte aus einem Stück von Djuna Barnes mit dem Titel *Antiphone*, das im Dramaten auf die Bühne kam. Vermutlich ist auch *Zeichen am Weg* ein Ergebnis dieser Veränderung. Auch wenn die ersten Texte schon in den Zwanzigerjahren entstanden, so wurden sie im Nachhinein von ihm bearbeitet. »Nur die Hand, die ausstreicht, kann das Rechte schreiben«, lautet das Motto auf dem Vorsatzblatt, das er bei dem Dichter Bertil Malmberg entliehen hat. Die schönsten Texte sind überdies die Haikus, die Ende der Fünfzigerjahre entstanden.

Der Kontrast zwischen dem Beamten und dem Dichter mag erstaunen. Doch vielleicht liegt auch eine Logik dahinter. Auch die Sprache war strengen Anforderungen an Integrität unterworfen: »Respekt vor dem Wort« war laut Hammarskjöld »eine erste Bedingung in der Disziplin, durch die ein Mensch zur Reife erzogen werden kann – intellektuell, emotional und moralisch«. Als Machthaber und Repräsentant des schwedischen Staates oder der UNO sah er sich einer äußerlichen, durch komplexe politische Umstände geformten Forderung nach Wahrhaftigkeit gegenübergestellt. Als Privatperson und Dichter hingegen war es seine Aufgabe, Gedanken und Geisteszustände poetisch so wirkungsvoll wie möglich zu gestalten.

Am 6. November 1956, dem Tag nach dem Überfall auf Suez, gab es aus aller Welt Proteste gegen Frankreich und Großbritannien. Im britischen Unterhaus erklärte der Labour-Vorsitzende Hugh Gaitskell, der Angriff sei »eine Tat von katastrophaler Idiotie« gewesen. Viele Länder der Dritten Welt hatten während der Verhandlungen eine abwartende Position eingenommen, doch nun erwachte der antikolonialistische Zorn in Pakistan. In Lahore demonstrierten dreihunderttausend Menschen, und die britische Botschaft in Karachi wurde niedergebrannt. In den USA und den übrigen Ländern des Westens, bei denen die »drei Musketiere« zumindest auf widerwilliges Verständnis hätten hoffen können, war man der Ansicht, dass Großbritannien und Frankreich der Sowjetunion direkt in die Hände gespielt hätten.

Doch die UN-Maschinerie war ebenfalls in Gang gesetzt. Dies sollte Dag Hammarskjölds härteste Arbeitswoche in seiner intensiven Zeit bei den Vereinten Nationen werden. Schwedische Journalisten, die sich vor Ort im UNO-Hauptquartier befanden, rechneten aus, dass der Generalsekretär während der 110 Stunden dieser schlimmsten Konfliktphase höchstens zehn Stunden schlief. Leibwächter Bill Ranallo fuhr ihn mitten in der Nacht nach Hause in seine Wohnung an der Park Avenue, wo er sich mit Bachs Brandenburgischem Konzert Nr. 6 zur Ruhe brachte, um dann ungefähr 90 Minuten zu schlafen, ehe er den nächsten Arbeitstag begann.

Bo und Greta Beskow wurden in vieler Hinsicht ein Ersatz für die Familie, die Hammarskjöld selbst nicht hatte. Hier mit Greta und Beskows Tochter Maria, deren Patenonkel Dag war.

Mit Unterstützung der Generalversammlung, wo die Suez-Frage nun gelandet war, gelang es Hammarskjöld nicht nur, einen Friedensvertrag auszuhandeln, sondern auch – und das war noch sensationeller – eine Militäreinheit zu schaffen, die seine Einhaltung überwachen sollte. Die Idee der Gründung einer friedensbewahrenden UN-Truppe war von dem Kanadier Lester Pearson schon lange betrieben worden. Doch in der herrschenden Lage schien dies zu bedeuten, dass die Generalversammlung eine Umwandlung der britischen und französischen Kräfte in Suez zu UNO-Truppen sanktionierte. Dieser Vorschlag gefiel Hammarskjöld nicht. Die Länder in der Dritten Welt würden kaum akzeptieren, dass der Angriff auf Ägypten nachträglich legitimiert wurde, indem man den britischen und französischen Truppen UNO-Embleme aufklebte.

Doch er erkannte, dass es noch eine andere Möglichkeit gäbe: eine internationale Friedens- und Polizeitruppe, die aus einem Verband aus neutralen Ländern bestand. Während die Generalversammlung diese Sache noch weiterhin diskutierte, begann er seine Einsatzkräfte mit Truppen aus Schweden, Norwegen, Indien, Kolumbien, Brasilien und aus dem Iran zusammenzustellen. Am 7. November errang er die Genehmigung seiner Pläne durch die Generalversammlung, und die United Nations Emergency Force (UNEF) war offiziell vom Stapel gelaufen.

Die ersten Einheiten kamen am 15. November, nur zehn Tage nach Ausbruch der Streitigkeiten, nach Ägypten. Tags darauf landete Hammarskjöld als ein Feldherr des Friedens an der Spitze eines Kontingents kolumbianischer UNO-Soldaten am Suezkanal. Da es nicht ausreichend Baskenmützen gab, denen man die blaue UNO-Farbe verpassen konnte, hatte man die Truppe mit amerikanischen Helmen ausgestattet, die mit Sprühfarbe lackiert und per Swissair nach Ägypten geflogen worden waren – man hoffte, dass die Neutralität der Schweizer die Gefahr, dass die Ägypter sich durch diese Aktion provoziert fühlen könnten, minimierte.

In Ungarn lief es nicht ebenso gut für die UNO. Anfänglich hatten die Westmächte sich zurückgehalten, um die Sowjetunion nicht zu reizen. Doch nach ein paar Tagen schlug die Rote Armee mit aller Gewalt zu. Wieder wurde dies eine Frage, die man nur zu gern Dag überließ. Hammarskjöld kritisierte die Sowjetunion heftig und verlangte, dass die UNO Beobachter nach Ungarn schicken dürfe. Doch zu der Zeit hatten die Russen bereits alles unter ihrer Kontrolle, und die neue sowjettreue Regierung in Budapest antwortete höflich, dass man die Repräsentanten der UNO gern in Rom oder woanders treffen, sie aber nach Ungarn nicht hineinlassen würde. Hammarskjöld verteidigte seine kritische Haltung gegenüber Russland einige Wochen später vor einem amerikanischen Journalisten:

Nächste Seite:
Der Hof der Beskows lag in der Nähe des Naturschutzgebietes Sandhammaren, wo Dag gern die Strände entlangwanderte.

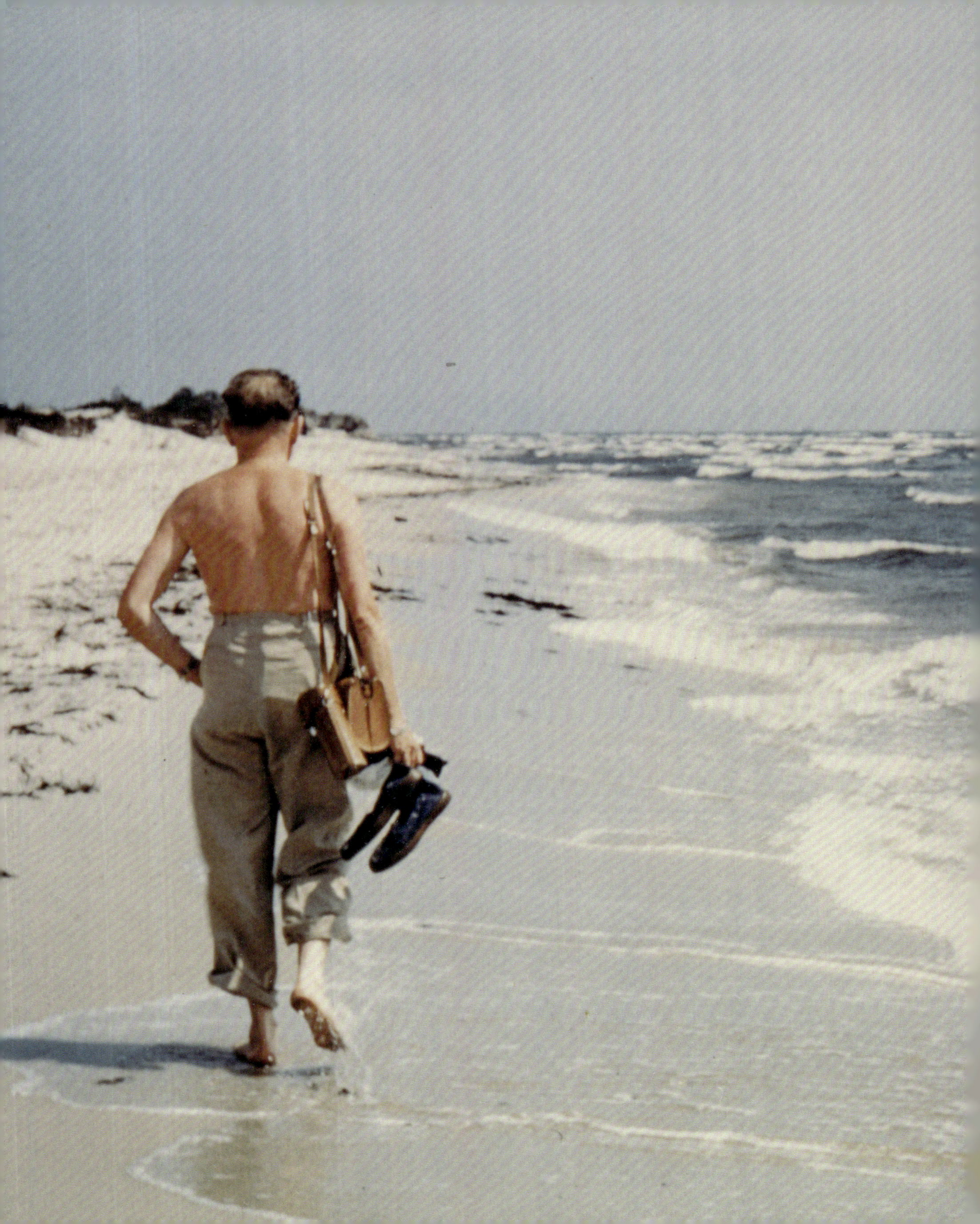

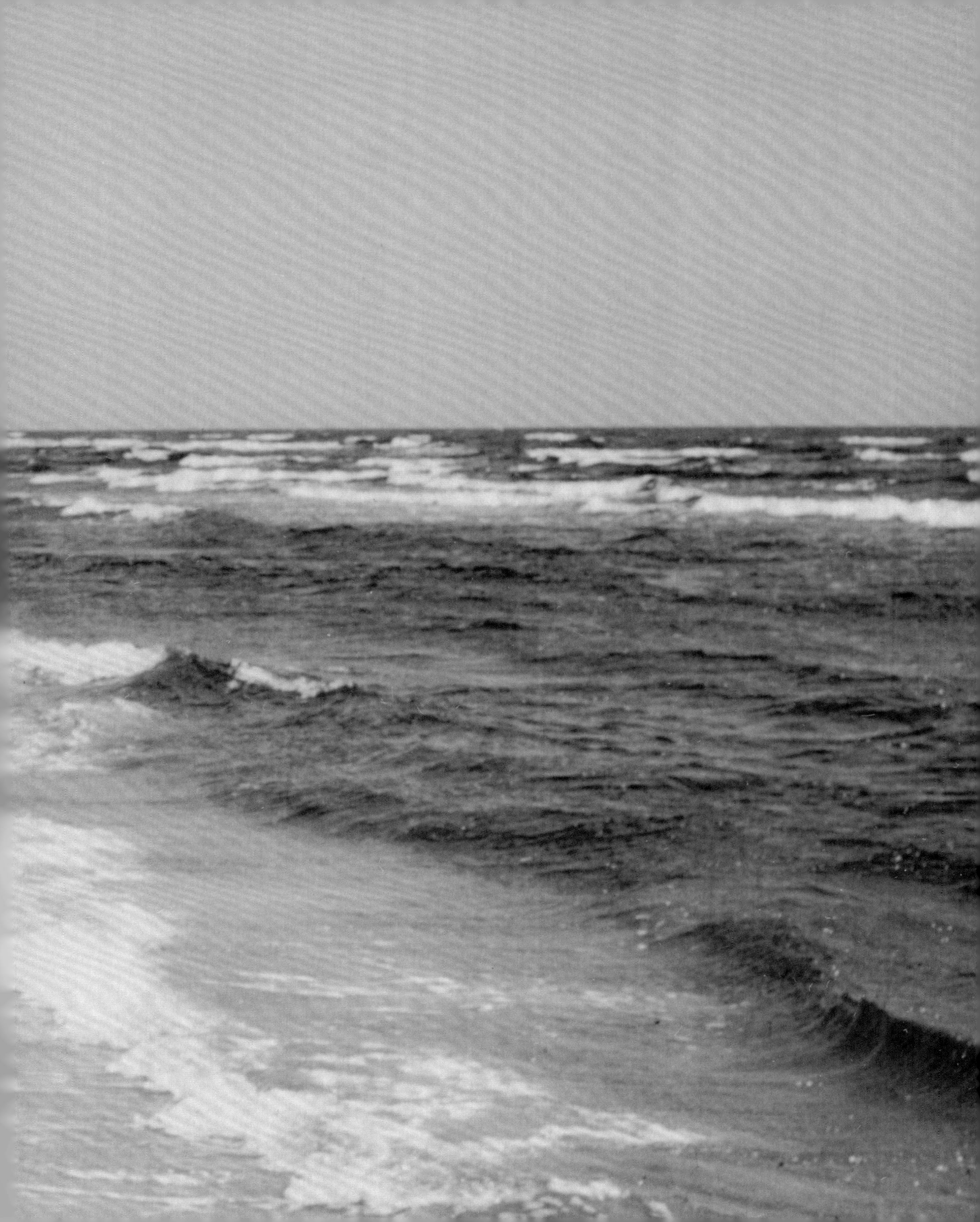

Ich bin bereit, ein politisches Scheitern als Generalsekretär zu riskieren, solange es auch die geringste Möglichkeit eines Erfolgs gibt. Doch wenn ich zum Handeln gezwungen werde, weil diejenigen, die wirklich die Verantwortung tragen, der Wirklichkeit nicht ins Gesicht sehen wollen, muss ich eine Warnung aussprechen. Politisch ist der Generalsekretär ein Gebrauchsgegenstand, und soll es auch sein, doch darf er nicht verbraucht werden, weil jemand anders nicht selbst bezahlen will.

Die Suez-Krise veränderte die Dynamik zwischen der UNO und den Großmächten. Der Konflikt innerhalb der westlichen Allianz schuf der Weltorganisation neuen Raum zum Agieren in internationalen Krisen. Auch die Sowjetunion profitierte von dem westlichen Zerwürfnis, doch war ihr Ansehen gleichzeitig von der laufenden Krise in Ungarn beschädigt. Die einzigen klaren Sieger – wenn das nun das richtige Wort ist – waren David Ben-Gurion und Dag Hammarskjöld. Israel hatte Ägypten eine militärische Niederlage zugefügt, die Nasser für sehr lange Zeit davon abhalten sollte, den jüdischen Staat anzugreifen. Und Dag Hammarskjöld stand ein weiteres Mal als Retter des Weltfriedens da. Außerdem hatte die Generalversammlung ihn mit neuen Befugnissen versehen, die weit über die der ursprünglichen UN-Statuten hinausgingen. Der Sekretär war zum General geworden.

Als höchster Beamter der UN konnte Dag Hammarskjöld Schweden keinerlei Vorteile verschaffen. Deshalb verärgerte es ihn sehr, wenn er, unterwegs bei einem UN-Auftrag, von einem schwedischen Botschafter am Flughafen begrüßt wurde, denn das hätte ja so gedeutet werden können, dass er in irgendeiner Hinsicht ein »schwedischer« Generalsekretär sei.

Dies hieß jedoch nicht, dass es ihm an Respekt für die Nation als politische Einheit mangelte. Für Hammarskjöld gab es keinen grundsätzlichen Widerspruch zwischen dem Nationalen und dem Internationalen. Der Menschheit zu dienen war eine Ausweitung der Pflicht, dem Vaterland zu dienen. Die UNO war keine überstaatliche Organisation, sondern ein Zusammenschluss souveräner Nationen, die sich freiwillig gewissen gemeinsamen Spielregeln unterworfen hatten. Die Voraussetzung für die Gemeinschaft selbst war Respekt vor den verschiedenen nationalen Kulturen.

Deshalb war es für ihn selbstverständlich, seine Wurzeln in der schwedischen Kultur hervorzuheben. In seiner ersten Rede in der Generalversammlung hatte er Karlfeldt zitiert, und eine seiner ersten Aktionen, als er die Wohnung an der Park Avenue einrichtete, war, Kontakt zur schwedischen Handwerksvereinigung aufzunehmen – sogar die Türen wurden mit schwedischen Schlössern versehen. Der Auftrag für einen Wandfries im Meditationsraum der UNO war an seinen Freund Bo Beskow gegangen. In dem multi-ethnischen New York kaufte er gern im skandinavischen Delikatessengeschäft Nyborg & Nelson ein, hier vor allem Fleischwurst.

Dags private Kontakte außerhalb der UNO waren vornehmlich schwedisch; sein Nachfolger als Kabinettssekretär im schwedischen Außenministerium Leif Belfrage und dessen Ehefrau Greta, der Bibliothekar an der Riksbiblioteket Uno Willers, Sture Petrén am Internationalen Gerichtshof in Den Haag, Per Lind, der im ersten Jahr sein Assistent gewesen und dann in den schwedischen diplomatischen Dienst gewechselt war, der Chef des Dramaten Karl Ragnar Gierow und vor allem Bo Beskow. Die Wohnung in der 73. Straße stand ihnen immer offen, und er versuchte, sie zu treffen, wenn er zu Besuch in Stockholm war. Auf Dienstreisen in Stockholm wohnte er entweder in der Übernachtungswohnung am Karlavägen, die er vom schwedischen Außenministerium mietete, oder beim Ehepaar Belfrage am Strandvägen. Er behielt sein altes Auto, einen blauen Citroën. Im Sommer besuchte er gern den Bauernhof von Bo Beskow in Löderup. Dag, der pistolenbewehrte Bill Ranallo, Beskow und seine Frau Greta badeten, spielten das Wikinger-Wurfspiel Varpa und tranken Kräuterschnaps. »Wir waren eine glückliche Familie«, erinnert sich Beskow.

Beskows Idee war es auch, dass Dag den verfallenen Hof Backåkra mit 35 Hektar Land und einer weiten Aussicht über das Meer und die Wiesen kaufen sollte, denn er fürchtete, dass der schöne Nachbarhof mit biologisch wertvoller Heidelandschaft von einem Spekulanten aufgekauft werden könnte. Der Kauf nährte Gerüchte, dass Hammarskjöld auf dem Weg zurück nach Schweden sei. Doch dieser hatte nicht vor, sofort einzuziehen. Beskow bekam den Auftrag, eine allmähliche Restaurierung zu betreiben und überdies eine künstlerisch gestaltete »Kapelle« zu errichten.

Dag hielt auch Kontakt zu Familie und Verwandten. Die Beziehung zum sechzehn Jahre älteren Bruder Bo war freundlich, aber distanziert. Bo war 1958 als Regierungspräsident von Södermanland zurückgetreten, hatte aber immer noch eine Reihe von Führungsaufgaben inne, unter anderem in Grängesberg, von wo auch der Eisenerzblock für den Meditationsraum der UNO stammte. Die »Haagjungs« waren groß geworden, Knut und Peder Hammarskjöld hatten beide die Diplomatenlaufbahn eingeschlagen und trafen ihren Onkel an unterschiedlichen Orten auf der Welt.

Mit Sten, der fünf Jahre älter war als Dag und ihm näher gestanden hatte, verband ihn eine kompliziertere Beziehung. Stens Lebensbahn verlief unsteter und mit mehr Hindernissen als die seiner Brüder, er war ein wenig der Familienrebell. Von Zeit zu Zeit musste Dag ihm Geld ausleihen oder

Dag war auch Patenonkel von Marlene, der Tochter seines Bruders Sten – eine Aufgabe, die er sehr ernst nahm, nicht zuletzt, seit sich der Bruder Mitte der Fünfzigerjahre hatte scheiden lassen.

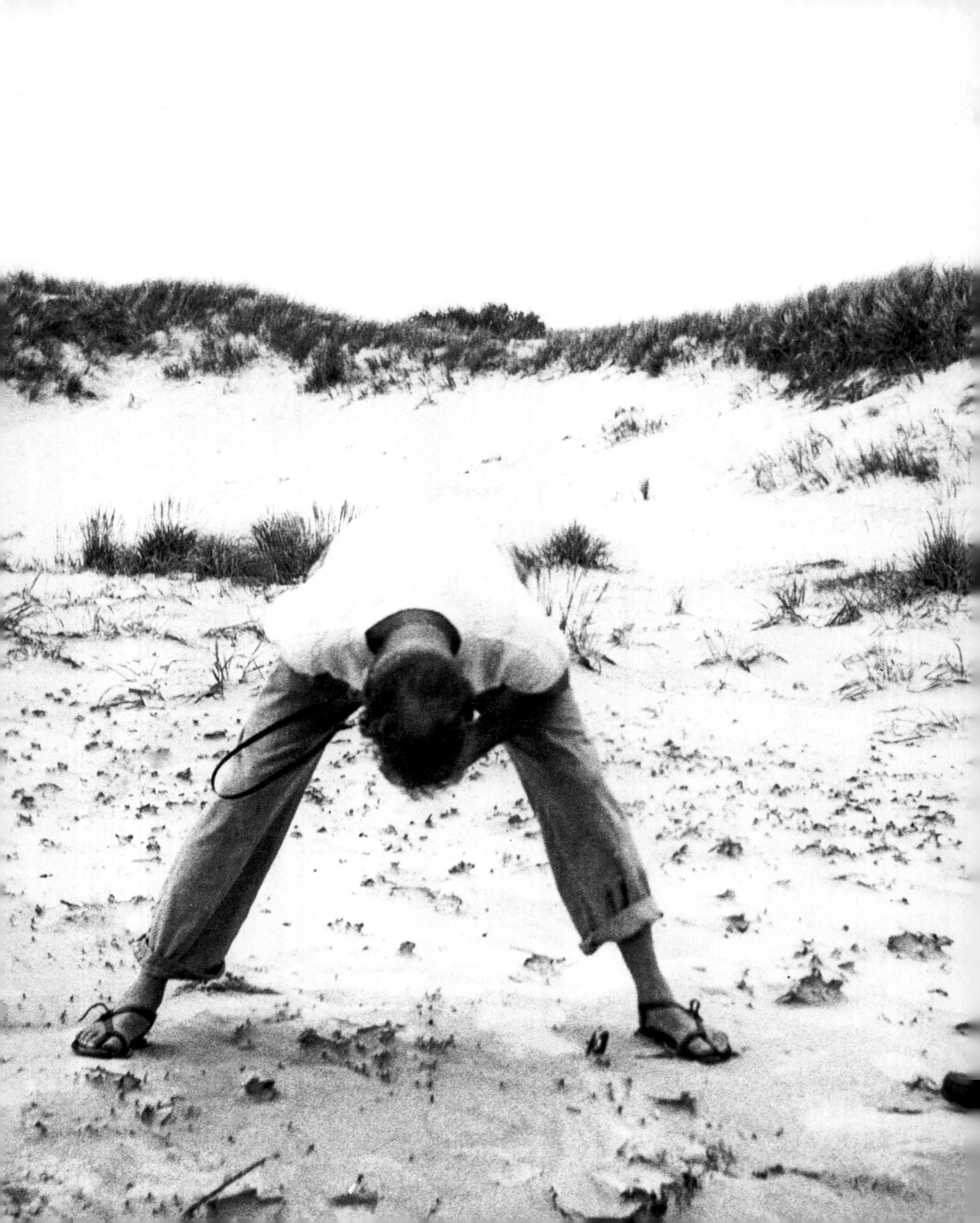

Leibwächter Bill Ranallo war nie weit von Dag entfernt. Er war ein bodenständiger, lebensfroher Mensch, dessen Loyalität zu Hammarskjöld unbestechlich war. Er mochte die Natur auf Österlen – doch auch die Gesellschaft von Bo und Greta, deren Beziehung er als Vorbild für seine eigene Ehe mit seiner Frau Toddy betrachtete.

zuschießen, damit er klarkam. Überdies empfand er eine besondere Verantwortung für Stens Tochter Marlene, deren Patenonkel er war. Sie war 1942 geboren, und die Eltern hatten sich Mitte der Fünfzigerjahre scheiden lassen. Dag besuchte sie und ihre Mutter auf Lidingö, wenn er in Stockholm war, und schickte regelmäßig Grüße und Geschenke von seinen Reisen, unter anderem ein paar silberne Schmuckstücke aus Siam. So schenkte er Marlene auch ihren ersten Teddybären – der hieß Gogo, genau wie in Kindertagen sein eigener Teddybär.

Hammarskjöld hatte einige wenige Aufgaben in Schweden. Am wichtigsten war für ihn der Stuhl in der Schwedischen Akademie. Mit seiner großen Belesenheit war er eine Bereicherung für deren bekannteste Aufgabe: die Verleihung des Literatur-Nobelpreises. Während seiner Zeit in der Akademie war er daran beteiligt, dass der Preis u. a. an Halldór Laxness, Albert Camus, Boris Pasternak und nicht zuletzt an Saint-John Perse vergeben wurde. Die Nominierung Perses, der den Nobelpreis 1960 erhielt, war ohne Zweifel das Werk Dag Hammarskjölds. Der Feierstunde selbst konnte er jedoch nicht beiwohnen. Hammarskjöld hätte beim Nobel-Diner eine Rede für den ehemaligen Diplomaten Perse halten sollen, war aber wegen eines akuten UN-Einsatzes gezwungen, fernzubleiben. Der ständige Sekretär Anders Österling musste einspringen, und Hammarskjöld segnete dessen Rede per Brief ab.

In der Schwedischen Akademie zu sitzen war für Hammarskjöld wahrscheinlich eher eine Anregung denn eine Belastung. Zeitlebens hatte er begeistert Belletristik und Lyrik gelesen – als Mitglied der Akademie konnte er dieser Leidenschaft auf höchstem Niveau und im Gespräch mit Schwedens führenden Schriftstellern und Intellektuellen frönen. Auch wenn er nicht sonderlich viele Treffen der Akademie besuchen konnte, führte er doch eine rege Korrespondenz mit einer Reihe von Mitgliedern, u. a. Eyvind Johnson, Pär Lagerkvist und Sten Selander. Er übermittelte Tipps und Vorschläge und arbeitete an Übersetzungen, wenn er meinte, eine Pause von der UN-Arbeit machen zu können.

Doch verspürte er nur selten Sehnsucht nach Schweden. Vielmehr zeugt seine Korrespondenz mit den schwedischen Freunden davon, wie sein Heimatland ihm immer fremder wurde. In den ersten Jahren schrieb er durchaus einmal, dass er »ein wenig Heimweh« verspüre. Doch die Besuche in Stockholm würden zunehmend »aufreibend«, schrieb er 1958. Der einzige Vorteil seien einige sehr wenige Freunde. Ebenso wuchs seine Unzufriedenheit mit dem schwedischen Kulturleben und dem Klima der politischen Debatte. Dass er über Herbert Tingsten, den mächtigen Chefredakteur von *Dagens Nyheter* tobte, ist vielleicht nicht verwunderlich, da dieser sich Hammarskjöld gegenüber oft kritisch zeigte. In einem Brief kommentierte er einen von Tingstens Artikeln: »Satz für Satz im Leitartikel schien mir nachgerade grotesk ein Ausdruck der mangelnden Orientierung des Autors, sowohl was Literatur als auch die internationale Debatte von heute angeht.«

So war er auch schockiert, als die Akademie dem aufstrebenden Kulturjournalisten Olof Lagercrantz den Bellmanpreis verlieh, und meinte, der Sinn des Preises sei doch nicht, »gut bezahlte Rezensenten zu belohnen, die vor langer Zeit schon aufgehört haben, Verse zu schreiben«. Noch empörter war er nach einer Serie von Reportagen, die Lagercrantz im Frühjahr 1961 geschrieben hatte. In einem Brief an Leif Belfrage polterte Hammarskjöld:

> Als ich die Sowjetartikel in *Dagens Nyheter* gesehen habe, fragte ich mich, wie sehr ein Intellektueller mit dem Ehrgeiz, »progressiv« zu sein, sich eigentlich selbst betrügen kann: Der Mensch, der behaupten kann, »1984« sei naiv und psychologisch schlecht, und das gegenüber jemandem, der das Sowjetsystem von innen gesehen hat und weiß, welches unstillbare Freiheitsgefühl dort lebt – während selbiges in unserem Konformismus offenbar gestorben ist –, der ist kriminell blind.

Hammarskjöld erinnert an die systematische Unterdrückung von Wahrheit in der Sowjetunion und fügt hinzu: »Es geht hier nicht um Kommunismus, sondern um Totalitarismus, was im Prinzip genau dasselbe ist, wogegen dieselben ›Progressiven‹ in Deutschland kämpften […]. Es ist schon seltsam, sich an der Front zu befinden und die Intelligenzija sagen zu hören, der Feind habe keine Kanonen.«

Der selbstreflektierte Hammarskjöld erkannte natürlich, dass seine zunehmende Entfremdung damit zu tun haben könnte, dass er Schweden von New York aus betrachtete:

> Niemand kann stolzer sein als ich auf alles, was in unserer Tradition wie auch im schwedischen Leben von heute schön ist. Aber ich nehme an, dass gerade der Exilant, der sozusagen unglücklich verliebt in sein eigenes Land ist, auch am tiefsten seine Defizite empfindet.

Doch es gab noch etwas Tieferes, das ihn an Schweden störte. Vielleicht war das die neue expansive Ausrichtung, die die schwedische Sozialdemokratie Ende der Fünfzigerjahre einschlug, mit ihrer Abwendung von eher konservativer Sicherheit zu einem Glauben an wirtschaftliches Wachstum und die Möglichkeiten des Staates, nicht nur Menschen vor Unheil zu schützen, sondern auch zum kollektiven Glück beizutragen.

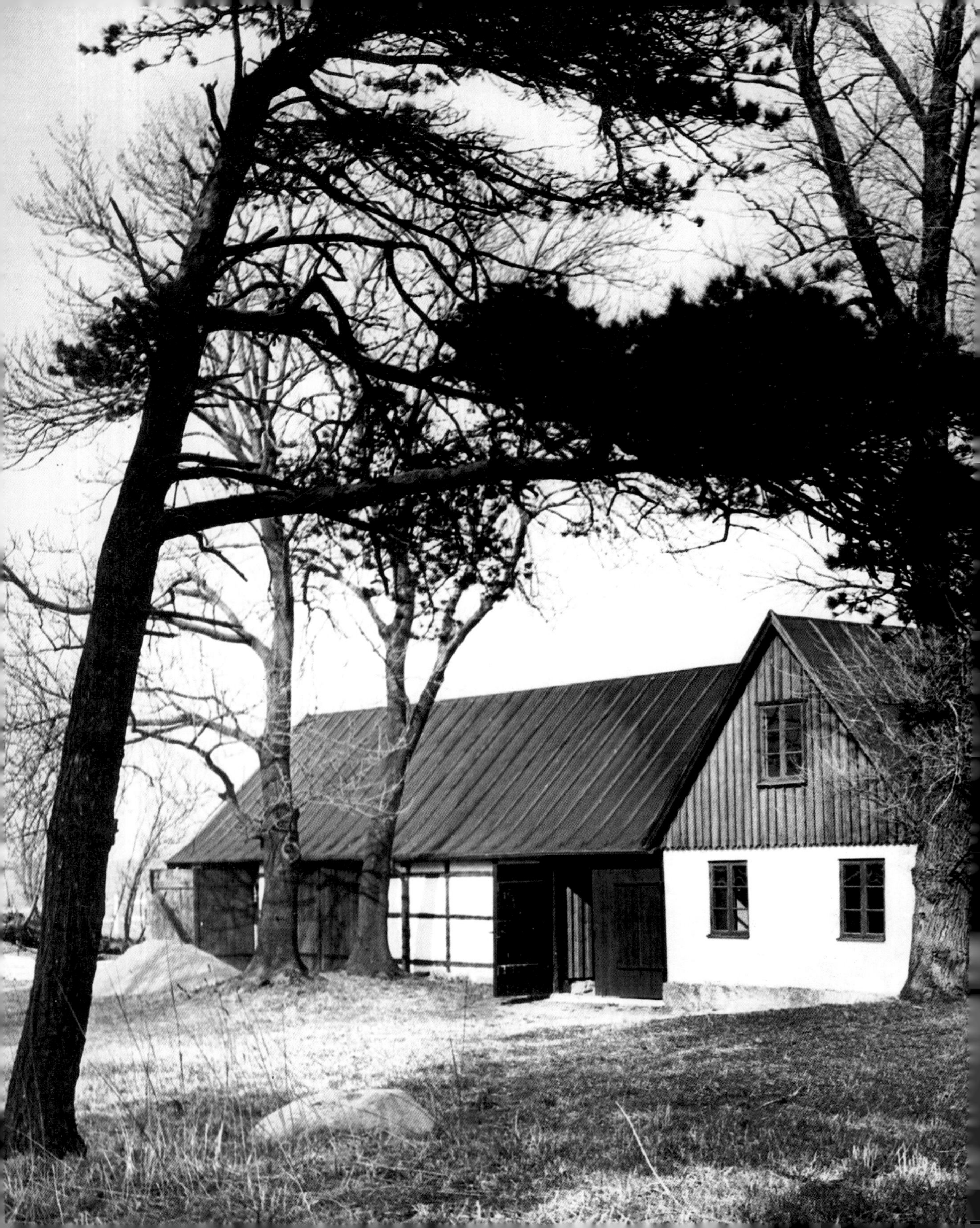

Backåkra 1962. Als Dag Hammarskjöld fünf Jahre zuvor den langgezogenen Skåne-Hof Backåkra im Naturschutzgebiet Hagestad gekauft hatte, war dieser stark verfallen. Bo Beskow sorgte dafür, dass er renoviert und eingerichtet wurde, doch Hammarskjöld konnte nicht mehr in seinem fertigen Sommerhaus wohnen. Heute wird Backåkra von einer Stiftung betrieben, die den Hof und seinen Betrieb verwaltet und versorgt.

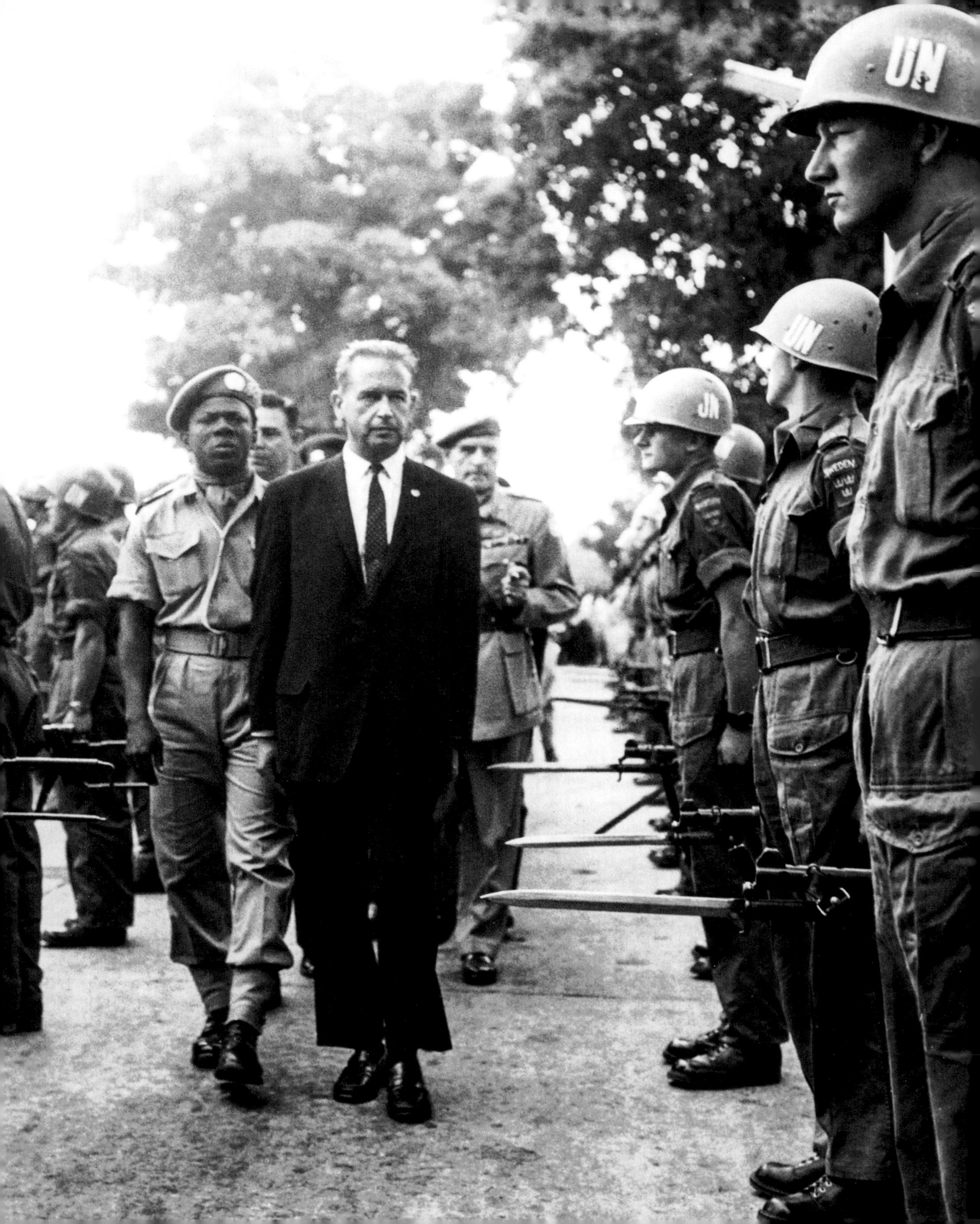
UN
UN
UN

DIE MISSION IM KONGO (LÉOPOLDVILLE)

Well! Er ist in Topform, nicht im Geringsten erschöpft (wie die schwedischen Zeitungen es von ihm behaupten), und er hat all den Dampf & die Kraft, die ihn bis hierher gebracht haben.

Bill Ranallo an Bo Beskow, Oktober 1960

Dem belgischen König Leopold II., der schon von Kindesbeinen an davon geträumt hatte, eine eigene Kolonie zu besitzen, gelang es Ende des 19. Jahrhunderts, die europäischen Großmächte zu überreden, ihm das riesige und unerforschte Gebiet in Zentralafrika, das um den Fluss Kongo liegt, zur Verwaltung zu überlassen. Leopold stellte es mithilfe des international bekannten Entdeckungsreisenden Henry Stanley so dar, dass er den Freistaat Kongo als ein philanthropisches Projekt betreiben wolle: die Einwohner würden christianisiert werden, Schutz vor brutalen arabischen Sklavenhändlern genießen und durch den besonderen Status des Kongo als Freihandelsgebiet die Früchte der wirtschaftlichen Entwicklung ernten.

Die Wirklichkeit sah dann ganz anders aus. Leopolds einzige Absicht war, so viel Reichtum wie möglich aus dem Kongo zu ziehen. Und der gewinnbringendste Rohstoff in seiner Kolonie war Kautschuk, das seit Ende des 19. Jahrhunderts in der westlichen Welt sehr gefragt war. Der Freistaat Kongo wurde in ein gigantisches Sklavenlager verwandelt, in welchem Leopolds Privatarmee *Force Publique* – die hauptsächlich aus Belgiern, aber auch anderen Europäern bestand – mit schrecklicher Brutalität die Einwohner zwang, das Kautschuk aus den langen Schlingpflanzen der Gummibäume zu sammeln. Wer die Quote nicht erfüllte, wurde hart bestraft, wer Widerstand leistete, wurde erschossen und ihm wurde die rechte Hand abgeschlagen (um Munition zu sparen, mussten die Soldaten zu jeder Kugel den Beweis erbringen, dass auch jemand damit erschossen worden war). Auch wenn unklar ist, wie viele starben – es steht die Zahl von zehn Millionen Menschen im Raum –, so besteht doch keinerlei Zweifel, dass Leopold II. für einen der schlimmsten Völkermorde der Geschichte verantwortlich war.

Einige wenige mutige Missionare und Journalisten enthüllten, was im Kongo vor sich ging. Am Ende sah sich der belgische Staat genötigt, einzu-

Im Kongo, der 1960 selbstständig geworden war, Stabilität zu schaffen, wurde zur bis dahin schwierigsten Aufgabe der Weltorganisation. Aber Hammarskjöld hatte entschieden, dass die UNO eine besondere Verantwortung für die neuen Mitgliedsländer habe, die mit dem kolonialen Erbe kämpften.

greifen und die Verantwortung für den Kongo zu übernehmen. Das stellte insofern eine Verbesserung dar, als der Kongo eine »normale« Kolonie wurde, die administrativ der belgischen Verwaltung untergeordnet war. Doch die brutale Ausbeutung ging fast unvermindert weiter. Der Kongo war nicht nur reich an Kautschuk, sondern auch an Mineralien, so vor allem in der Provinz Katanga im Südwesten, die von dem mächtigen Grubenunternehmen Union Minière du Haut Katanga beherrscht wurde. Der belgische Staat unternahm ein paar soziale Anstrengungen, auf die man ungeheuer stolz war – unter anderem wurde das Schulwesen ausgebaut. Doch insgesamt wurden die Afrikaner als nicht bildungsfähige Bürger zweiter Klasse betrachtet, und sie hatten keine Möglichkeiten, eine höhere Ausbildung zu erlangen.

Während der Fünfzigerjahre kam unter dem Eindruck der panafrikanischen Bewegung der Kampf um Selbstständigkeit in Gang. Belgien willigte widerstrebend ein, den Kongo in die Selbstständigkeit zu entlassen, und am 30. Juni 1960 überließ man das Land einer neuen, vom Volk gewählten Regierung mit dem charismatischen Patrice Lumumba als Ministerpräsidenten und seinem politischen Rivalen Joseph Kasavubu als Präsident. Doch schon die Übergabezeremonie misslang. Der belgische König Baudouin I. hielt eine selten geschmacklose Rede, in der er Leopold II. pries und die Kongolesen ermahnte, sich der Freiheit würdig zu erweisen, die Belgien ihnen nun geschenkt habe. Lumumba antwortete unmittelbar und erinnerte an die brutale Unterdrückung durch die Kolonialherren: »Wir sind nicht länger eure Affen«, erklärte er König Baudouin.

Nach nur wenigen Tagen herrschte in dem neuen Staat das Chaos. Die afrikanischen Soldaten der *Force Publique* putschten gegen ihre weißen Offiziere. Es entstand eine chaotische und panische Situation, viele flohen aus ihren Häusern und versammelten sich um die belgische Botschaft. Brüssel fasste den Beschluss, nicht nur mit den belgischen Soldaten, die sich noch im Kongo befanden, zu intervenieren, sondern auch mit neuen Truppen, die aus Europa eingeflogen wurden. Lumumba beschuldigte die belgischen Befehlshaber der *Force*, den Aufruhr provoziert zu haben, um Belgien einen Grund zu geben, den Kongo wieder zu übernehmen.

Auch wenn das wahrscheinlich stimmte, so war doch der junge Staat aufgrund der belgischen Kolonialpolitik, nicht zuletzt, was Bildung betraf, auch bedauerlich unvorbereitet auf die Selbstständigkeit. Es gab keinen einzigen afrikanischen Arzt, Ingenieur, Armeeoffizier oder höheren Beamten unter der Bevölkerung der neuen Nation, die an die vierzehn Millionen Einwohner zählte. Bald bekam das neue Regime auch noch andere Probleme als die Truppenmeuterei. Am 11. Juli erklärte die an Bodenschätzen reiche Provinz Katanga unter der Führung von Moïse Tschombé ihre Unabhängigkeit vom

Dag Hammarskjöld mit Agda Rössel, die sozialdemokratische Politikerin war und 1958–1964 die erste weibliche schwedische UN-Botschafterin der von Männern dominierten Organisation. Hier leitet sie 1960 zufällig die Generalversammlung während einer Sitzung zur Kongo-Krise.

Kongo. Tschombé, ein erfolgreicher Geschäftsmann, hatte nicht nur die mächtige Union Minière du Haut Katanga hinter sich, sondern auch britische Grubenunternehmen. Im Hintergrund unterstützte auch Belgien ihn, indem man eine Truppe von siebentausend Soldaten bereithielt, die mit Söldnern aus Rhodesien, Südafrika und Großbritannien ergänzt wurde. Hier waren gewichtige geschäftliche, aber auch militärpolitische Interessen am Werk. Zum Beispiel stammte das Uran in den Atombomben, die über Hiroshima und Nagasaki abgeworfen wurden, aus Katanga.

Die Unabhängigkeitserklärung von Tschombé war ein harter Schlag für die neue Regierung. Die Steuereinnahmen aus den Grubenerträgen waren von großer Bedeutung für die Wirtschaft des Kongo. Lumumba und Kasavubu konnten eine Abspaltung Katangas nicht akzeptieren, zumal dies auch einen Dominoeffekt zur Folge haben konnte, der das Land zum Zusammenbruch bringen würde. Sie wandten sich an die UNO um Hilfe.

Als diese Bitte an Hammarskjöld erging, war seine Stellung stärker denn je. In den Jahren nach der Suez-Krise hatte er sein Mandat als Generalsekretär dazu benutzt, um die »Präsenz« – wie der Euphemismus lautete – der UN in der Welt zu vergrößern. Oft ging es darum, Konflikte zu lösen, die sich zu Konfrontationen zwischen den USA und der Sowjetunion auswachsen könnten. Im Sommer 1958 schickte er UN-Beobachter in den Libanon und nach Jordanien, zwei Länder, die sich von Nassers panarabischem Nationalismus bedroht fühlten. Im Libanon war die Lage besonders ernst. Die komplizierte Konstitution des Landes balancierte auf heikle Weise die Interessen von Christen, sunnitischen Moslems, Shia-Moslems und Griechisch-Orthodoxen aus. Die USA fürchteten einen sowjetischen Staatsstreich und schickten Soldaten, doch im Hintergrund betrieb Hammarskjöld eine diskrete Diplomatie, und die amerikanischen Truppen konnten zurückgezogen werden, ohne dass Präsident Eisenhower das Gesicht verlor.

Weniger Aufmerksamkeit erhielt sein Eingreifen in einem sich zuspitzenden Konflikt zwischen Kambodscha und Thailand im Winter 1958/59 über das Besitzrecht an einem Tempel. Hier schickte er den schwedischen Diplomaten Johan Beck-Friis als Vermittler. Und als der Kalte Krieg 1959 in Form von Streitigkeiten zwischen westlich und kommunistisch orientierten Regierungsfraktionen nach Laos kam, gelang es ihm, zumindest vorübergehend einen neutralen Mittelweg zu finden. Nach Peter Wallensteen, Professor für Friedens- und Konfliktforschung, bearbeitete Hammarskjöld während seiner Zeit als UN-Chef insgesamt zwanzig internationale Krisen und löste dreizehn davon erfolgreich. – Natürlich begegnete man ihm auch mit Kritik. »Das Misstrauen, die Ohrfeigen und die Schläge gehören zum täglichen

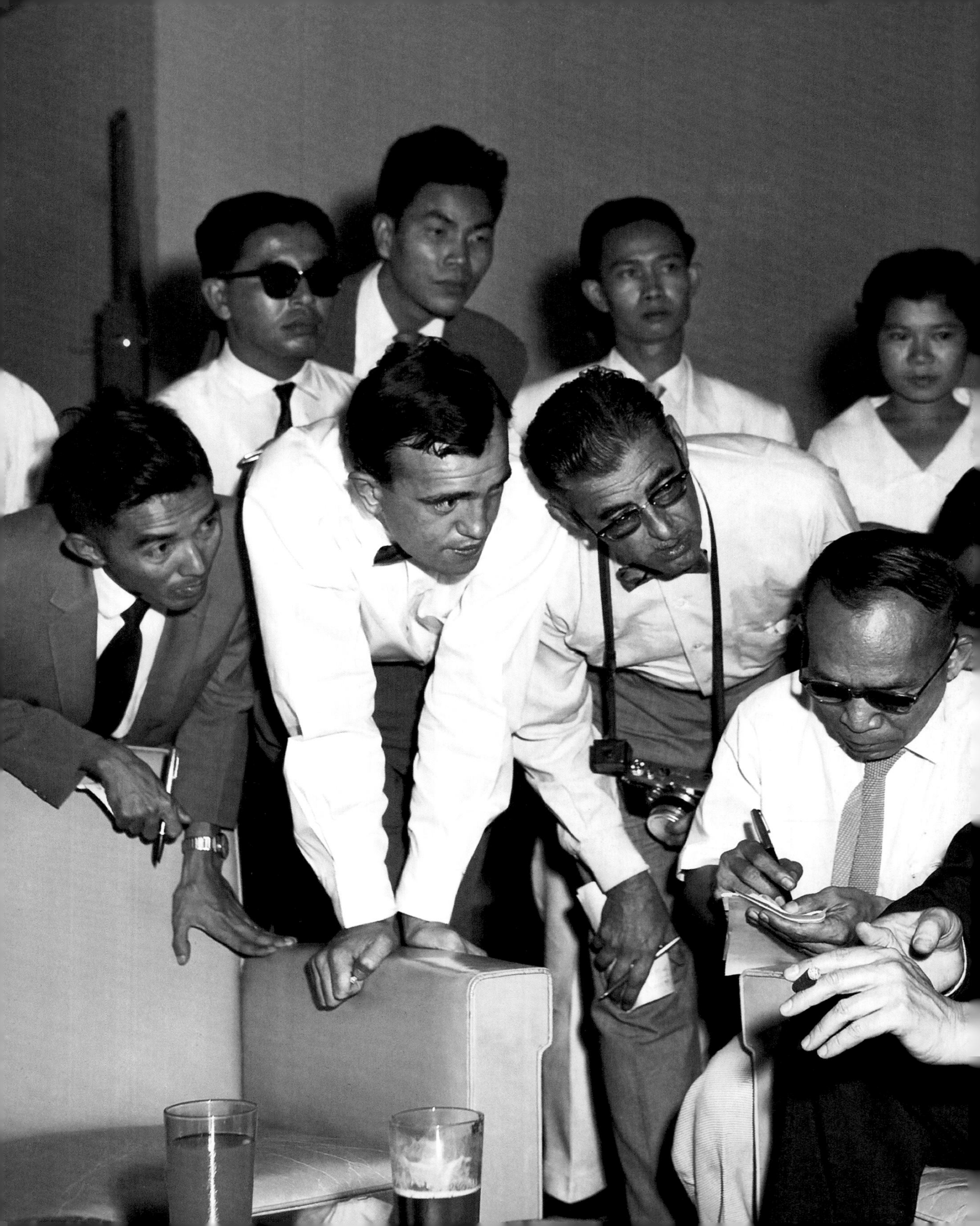

Ein Zusammentreffen mit Journalisten während einer Zwischenlandung in Bangkok zur Weiterreise nach Laos im November 1959. Hammarskjöld wurde als ein Fürsprecher entkolonialisierter Länder vor allem in Asien und Afrika betrachtet. Auch genoss er starke Unterstützung in der Dritten Welt, auch wenn einige der Regime unter sowjetischem Einfluss ihm gegenüber zunehmend kritischer wurden.

Erleben«, schrieb er an Beskow. Trotz der Erfolge im Nahen Osten fühlte er sich ohnmächtig, weil er nichts an der palästinensischen Flüchtlingssituation ändern konnte, die er als die Wurzel der Konflikte in jener Region betrachtete. »Ich frage mich, ob ich wohl jemals die psychologische Befreiung erfahren werde, die es bedeuten würde, den Akteuren sagen zu dürfen, was ich wirklich denke«, seufzte er in einem Brief an Per Lind. Auch missfiel ihm, dass es nicht gelingen wollte, seriöse Abrüstungsverhandlungen zwischen den Atommächten in Gang zu bringen.

Die sowjetische Invasion in Ungarn hatte für Hammarskjöld mit dem geheimnisvollen Tod des dänischen UN-Beamten Povl Bang-Jensen im Herbst 1959 noch ein unangenehmes Nachspiel. Bang-Jensen hatte insgeheim Zeugenaussagen von ungarischen Flüchtlingen gesammelt, weigerte sich aber, die Informationen der UNO zu übergeben, da er – nicht ganz unbegründet – befürchtete, das ungarische Regime würde sie benutzen, um Sippenhaft zu verhängen. Hammarskjöld, für den die UN-Statuten die Richtschnur waren, vertrat die Ansicht, dass alle Dokumente aufgelistet und auf korrekte Weise behandelt werden müssten. »Keiner von beiden«, schrieb der Fernsehchef der UN Emery Kelen, »war so gestrickt, dass er einen Kompromiss zu einem Prinzip einzugehen vermochte, in das er sich einmal verbissen hatte.« Bang-Jensen unterlag schließlich und verlor seinen Job. Ein paar Tage später wurde er erschossen auf einer Parkbank gefunden. Die Umstände seines Todes waren unklar: Steckte der KGB dahinter oder hatte er Selbstmord begangen?

Chef der UNO zu sein war immer eine exponierte Aufgabe, doch Hammarskjöld strahlte in den Jahren 1958/59 dennoch Zuversicht aus. So schrieb er bei einer Gelegenheit an Bo Beskow: »Hier ist alles wie immer. Das Rad dreht sich weiter sehr schnell, aber die Maschine hält sich wacker und trotzt in ihrer Vitalität allen übereifrigen Behauptungen, dass sie niemals etwas gewesen sei, oder wenn, dann doch jetzt moribund.«

In seiner Freizeit arbeitete er an den Übersetzungen und experimentierte mit Haikus. Ein großes Erlebnis für ihn war die Begegnung mit Martin Buber, der zufällig auf einem Besuch in Princeton war. Dag hatte eine neu erschienene Sammlung von Essays des jüdischen Philosophen gelesen und lud den Achtzigjährigen im Mai 1958 zu einem Gespräch in das UN-Haus ein. Hammarskjöld war schon früher in Kontakt mit Bubers Werk gekommen – das klassische Werk *Ich und Du* war bereits 1923 erschienen, und laut Sven Stolpe hatten er und Dag es zu Beginn der Dreißigerjahre diskutiert. Die zentralen Gedankengänge über authentische menschliche Beziehungen erinnern auch sehr an die Überlegungen des jungen Hammarskjöld, die er in seinen Briefen an Rutger und Jan ausbreitete.

Hammarskjölds kontrolliertes Junggesellenleben veränderte sich nicht. Er arbeitete viel und arrangierte in der 73rd Street Abendessen für Kollegen und Kulturpersönlichkeiten – doch niemals für beide zusammen. Brian Urquhart war ein wenig enttäuscht, weil er niemals zu den Kulturdiners mit den bekannten Gästen eingeladen wurde, obwohl er doch das kulturelle Interesse seines Chefs teilte. Die größte Veränderung im häuslichen Leben war ein Haustier, ein ungezogener grüner Affe, den Dag nach dem amerikanischen Slangausdruck für einen Dollarschein *Greenback* taufte. Der Affe, der ein Geschenk aus Somalia war, liebte Aufmerksamkeit und setzte sich gern auf den Schoß der Gäste, was zum Beispiel die zukünftige israelische Premierministerin Golda Meir nicht mochte.

Möglicherweise kann man einen leichten Unterton von sinnlichem Interesse in Hammarskjölds Beziehung zu der Bildhauerin Barbara Hepworth vernehmen. Er war von ihrem Werk *Single Form* fasziniert, was zu einer behutsamen Korrespondenz führte, in welcher sie sich ihrer gegenseitigen Wertschätzung als großartige Menschen versicherten. Doch an einer Stelle erklärt Dag ein wenig schüchtern, dass er das Modell ihrer Skulptur, das auf seinem Schreibtisch stand, *my girl* zu nennen pflegte.

Wenn es in Hammarskjölds Cocktailglas eine bittere Ingredienz gab, dann waren es die Spekulationen um seine Sexualität. Seit seiner ersten Zeit bei

Im Winter 1959 traf Hammarskjöld zum zweiten Mal den jüdischen Philosophen Martin Buber, diesmal während eines Besuchs in Israel. Hammarskjöld war zutiefst ergriffen von Bubers dialogischer Haltung zu menschlichen Beziehungen und nicht minder von seiner Kritik an der politischen Sprache, die er »enthumanisiert« nannte.

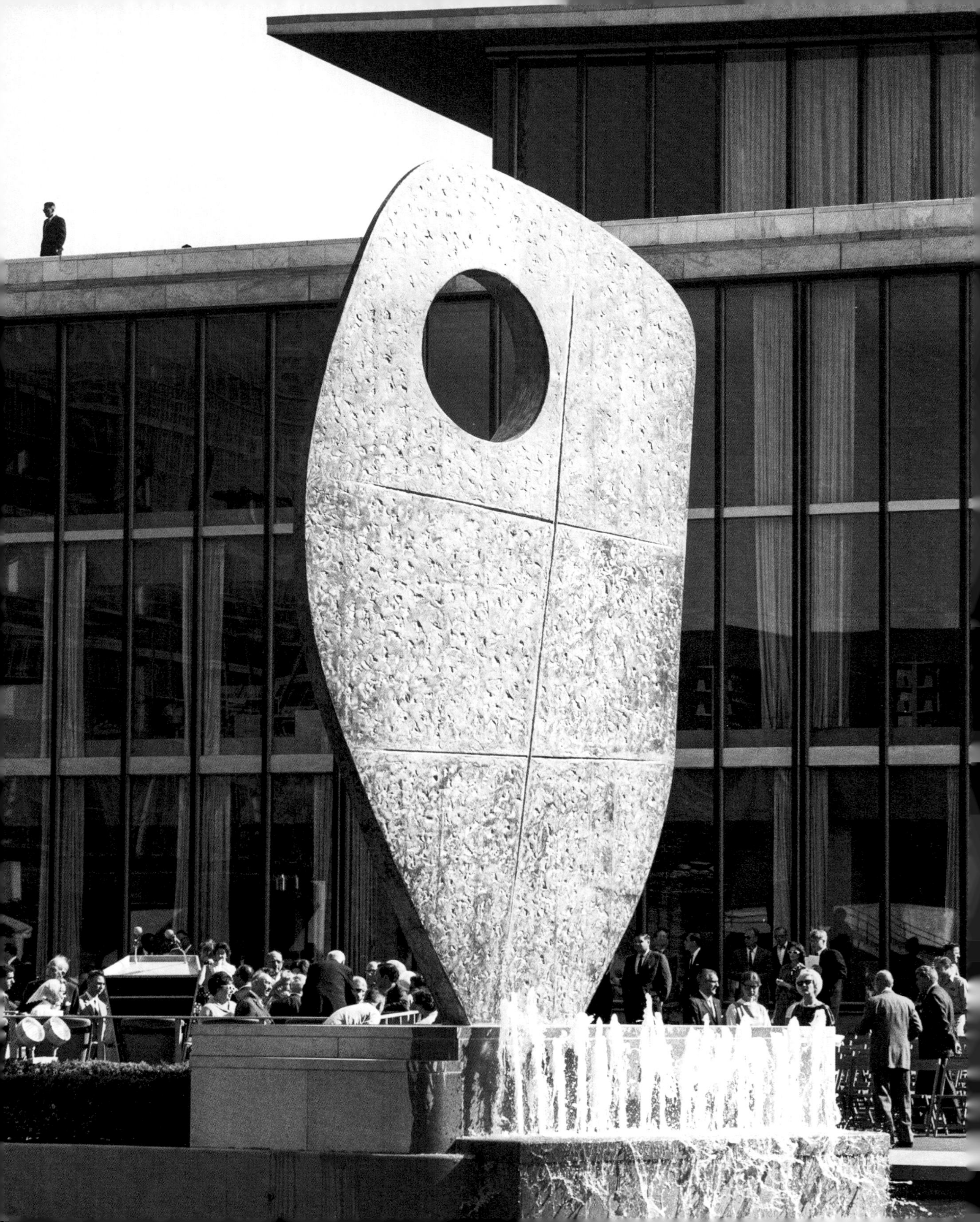

der UNO hatten die Gerüchte, er sei homosexuell, floriert. Nach seinem Eingreifen in Suez deutete die nationalistische Presse in Frankreich gern einmal an, er würde Männer Frauen vorziehen – als ob das seine unbegreifliche Aversion gegen den französischen Kolonialismus erklären würde.

Viele, die diese Gerüchte im UN-Haus verbreiteten, taten es aus dem alten gewöhnlichen Grund: Es ist aufregend, über den Chef zu tratschen. Gegenüber den wenigen Freunden, die das Thema anschnitten, erklärte Dag, dass die Behauptungen jeder Grundlage entbehren. Er hätte niemals den Dienst als Generalsekretär angenommen, wenn er durch ein Geheimnis dieser Art verletzlich gewesen wäre, selbst wenn es ihm schwerfiele zu begreifen, warum das als Schande betrachtet werden solle. Er scheint eine resignierte Trauer darüber empfunden zu haben, der er in einem seiner Haikus in *Zeichen am Weg* Ausdruck verlieh:

Als es keine Gattin fand,
nannte man das Einhorn
pervers.

Tratsch – zumindest über sein Sexualleben – war jedoch ein zu vernachlässigendes Problem, verglichen mit dem, was Hammarskjöld während seiner letzten Zeit als UN-Chef heimsuchen sollte. Mit dem Beginn der Sechzigerjahre nahm der Kalte Krieg, der seit dem Koreakrieg eher auf Sparflamme weitergegangen war, wieder Fahrt auf. Beide Supermächte fühlten sich eingeengt und waren nervös. Die USA machten sich Sorgen über die Erfolge der Sowjetunion im Weltall und über Fidel Castros Unterfangen, in dem kleinen Nachbarland Kuba ein revolutionäres Linksregime zu etablieren. Die Sowjetunion ihrerseits plagten Konflikte mit den früheren Bundesgenossen China und Jugoslawien wie auch mit den unbeständigen Satellitenstaaten in Osteuropa. Möglicherweise wurden die Probleme noch dadurch verstärkt, dass sowohl der neue amerikanische Präsident Kennedy wie auch der Sowjetführer Chruschtschow – die beide im Grunde genommen sehr pragmatischer Natur waren – Unsicherheit mit hartem Auftreten zu kompensieren suchten.

Die wachsenden Spannungen hatten ihre Ursache aber auch in der Entkolonialisierung. Die Kolonialmächte waren dabei, ihre Imperien mit einer Mischung aus Widerwillen und Resignation abzuwickeln. In Afrika waren seit 1956 dreizehn neue Staaten gegründet worden: Sudan, Tunesien, Marokko, Ghana, Guinea, Kamerun, Togo, Mali, Senegal, Madagaskar, Kongo-Léopoldville und Somalia. Weitere ungefähr zwanzig Länder sollten bald selbstständig werden. Hier entstand eine neue Arena, in der die Supermächte nach dem Rückzug der alten Kolonialherren um Einfluss kämpften.

Eines von Hammarskjölds Lieblingsobjekten in seiner Wohnung an der 73. Straße war *Single Form*, ein kleines Holzmodell einer Skulptur der britischen Künstlerin Barbara Hepworth. Nach seinem Tod wurde das Kunstwerk 1964 in voller Größe von einem amerikanischen Diplomaten der UNO gestiftet und vor dem UN-Hochhaus aufgestellt. Das Bild ist von der Einweihung am 11. November 1964. Entlang der Kante des Kreises hat Hepworth eine fast geheime Inschrift hineingeschmuggelt: *To the Glory of God and the memory of Dag Hammarskjöld. Ndola 17-9-61.*

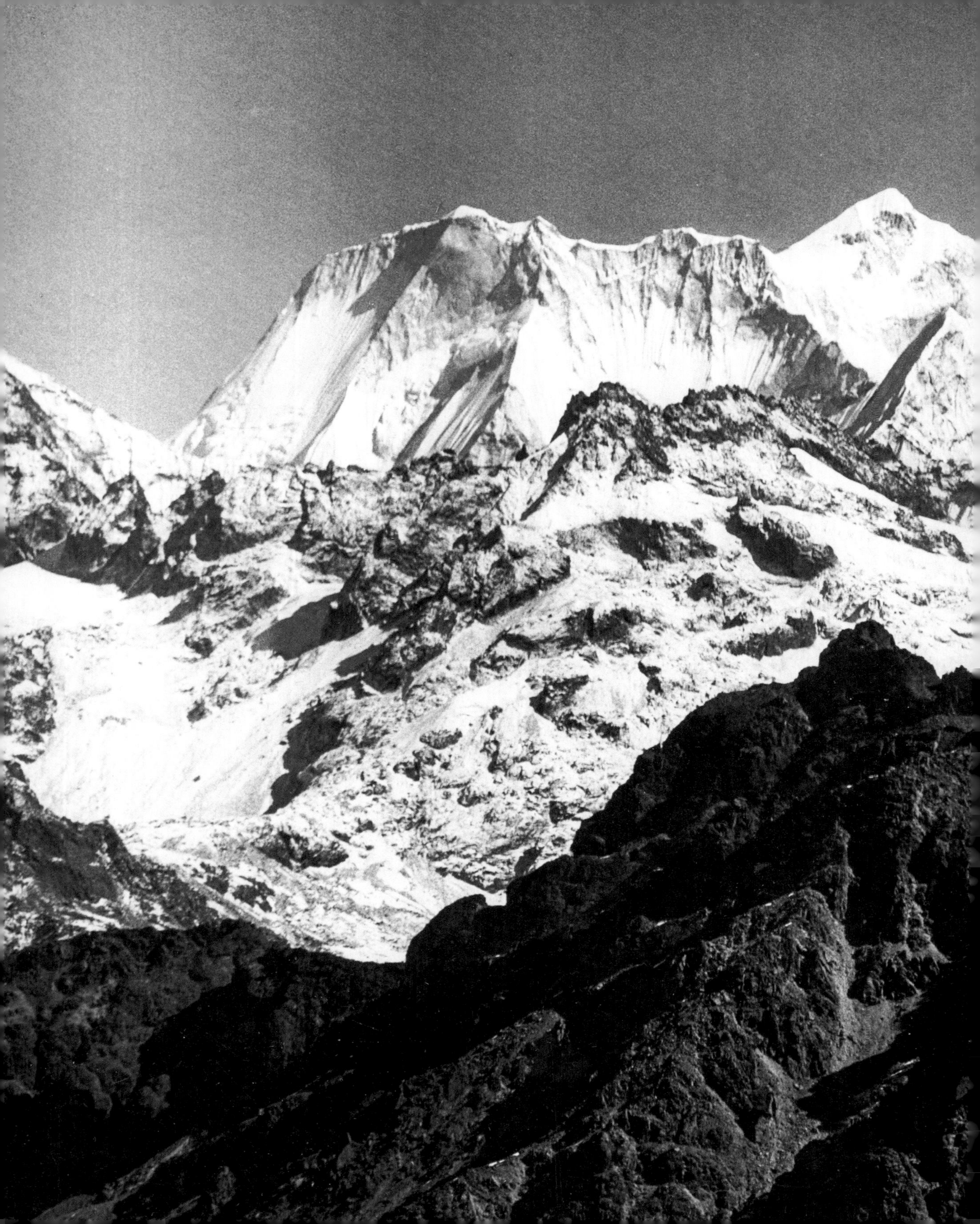

Gegen Ende der Fünfzigerjahre wurde Hammarskjöld von *National Geographic* gebeten, im Auftrag der amerikanischen Zeitschrift während eines Besuchs in Nepal den Himalaya zu fotografieren. Die Bergkette war immer noch exotisch und schwer zugänglich, da China den Zugang von Tibet her abgeriegelt hatte und das nepalesische Regime sich im Laufe der Fünfzigerjahre erst vorsichtig dem Tourismus öffnete.

Hammarskjöld betrachtete es als seine Aufgabe, diese neuen Staaten – und Mitglieder der UNO – gegenüber den Großmächten zu schützen. Sein erster »afrikanischer Fall« wurde die ehemalige französische Kolonie Guinea, die im Herbst 1958 selbstständig geworden war. Er stellte Kontakt zu dem neugewählten Präsidenten Sékou Touré her und ernannte einen besonderen Repräsentanten, der die Unterstützungseinsätze der UN koordinieren sollte.

Doch als er versuchte, den französischen Präsidenten Charles de Gaulle davon zu überzeugen, dass Frankreich hier eine besondere Verantwortung trage, erklärte dieser, er sei *complètement désintéressé*, Guinea müsse allein klarkommen. De Gaulle hielt Hammarskjöld für naiv, da er aus einem Land stamme, das keine Kolonien gehabt habe. Der Konflikt setzte sich gleichzeitig mit der Kongo-Krise im Sommer 1961 in Form der sogenannten Bizerte-Affäre fort. Die begann damit, dass französische Flugzeuge ein tunesisches Dorf bombardierten, welches man für eine Basis der algerischen Widerstandsbewegung hielt. Der verbitterte tunesische Präsident Habib Bourguiba blockierte daraufhin die französische Militärbasis Bizerte, was

Die Krise im Kongo kulminierte während John F. Kennedys ersten Monaten als amerikanischer Präsident. Hammarskjöld traute Kennedy nicht, der eine eigene und antikommunistische Agenda in Afrika verfolgte.

wiederum dazu führte, dass die Franzosen einen Angriff starteten und die Stadt einnahmen. Hunderte von Menschen, darunter viele Zivilisten, wurden getötet. Tunesien wandte sich an die UNO und bat um Hilfe. Hammarskjöld trat als Vermittler auf und verlangte einen Waffenstillstand, doch die französische Regierung weigerte sich zu verhandeln. Da begab er sich nach Bizerte und versuchte, sich Zutritt zu der Militärbasis zu verschaffen, um den französischen Befehlshaber vor Ort zu treffen, wurde aber einer entwürdigenden Behandlung durch französische Fallschirmjäger ausgesetzt. Am Ende mussten die USA eingreifen, um de Gaulle zu bezwingen, doch die tunesische Regierung sollte Hammarskjölds Engagement mit Dankbarkeit in Erinnerung behalten. Hammarskjöld hielt de Gaulle für einen alten »Autokraten«, meinte aber dennoch, dass sie ein gewisses gegenseitiges Verständnis verbinden würde, was wahrscheinlich eine naive Vorstellung war.

Als die Krise im Kongo ausbrach, hatte Hammarskjöld dort bereits »Präsenz« etabliert. Anfang Juni 1960 hatte er den Amerikaner Ralph Bunche und den Schweden Sture Linnér hingeschickt, um das Bedürfnis des neuen Landes nach Unterstützung durch die UN abzuschätzen. Als er erfuhr, dass Lumumba um Hilfe gebeten hatte, reagierte er unmittelbar: »Ich muss das hier tun«, sagte er zu einem Mitarbeiter. »Gott weiß, wohin es die UNO und mich führen wird.« Nachdem er die afrikanischen UN-Delegationen konsultiert hatte, rief er den Sicherheitsrat zusammen. Am 14. Juli wurde die Resolution 143 angenommen, die Belgien aufforderte, sich aus dem Kongo zurückzuziehen, und den Generalsekretär bevollmächtigte, Friedenstruppen zu schicken. Die USA und die Sowjetunion stimmten mit Ja, Frankreich und Großbritannien enthielten sich.

Die Effektivität und die Entschlossenheit waren beeindruckend. Binnen 48 Stunden waren 600 UN-Soldaten aus Ghana und Tunesien vor Ort. Zehn Tage später waren die Kräfte durch »Blauhelme« aus Äthiopien, Irland und Schweden auf 6.000 angewachsen. Außerdem war in einem engen siebenstöckigen Haus an der Hauptstraße von Léopoldville, dem Boulevard Albert, ein Hauptquartier eingerichtet worden. Die UNO hatte mit der politischen Macht agiert, die man sonst nur mit militärischen Großmächten assoziierte. Ein schwedischer Journalist beschrieb die Aktivitäten in New York:

> Abgesehen von raschen Fahrten zu ihren Wohnungen und zurück zur UNO haben die vier [Hammarskjöld, Cordier, der Afrika-Berater Heinz Wieschhoff und der Assistent Wilhelm Wachtmeister] den 38. Stock des UN-Gebäudes kaum verlassen. Alle Mahlzeiten haben sie zusammen oder allein in einer Kombination aus Speisesaal und Kon-

Frankreichs Präsident Charles de Gaulle hegte keinen sonderlichen Respekt für Dag Hammarskjöld, weil dieser aus einem Land ohne koloniale Erfahrung kam. Der UN-Chef seinerseits tat sein Bestes, um den ehemaligen französischen Kolonien gegen de Gaulle zu helfen, den er als einen alten Despoten bezeichnete.

ferenzraum eingenommen, der zur Etage des UN-Chefs gehört. Die Telefone haben rund um die Uhr geklingelt, und einer von ihnen musste immer zur Stelle sein, wenn Doktor Ralph Bunche aus Léopoldville durchgekommen war oder wenn man aus Pisa in Italien die Bestellungen von Lebensmittel- und Materialsendungen an den Kongo zusammengestellt hat.

Das Problem war, dass Hammarskjöld kein Führer einer Großmacht war. Selbst wenn er Autorität und Prestige wie nur wenige Weltherrscher besaß, so war seine Bewegungsfreiheit doch durch die mächtigen Mitglieder im Sicherheitsrat begrenzt. Die Situation im Kongo war unglaublich kompliziert. Nach der Selbstständigkeitserklärung Katangas ging es nicht mehr darum, auf den Straßen für Recht und Ordnung zu sorgen, sondern ein zerfallendes Land zusammenzuhalten. Das war zumindest Lumumbas Interpretation; er erwartete von den UN-Truppen, dass sie Katanga von Tschombé und seinen europäischen Fremdenlegionären zurückeroberten.

Im Juli und August 1960 verbrachte Hammarskjöld viel Zeit in Afrika. Er lebte unter Bedingungen wie im Feld, ernährte sich von Militärrationen und konferierte im Hauptquartier auf dem Boulevard Albert, wo Fahrstühle und Telefone nur manchmal funktionierten, mit lokalen Vertretern. Am 31. Juli, zwei Tage nach seinem 55. Geburtstag, gab die kongolesische Regierung ein Abendessen zu seinen Ehren, doch war die Stimmung einigermaßen ruiniert, als ein Minister eine verbitterte Rede hielt und vom Geburtstagskind verlangte, die Belgier rauszuschmeißen.

So einfach war es nicht. Nach Hammarskjölds Ansicht durften sich die UN-Truppen in einem internen Konflikt nicht für eine Seite entscheiden. Ihre Aufgabe war es vielmehr, die Gewalt zu stoppen und Verhandlungen einzuberufen. Hier bewies er großen Mut und Tatkraft. Am 12. August führte er einen Konvoi aus fünf Flugzeugen mit UN-Soldaten nach Elizabethville in Katanga. Tschombé gewährte Hammarskjölds Flugzeug eine Landeerlaubnis, verweigerte sie jedoch den vier anderen Flugzeugen. Doch Hammarskjöld beharrte darauf und zwang Tschombé, die UN-Kräfte zu empfangen. Das war eine großartige Demonstration, die jedoch ohne Ergebnis blieb.

Vor allem wurde nun Lumumba wütend. Er konnte nicht akzeptieren, dass Hammarskjöld mit Tschombé verhandelte. Der fünfunddreißigjährige, gertenschlanke, charismatische und ungeduldige Ministerpräsident verlangte mit militanten Worten, dass die UN-Truppen den Aufstand in Katanga niederschlagen sollten. Zwei Tage nach der Aktion in Katanga schrieb er einen verärgerten Brief an Hammarskjöld und beschuldigte ihn, eine »per-

Der UN-Einsatz im Kongo wurde massiv. Es ging nicht nur um das Problem, streitende Parteien zu trennen, sondern auch darum, einen schwachen Staatsapparat zu stützen, der keine Kontrolle über das weit ausgedehnte Land hatte.

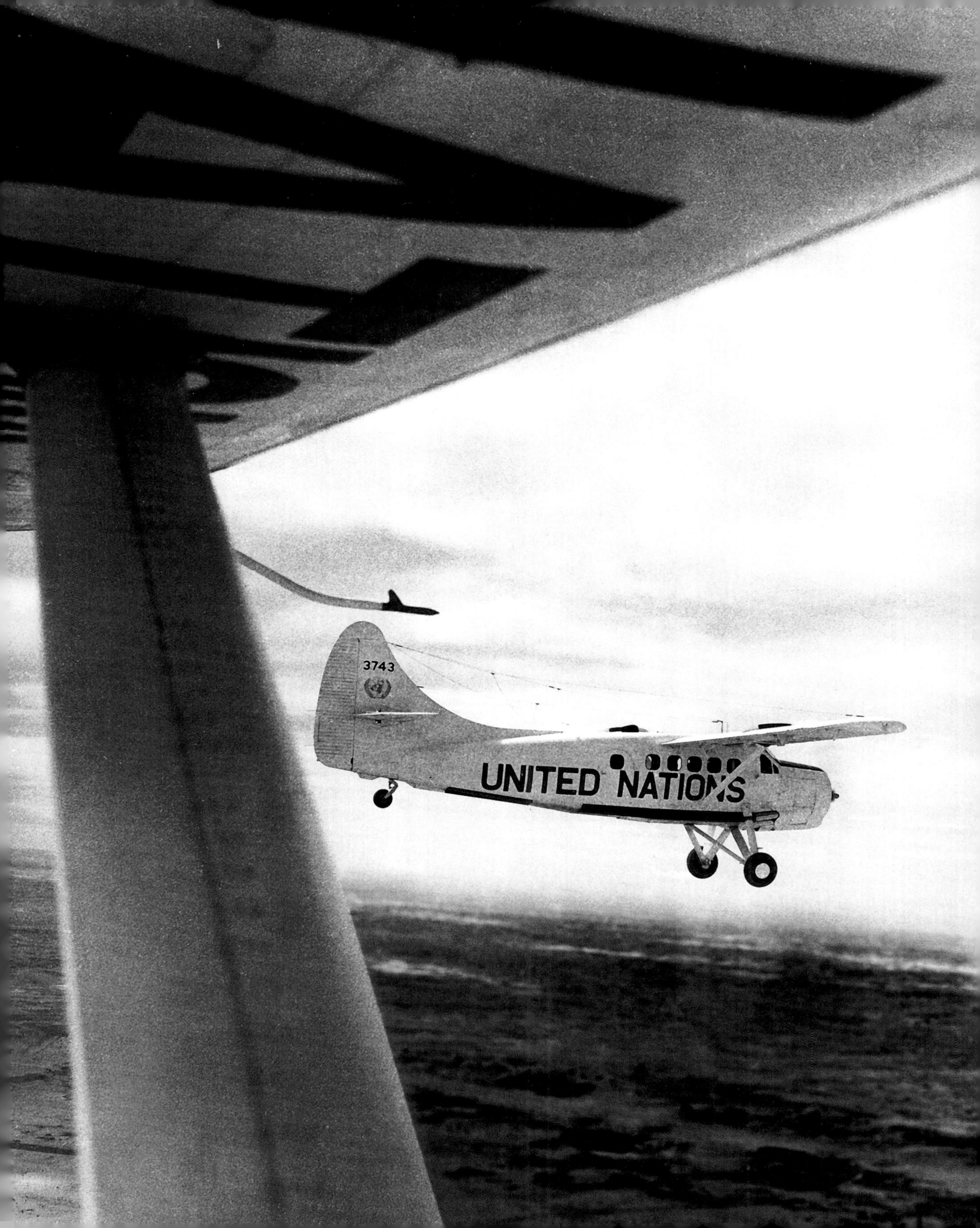
3743
UNITED NATIONS

sönliche Interpretation« der UN-Resolution vorgenommen zu haben und so zu agieren, »als würde es die kongolesische Regierung nicht geben«. Lumumba meinte, der Generalsekretär sei verpflichtet, ihm die UN-Truppen zur Verfügung zu stellen. Später behauptete er sogar, Hammarskjölds Handeln hätte seine Ursache darin, dass das schwedische Königshaus mit dem belgischen verwandt sei.

Bis dahin hatte Hammarskjöld in der Dritten Welt zumeist mit älteren und geschliffenen Staatsmännern zu tun gehabt, die oft für seinen intellektuellen Beamtencharme empfänglich gewesen waren. Lumumba war da ganz anders. Er hatte seine politische Laufbahn in der Hoffnung begonnen, mit Belgien beim Thema Selbstständigkeit des Kongo zusammenarbeiten zu können, hatte aber erkennen müssen, dass die ehemaligen Kolonialherren niemals Afrikaner als gleichrangig anerkennen würden. Er war kein Kommunist, wie ihm die Amerikaner unterstellten, doch sehr wohl ein flammender afrikanischer Nationalist.

Wenn Hammarskjöld und Lumumba hätten zusammenarbeiten können, dann wären die Dinge vielleicht anders verlaufen. Doch Hammarskjöld

Im August 1960 landete Dag Hammarskjöld mit einer per Flugzeug transportierten UN-Truppe in Elizabethville, der Hauptstadt von Katanga. Der Separatistenführer Moïse Tschombé weigerte sich zunächst, die UN-Soldaten landen zu lassen, doch der Generalsekretär zwang ihn, den Flughafen zu öffnen

empfand Lumumbas Forderung, die UN-Kräfte sollten der kongolesischen Regierung unterstellt werden, als völlig indiskutabel. Das widersprach dem grundlegenden Prinzip, dass die UNO nicht Teil eines internen Konflikts in einem Mitgliedsland werden durfte. Zwar behandelte er Lumumba formal korrekt, doch fiel es ihm schwer, diesen als seriösen Verhandlungspartner zu akzeptieren. Mit dieser Skepsis war er nicht allein – selbst andere afrikanische Führer zogen Lumumbas politisches Gespür in Zweifel.

Doch sollte man auch Lumumbas Perspektive berücksichtigen. Sein ganzes Leben lang stand er weißen Männern gegenüber, die ihn kleinredeten. Und hier kam nun schon wieder ein hochnäsiger Europäer und erklärte, man müsse Geduld zeigen und sich den langsam mahlenden Mühlen der internationalen Diplomatie unterordnen. Vielleicht hatte er den Verdacht, Hammarskjöld würde ihn nicht als »einen von uns« betrachten. Der Vertreter der UN in Katanga, der Ire Conor Cruise O'Brien, meinte später, als aristokratischer europäischer Beamter sei Hammarskjöld außerstande gewesen, den afrikanischen Nationalismus zu verstehen.

Nun wandte sich Lumumba stattdessen an die Sowjetunion, die bereit war, militärische Unterstützung in Form von Lastwagen und Flugzeugen zu gewähren. Diese benutzte er für einen missratenen Angriff auf Katanga, der in einem schrecklichen Massaker unter unbewaffneten Dorfbewohnern des Baluba-Stamms endete. Das wiederum führte dazu, dass die USA reagierten – nicht so sehr wegen des Massenmordes, sondern wegen der sowjetischen Unterstützung – und entschieden, Lumumba müsse weg.

Am 14. September unterstützte die CIA einen Staatsstreich, der einen jungen Oberst mit dunkler Sonnenbrille namens Joseph Mobutu an die Macht beförderte. Kasavubu – der Präsident – durfte noch auf seinem Posten bleiben, doch Lumumba, der Ministerpräsident gewesen war, musste sich in seiner Dienstwohnung verschanzen. Um das Haus standen zwei Kreise von Soldaten: erst UN-Truppen, die ihn schützten, und dann die Kräfte von Mobutu, die ihn festnehmen wollten.

Das war ein harter Schlag für Hammarskjöld. Die afrikanischen und asiatischen Staatsoberhäupter, die ihn unterstützten, waren in ernster Sorge. Die Sowjetunion tobte. Hammarskjöld wurde beschuldigt, Lakai der Imperialisten zu sein, und auf der 15. Generalversammlung der UN in New York im Herbst 1960 ging Chruschtschow wiederholte Male zum Angriff gegen den Generalsekretär über. Bei einer dieser Gelegenheiten hatte er einen Schuh auf seinem Pult – ob er den nun, wie behauptet wird, auf den Tisch donnerte, ist allerdings nicht belegt. Der Konflikt fand seinen Höhepunkt bei dem berühmten Treffen am 3. Oktober, als der Generalsekretär sich dem Angriff entgegenstellte und erklärte, er werde auf seinem Posten bleiben.

Einer von Hammarskjölds wichtigsten Beratern war der Brite Brian Urquhart, ein legendärer UN-Veteran, der zwölf Jahre lang als stellvertretender Generalsekretär Dienst tat und schon bei der Gründung der UNO 1945 dabei gewesen war. Seine Biografie über den Chef und Freund ist ein Standardwerk.

Nächste Seite:
An einem frühen Morgen in Léopoldville im Juli 1960 wurde Hammarskjöld von Brian Urquhart und anderen Mitarbeitern gebeten zu erklären, wie seiner Meinung nach der komplizierte UN-Einsatz im Kongo organisiert werden solle. Das Ergebnis war die Skizze links, die dann später von Urquhart (rechts) interpretiert und schließlich zu dem Modell entwickelt wurde, in dem das Eingreifen der UNO zu einer friedensbewahrenden Operation erklärt wurde.

Major Functions of ~~Chief Administrative Officer~~ Chief of UN Civilian Operation
+ Resident T.A. representative.

1. Coordination with

General Organisation UNHQ - ONUC

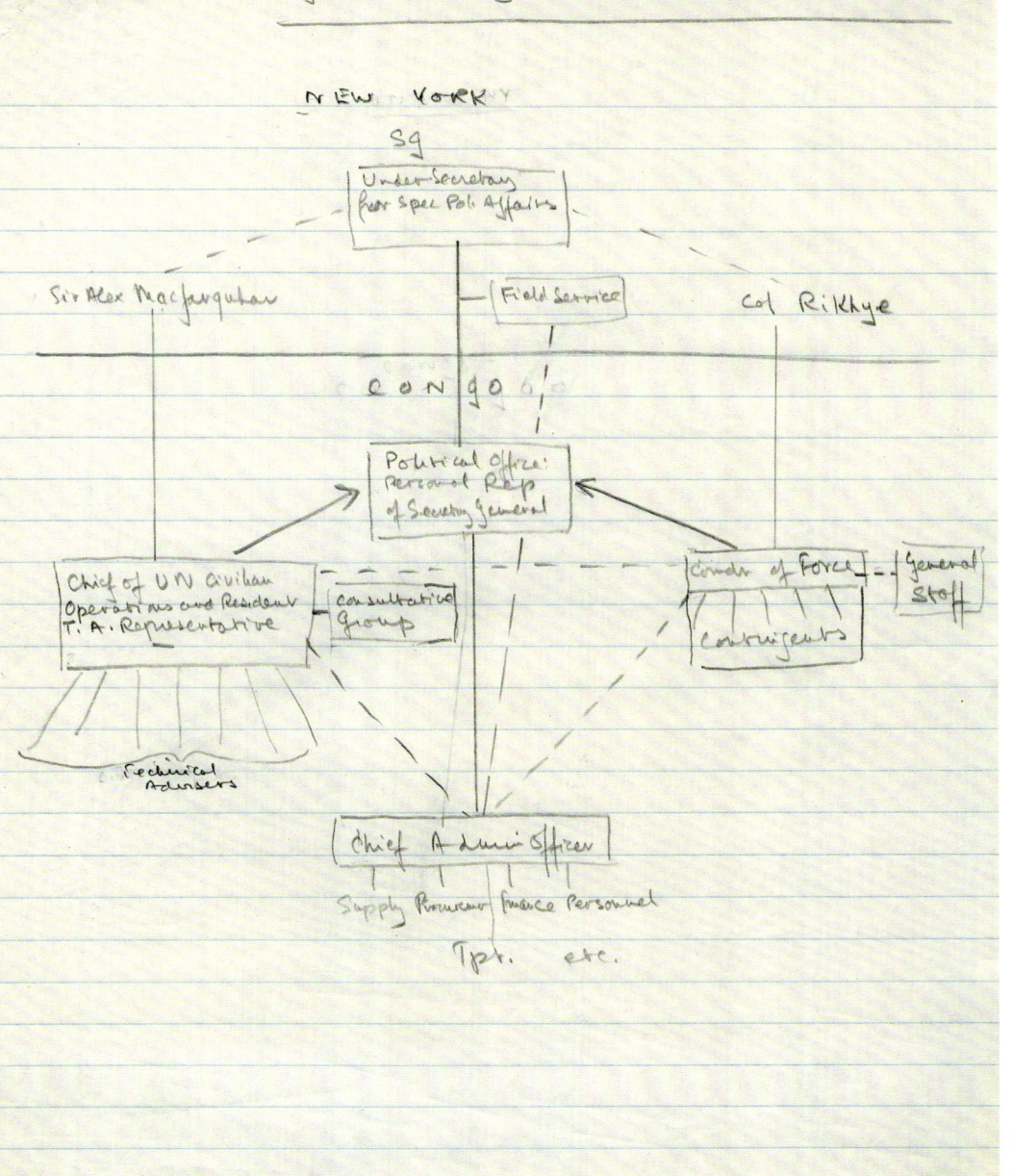

NEW YORK

SG
Under-Secretary for Spec. Pol. Affairs

Sir Alex Macfarquhar | Field Service | Col Rikhye

CONGO

Political Office: Personal Rep of Secretary General

Chief of UN Civilian Operations and Resident T.A. Representative

Consultative Group

Comdr of Force — General Staff

Contingents

Technical Advisers

Chief Admin Officer

Supply Procurement Finance Personnel Tpt. etc.

Wie im Prolog dieses Buches bereits geschildert, erhielt er überwältigenden Rückhalt, nicht zuletzt von den afroasiatischen Delegierten. Hammarskjöld saß immer noch fest im Sattel. Und er war auch nicht müde oder erschöpft, wie Bill Ranallo Mitte Oktober an Bo Beskow schrieb:

> Wie du weißt, waren wir etwas damit beschäftigt, unsere schwarzen Brüder daran zu hindern, aufeinander loszugehen & die Lunte anzuzünden, die uns alle ins Jenseits schicken könnte. Ich wette, du hättest gern Informationen aus erster Hand über Dag & wie er mit all dem Theater fertig wird, oder? Well! Er ist in Topform, nicht im Geringsten müde (wie die schwedischen Zeitungen es von ihm behaupten), und er hat denselben Dampf & die Kraft, die ihn in den acht Jahren, in denen er Gen.Sekr. war, bis hierher gebracht haben […] Cordier & Bunche hingegen haben etwas an Fahrt verloren …

Ende November floh Lumumba aus seiner streng bewachten Wohnung, um sich nach Norden zu begeben, wo loyale Kollegen und Soldaten warteten. Doch er konnte der Verlockung nicht widerstehen, in den Dörfern am Weg einzukehren und Reden zu halten, und so wurde er bald von der Sicherheitspolizei ergriffen. Man misshandelte ihn und nahm ihn gefangen. Die Sowjetunion beschuldigte Hammarskjöld und die UNO, an Lumumbas Festnahme mitschuldig zu sein.

»Die Operation im Kongo ist immer komplizierter geworden«, schrieb Hammarskjöld kurz vor Weihnachten 1960 an seinen Bruder, »… ich habe einen Einmannkrieg gegen den Sowjetblock und einige seiner afroasiatischen Papageien geführt.« Als die Weihnachtsferien kamen, hatte er endlich ein wenig frei, doch damit vielleicht auch mehr Einsamkeit, als er verkraftete. Den Weihnachtsabend verbrachte er bei Familie Ranallo, und am ersten Feiertag rief er morgens seinen Kollegen Heinz Wieschhoff an und schlug ihm einen Spaziergang vor. Der Deutsche wäre lieber bei seiner Familie geblieben, doch er begriff, dass sein Chef Gesellschaft brauchte. Nach dem Spaziergang lud er Hammarskjöld zu sich nach Hause zum Abendessen ein.

Mit dem neuen Jahr wurde es nicht besser. Am 17. Januar 1961 wurde Lumumba ermordet. Er war nach Katanga gebracht
und dann zur Hinrichtung an Tschombés belgische Fremdenlegionäre übergeben worden. Schwedische UN-Soldaten hatten gesehen, wie er schwer misshandelt aus dem Flugzeug stieg, griffen aber nicht ein. Eine Welle von Wut auf die Westmächte, denen man vorwarf, hinter dem Mord zu stehen, schwappte über die Welt. Auch die UNO und Hammarskjöld wurden beschuldigt, Lumumba nicht geschützt zu haben. Eine Gruppe

wütender Demonstranten verschaffte sich sogar Zutritt zum UN-Gebäude. Die Sowjetunion steigerte ihre Rhetorik und beschuldigte Hammarskjöld, hinter dem Mord zu stehen: »Wir können uns nicht mit der Tatsache anfreunden, dass ein herausragender Posten innerhalb der UN von einem Mann besetzt ist, dessen Hände mit einem Mord besudelt sind«, sagte der sowjetische Außenminister Andrej Gromyko. Das Schlimmste war, dass auch ein Teil von Hammarskjölds loyalsten Verbündeten in der Dritten Welt sich nun gegen ihn wandten. Guineas Präsident Sékou Touré, den er gegen die Franzosen unterstützt hatte, warf ihm vor, persönlich für den Mord verantwortlich zu sein.

Hammarskjöld war zutiefst erschüttert, seine Mitarbeiter hatten ihn noch nie so empört gesehen. Doch er ritt auch diesen Sturm aus. »Wir fangen die fliegenden Steine, die wir für unser Mauerwerk gebrauchen können, und weichen den anderen aus«, schrieb er mit *stiff upper lip* einem britischen Diplomaten. Eine neue und deutlichere Resolution wurde angenommen, die den UN-Truppen genehmigte, alle notwendigen Maßnahmen zu ergreifen, um die Ordnung wiederherzustellen und den Bürgerkrieg im Kongo zu verhindern – doch mit dem kleinen Stich, dass der Generalsekretär in der Resolution nicht genannt wurde. Malaysia, Indien und andere Länder der Dritten Welt stellten sich wieder hinter Hammarskjöld und versprachen neue Soldaten. Ende Februar war die UN-Truppe 5.000 Mann stark.

Die UNO stand jetzt an einem Scheideweg, stellte Hammarskjöld fest:

Patrice Lumumba, Premierminister von Kongo, der den Belgiern so stolz die Stirn geboten hatte, wurde im Herbst 1960 durch einen von der CIA finanzierten Putsch abgesetzt. Hier sieht man ihn im Januar 1961, geschlagen und gedemütigt, auf dem Weg zu seiner Hinrichtung.

Nächste Seite:
Ein schwedischer UN-Soldat mit gezücktem Bajonett versucht, in einem Flüchtlingslager in Katanga die Austeilung von Mehl an hungernde Kongolesen vom Stamm der Baluba zu kontrollieren. Der Einsatz im Kongo war durch die rivalisierenden politischen Fraktionen, regionalen Spannungen und ethnischen Loyalitäten äußerst kompliziert.

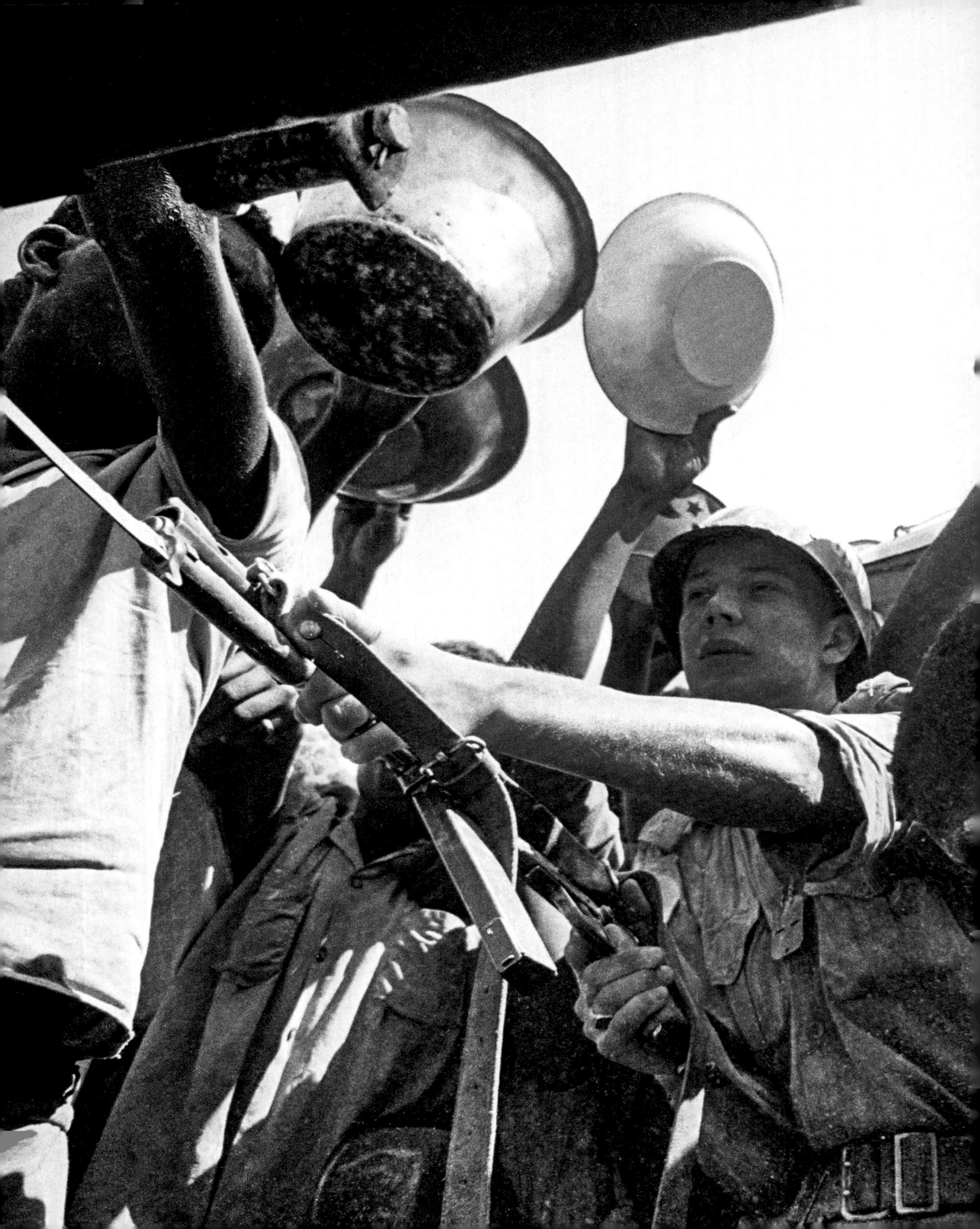

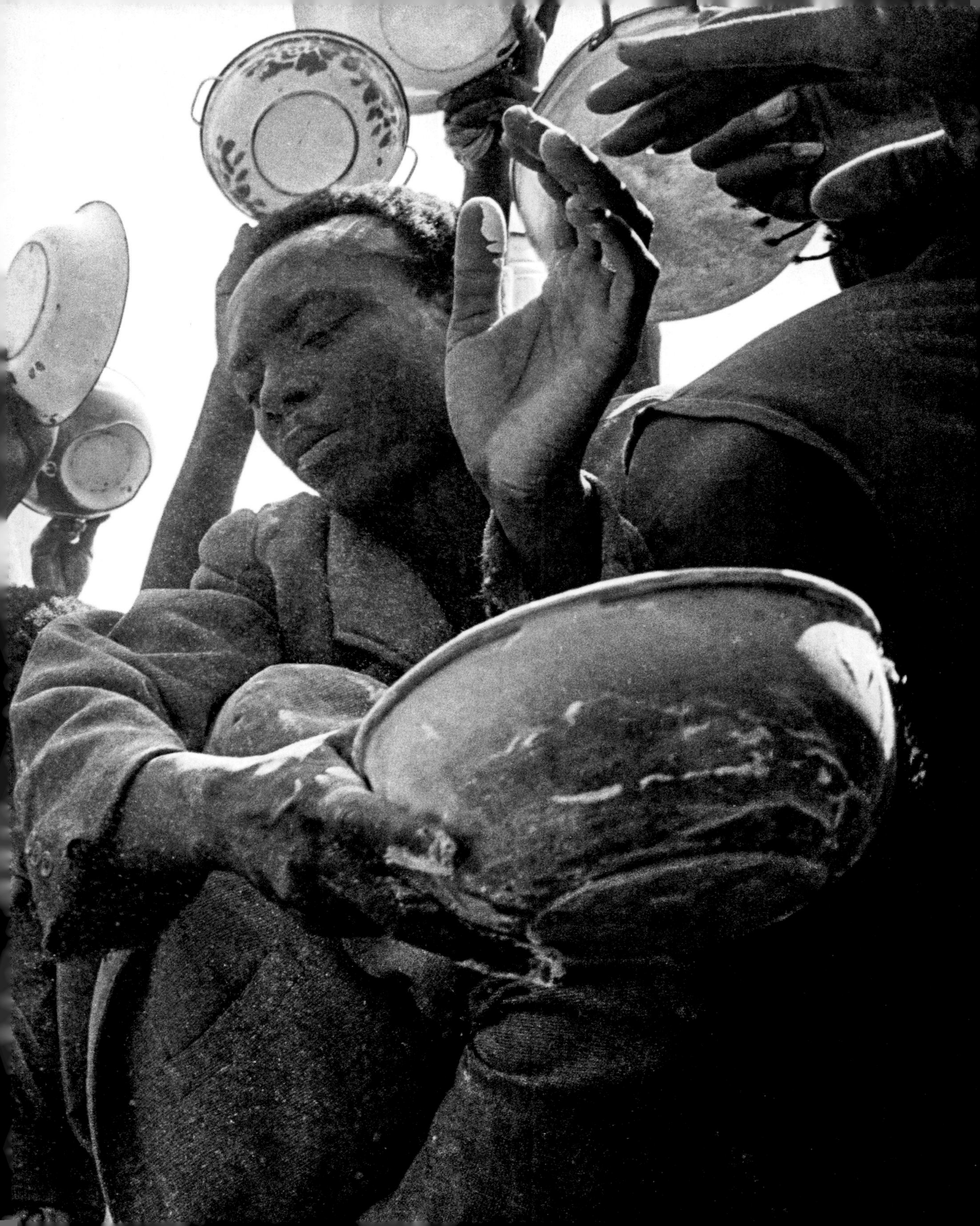

Entweder würde sie »eine statische Konferenzmaschinerie« sein oder sich zu einem »dynamischen Instrument« entwickeln, das eine neue Weltgemeinschaft formen konnte. Die Frage war nur, welchen Weg er wählen sollte. Bisher war seine Strategie gewesen, die UN-Statuten zu benutzen, um streitende Parteien zu trennen und seine diplomatische Geschicklichkeit und sein persönliches Charisma einsetzen zu können. Der alternative Weg, der nun aufschien, bedeutete stattdessen, dass die UNO Verantwortung für Souveränität und Zusammenhalt eines Staates übernahm.

Im Laufe des Frühjahrs und Sommers versuchte Hammarskjöld mit seinem üblichen Vermitteln in alle Richtungen einen Mittelweg zu beschreiten. Das große Problem war immer noch Katanga. Sollte die UNO den halsstarrigen Tschombé zwingen, die reiche Provinz wieder mit dem Kongo zu vereinen? Er wandte all seine diplomatischen Fähigkeiten auf, um in Léopoldville eine funktionierende Zentralregierung zu schaffen. Dank des massiven UN-Einsatzes, der enorme Summen kostete, wurde eine gewisse Ordnung aufrechterhalten, die Verhandlungen möglich machte. Doch es war ein Katz-und-Maus-Spiel. Tschombé machte immer wieder Zugeständnisse an die UNO und die Zentralregierung, um sie bald darauf zurückzuziehen.

Den Eindruck bekam man zumindest im Hochhaus in New York. Doch innerhalb der UN-Führung auf dem Boden im Kongo wuchs die Sorge vor dem Ausbruch eines großen Bürgerkriegs. Außerdem wurden Hammarskjölds Vertreter in Léopoldville, Sture Linnér und der Tunesier Mahmoud Khiari, in ihrer Einschätzung sicherlich von dem brutalen Terror beeinflusst, den Tschombés Söldner in Katanga verübten. Und in Elizabethville war Conor Cruise O'Brien vor Ort. Auch er war der Meinung, man sei mit Tschombé viel zu geduldig gewesen. Sie wollten, dass die UN-Truppen die Söldner in Katanga ergreifen und des Landes verweisen sollten. Die Frage war nur, wie weit das Mandat des Sicherheitsrates reichte: Konnte man nur die Frage der Fremdenlegionäre anpacken oder auch dem Aufstand in Katanga ein für alle Mal ein Ende bereiten?

Für Hammarskjöld ging es um das erste Ziel, doch er sah das Risiko, dass der Übergang zum zweiten fließend sein konnte. Während der ersten Tage diskutierte er die Frage mit Linnér und Khiari. Sie schickten ihrem Chef eine lange Aktennotiz, in der sie vorschlugen, dass UN-Truppen eingreifen sollten, falls Tschombé sich nicht den Forderungen der UNO fügte. Der entscheidende Punkt lautete, dass die UNO sich vergewissern solle, dass »die Gendarmerie, die Sicherheitspolizei, die Polizei und die bewaffneten Truppen sich nicht der Aktion widersetzen und die allgemeine Ordnung stören« könnten, falls Tschombé nicht nachgeben würde. Hammarskjöld wog Vor- und Nachteile des Plans ab. Auf der einen Seite »wäre eine Einmischung mittels Gewalt in interne Fragen natürlich sehr unglücklich«, auf der anderen Seite »müssen wir vielleicht auch die Verantwortung für eine solche ›Einmischung‹ als das geringste Übel übernehmen«. Für Linnér und Khiari war es sicherlich nicht leicht, diese hamletartigen Aussagen zu interpretieren.

Am 11. September 1961 schließlich erklärte sich Hammarskjöld einverstanden, dass Linnér und Khiari die Vorbereitungen des Plans – der später den Namen »Operation Morthor« erhielt – durchführen, aber seine »Bedenken im Hinterkopf« halten sollten. Allerdings rechnete er nicht damit, dass sie ihr Erinnerungsvermögen würden anstrengen müssen, denn inzwischen war er selbst auf dem Weg nach Afrika. Zwei Tage zuvor war er von der Regierung in Léopoldville eingeladen worden und wollte einen letzten Versuch starten, das Problem mit persönlicher Diplomatie zu lösen. Er wünschte sich einen Erfolg, den er auf der Generalversammlung Ende September vorweisen konnte.

Als Bo Beskow im Mittsommer 1961 New York besuchte, fand er, dass um den Freund alles recht finster geworden sei. Er hatte so fröhliche Erinnerungen an das Zusammensein mit Andy, Bill, Brian und den anderen Jungs vom 38. Stock – jetzt aber saß Dag die meiste Zeit da und redete auf Französisch mit Afrikanern: Der »Kongo-Klub« konferierte.

Nicht einmal als sie zum Wochenendhaus fuhren, das die UNO für Hammarskjöld in dem kleinen Ort Brewster gemietet hatte, besserte sich die Stimmung. Hier hatten sich Hammarskjöld und Bill Ranallo seit 1954 oft entspannt, und häufig war das Paar Beskow mit dabei gewesen. Du musst hierherkommen, hatte Ranallo, kurz nach seinem ersten Besuch in Löderup, Bo ermahnt: »Wir können lange Waldspaziergänge, schöne Entspannung, Mengen von Rotwein & vielleicht Spaghetti mit Köttbullar versprechen.«

Hammarskjölds Tagesprogramm in Brewster sah ein wenig anders aus als das seines lebensfrohen Leibwächters. Seine Tage begannen in der Regel vor Sonnenaufgang mit einem Frühstück mit Kaffee, Bacon und Bohnen aus der Dose. Dann machte er sich mit seinen Gästen auf lange Wanderungen in raschem Tempo, auf denen er nur stehen blieb, um einen Vogel oder die eine oder andere interessante Raupe zu betrachten. Ganz gleich, wie groß die Gesellschaft war, beharrte Dag darauf, in Brewster alles selber zu machen: Er wählte den Lagerplatz, hackte Holz, pumpte Wasser, kochte das Essen und spülte sogar alle Blechteller und sämtliches Besteck der Gäste. Nach sechs, sieben Stunden war Mittagszeit – oft wieder Bacon und Bohnen –, und danach durften sich die erschöpften Gäste erholen.

Doch jetzt saß er auf einem Floß auf dem See und las Martin Buber, während Bill Ranallo und zwei andere UN-Beamte Wasserski fuhren. Ein paar

Tage zuvor hatte er zu Bo gesagt, er habe nun begonnen zu glauben, dass es »tatsächlich böse Menschen gibt – ganz böse – durch und durch böse«. Wahrscheinlich dachte er dabei an die Fremdenlegionäre in Katanga. Einige Jahre nach Hammarskjölds Tod sollte Bill Ranallos Witwe Toddy dem Ehepaar Bo und Greta Beskow erzählen, dass Dag während der Kongo-Krise einige verzweifelte Momente gehabt habe, in denen er sich mehr oder weniger bei seinem loyalen Leibwächter ausgeweint habe. – Es ist viel über Hammarskjölds mentalen Zustand im Sommer 1961 spekuliert worden. Eines der letzten Gedichte in *Zeichen am Weg* aus dieser Zeit handelt von einem Mann, der vor einem Exekutionskommando steht:

> Von sich
> Wird er die Jacke werfen
> Und mit aufgerissenem Hemd
> Sich gegen die Mauer stellen
> Vor die Gewehre.

Während seiner letzten Jahre als UN-Chef wurde Hammarskjöld mehr literarisch produktiv als je zuvor. Er fertigte eine Reihe von Übersetzungen an, die publiziert wurden, und schrieb die schönen Haikus in *Zeichen am Weg*.

Das »Ich« des Gedichtes fürchtet jedoch nicht für den Mann, den das Ende »ohne Schwäche trifft«, sondern denkt darüber nach, ob seine Furcht aus der Angst entspringt, auf dieselbe Weise getötet zu werden, oder aus einem unbewussten Wunsch, »den Schuss feuern zu dürfen«.

Wie so viele von Hammarskjölds Gedichten ist dieses offenkundig doppeldeutig. Man kann es als psychologische Betrachtung über die Tendenz des Menschen lesen, sich lieber mit dem Täter als mit dem Opfer zu identifizieren, doch kann es auch als selbstkritische Überprüfung gesehen werden. Hammarskjöld sehnt sich danach, dem Tod auf dieselbe heroische Weise begegnen zu können wie der Mann in dem Gedicht, erkennt aber, dass dies auch seine eigene suizidale Sehnsucht nach einem ehrenvollen Ende widerspiegelt. – Rückblickend gesehen, wirkt der Entschluss, in den Kongo zu reisen, wie eine Verzweiflungstat, mehr von der Angst vor einem würdelosen Abgang getrieben, denn aus mehr oder weniger rationalen Hoffnungen, die Kongo-Krise zu lösen. Hier entsteht der Gedanke, der von vielen Kritikern Hammarskjölds vorgetragen wurde, dass seine Urteilskraft von religiöser Opfermystik und Träumen vom Märtyrertum getrübt gewesen sei. Andere sind noch weiter gegangen und haben den Generalsekretär beschuldigt, seinen eigenen Tod bewusst in Kauf genommen zu haben.

Doch Dag Hammarskjöld war sein ganzes Leben lang vom Opfergedanken fasziniert gewesen. Schon als Zwanzigjähriger hatte ihn die ruhige Begegnung Lord Jims mit dem Tod berührt – zu Hause in New York hing Conrads Porträt in der Wohnung an der 73rd Street an der Wand. Wonach er strebte, war nicht der Märtyrertod, sondern die wirkungsvolle Tat, die für andere Menschen Resultate erbrachte – was die Notwendigkeit beinhalten konnte, das eigene Leben zu riskieren. Der Tod war weder Ziel noch Mittel, sondern ein kalkuliertes Risiko, auf das man sich vorbereiten musste – wenn man »einer von uns« war. Wie er es in *Zeichen am Weg* 1952 ausdrückt: »Das Schwerste: recht zu sterben. – Ein Examen, dem keiner entgeht.«

Die meisten seiner Mitarbeiter bezeugen, dass Hammarskjöld vor seiner Reise in den Kongo eher einen gewissen Optimismus ausstrahlte. Ein paar Tage zuvor war er Zeremonienmeister auf dem Personaltag der UNO gewesen und hatte eine liebevolle Huldigung der Beamten im UN-Hochhaus erfahren. Am Abend vor seiner Abreise sprach er relativ hoffnungsvoll über den bevorstehenden Besuch im Kongo. Seinen Gästen – Carl Nordenfalk, Chef des Nationalmuseums in Stockholm, und ein amerikanischer Künstler, beide mit ihren Ehefrauen – sagte er, er glaube, das Schlimmste sei vorüber.

Vielleicht war das nur Fassade. Aber dann wiederum unterschied sich diese Reise nicht sonderlich von den vielen anderen – abgesehen vom Ergebnis. Er bediente sich desselben *modus operandi* wie immer: auf der einen Seite ein heikler Balancegang zwischen Treue gegenüber den UN-Statuten und realpolitisch angepassten Maßnahmen, auf der anderen Seite verwegene Diplomatie vor Ort, um direkt mit den Konfliktpartnern zu verhandeln. Das war oft geglückt – und wenn es einmal nicht glückte, so wie bei der französischen Militärbasis in Bizerte, hatte er trotzdem immer an Respekt gewonnen.

In diesen Erfahrungen lag ohne Zweifel die Gefahr, übermütig zu werden. Erfolgreiche Menschen neigen dazu, auch wenn sie vor radikal andere Situationen gestellt werden, jene Handlungsmuster zu wiederholen, die ihnen zuvor Erfolg gebracht haben. In den früheren Konflikten war Hammarskjöld mit einigermaßen funktionierenden Staatsapparaten und erfahrenen Politikern zusammengetroffen, die dafür einstanden, dass seine Erfahrungen als schwedischer Beamter relevant seien. Doch der Kongo war nicht China, Ägypten oder der Libanon, sondern ein chaotisches, von der Erinnerung an einen der schlimmsten Völkermorde geprägtes Staatsgebilde. Zudem finanzierten die Westmächte und nicht zuletzt deren Geheimdienste, ganz unabhängig von der nominellen Unterstützung, die sie Hammarskjöld im Sicherheitsrat gaben, hier unterschiedliche rivalisierende Kräfte.

Am Abend des 12. September fuhr Hammarskjöld zusammen mit Heinz Wieschhoff und Bill Ranallo zum Flughafen Idlewild, um im PAN AM-Flug 150 nach Léopoldville Platz zu nehmen. Andrew Cordier und ein paar andere Mitarbeiter waren zur Stelle, um Abschied zu nehmen. Die Stimmung war optimistisch, doch der Sicherheitschef der UNO Victor Noble wandte sich an Hammarskjöld und sagte: »Herr Generalsekretär, bitte versprechen Sie mir, dass Sie nicht nach Elizabethville fahren.«

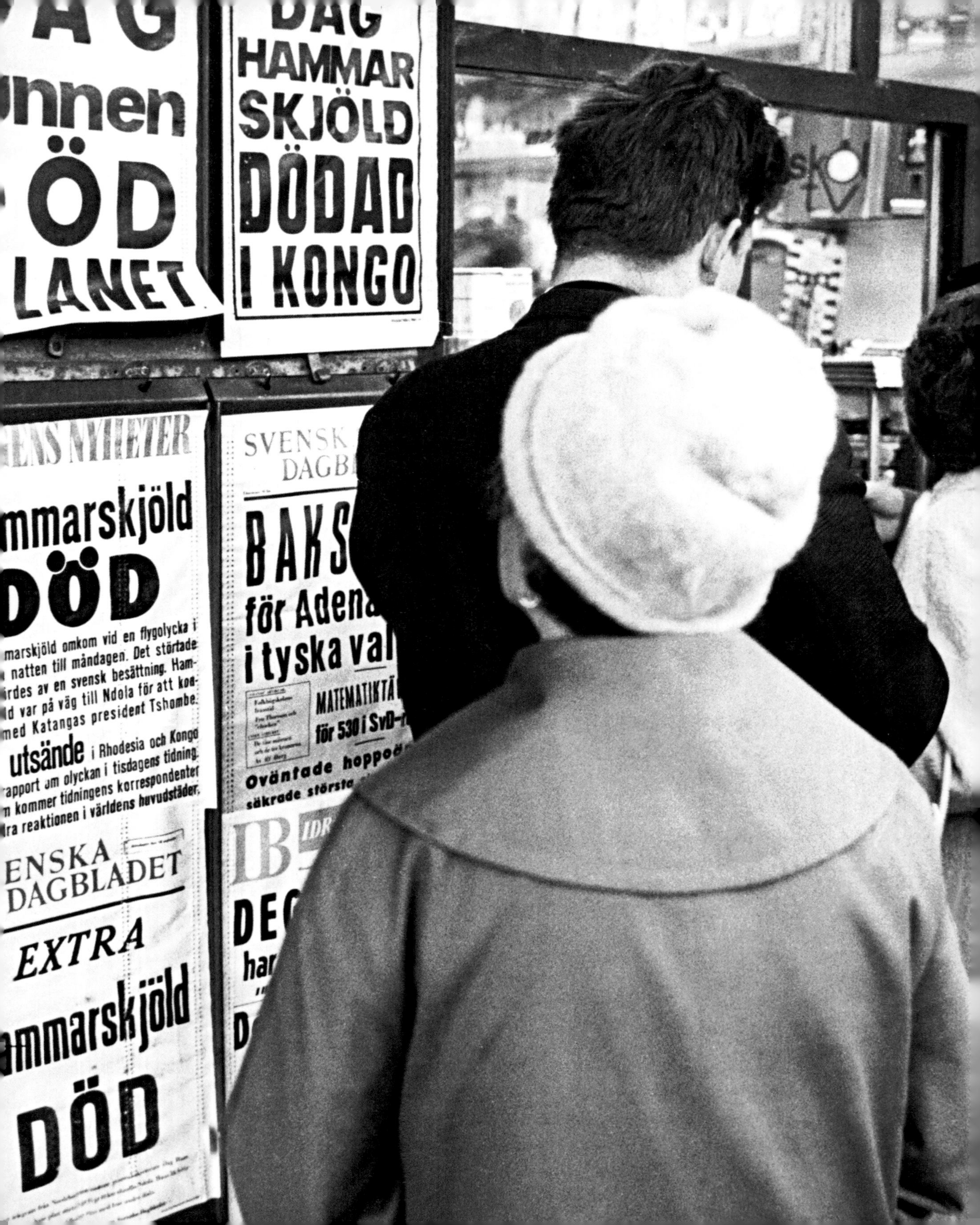

TOD EINES BEAMTEN

»Sie sind schwer zu begreifen, Marlow.«
»Wer? Ich?«, fragte Marlow. »Aber nein.« Aber er war es, und wie sehr ich mich auch bemühe, der Geschichte gerecht zu werden, desto mehr verliere ich unzählige Nuancen.«

Joseph Conrad, *Lord Jim*

Wie die meisten Reisenden pflegte Dag Hammarskjöld für den Weg etwas zu lesen mitzunehmen. Als er in New York das Flugzeug auf den Weg in den Kongo bestieg, hatte er sieben Bücher im Gepäck. Da waren die beiden bekanntesten Gedichtsammlungen von Rainer Maria Rilke, geschrieben zu Beginn des 20. Jahrhunderts: die *Duineser Elegien* und die *Sonette an Orpheus*. Wahrscheinlich hatte er sie schon früher einmal gelesen. Rilke war ein Klassiker, und seine lyrische und symbolträchtige Poesie gefiel Hammarskjöld gewiss. Vielleicht spielte auch eine Rolle, dass der Göttersohn Orpheus in der griechischen Mythologie einer der Argonauten gewesen war, die Jason bei der Suche nach dem Goldenen Vlies halfen.

Außerdem hatte er einen noch nicht aufgeschnittenen Roman über den Noah der Bibel dabei, der 1947 erschienen war: *Noé* von Jean Giono, ein zeitgenössischer französischer Schriftsteller, der für seinen glühenden Pazifismus bekannt war. Sehr zerlesen hingegen war *Nachfolge Christi* von Thomas von Kempen, das Buch, das er 1921 als Konfirmationsgeschenk erhalten hatte und das ihn sein ganzes Leben lang begleitete. Als Lesezeichen benutzte er ein Stück Papier, auf das mit Maschine der Diensteid des Generalsekretärs geschrieben war: *I, Dag Hammarskjöld, solemnly swear to exercise in all loyalty, discretion and conscience the functions entrusted to me as Secretary General of the United Nations …*

In der Reisetasche, die er immer bei sich trug, hatte er eine kleine englische Ausgabe des Neuen Testaments und der Psalmen, dazu eine deutsche und eine englische Ausgabe von Martin Bubers *Ich und Du*. Das war Arbeitsmaterial: Außerdem hatte er in der Reisetasche auf zwölf Seiten den Anfang seiner schwedischen Übersetzung dieses Buches. An Weihnachten 1959 hatte er Buber ein zweites Mal in Jerusalem getroffen, als er die UN-Truppen in Ägypten besuchte. Später einigten sie sich darauf, dass Hammarskjöld

Die Nachricht von Hammarskjölds Tod kam im Laufe des 18. September 1961 über Radio, Fernsehen und Abendzeitungen. Die Tageszeitungen sahen sich genötigt, Extrabeilagen zu drucken, während ihre bereits veralteten Aushänger immer noch angeschlagen waren. Rechts sieht man das *Svenska Dagbladet* mit Adenauers Wahlschlappe in Deutschland als Schlagzeile.

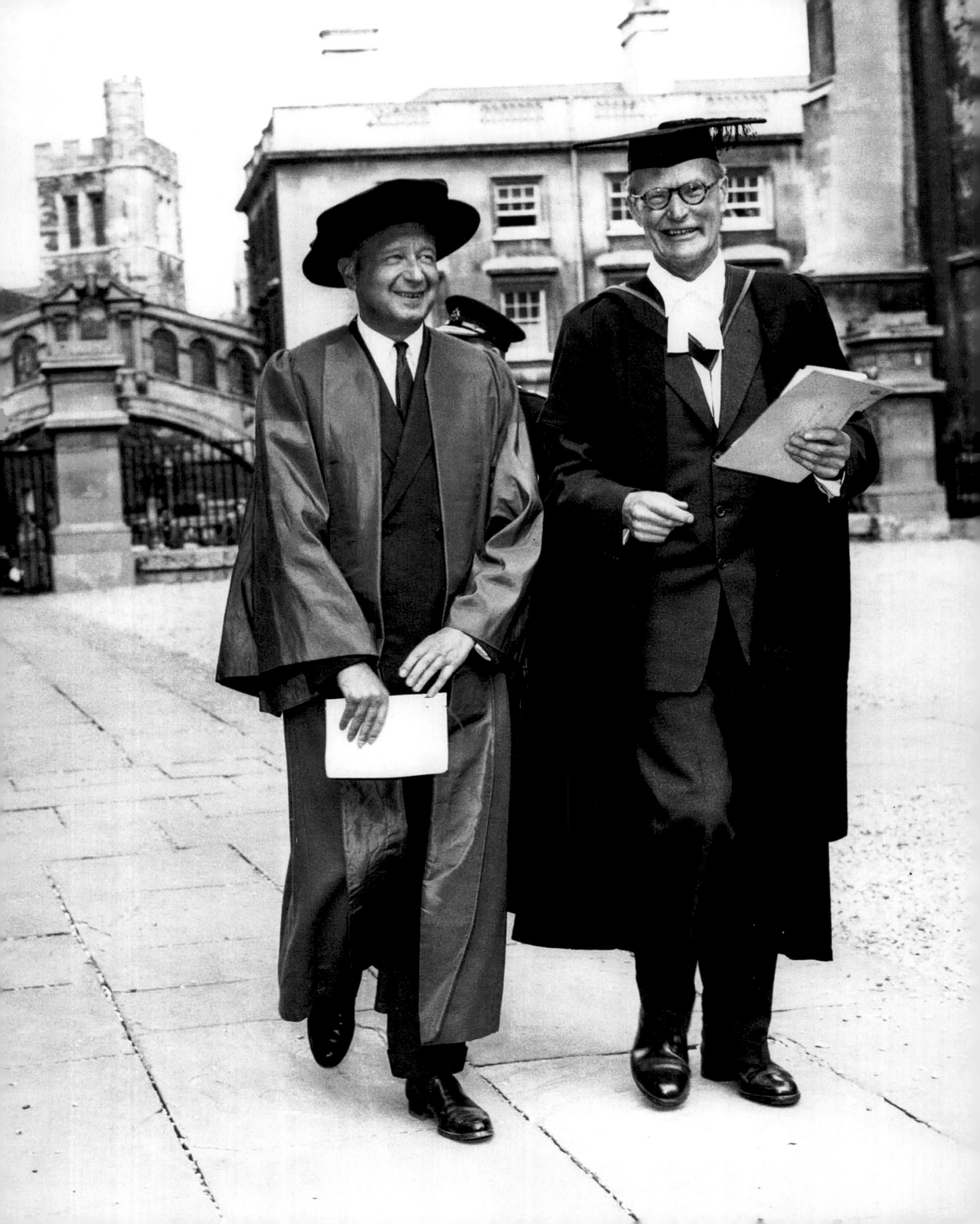

eines von Bubers Werken ins Schwedische übersetzen solle, und der einundachtzigjährige Philosoph hatte dafür seinen Klassiker *Ich und Du* ausgewählt.

Bubers Denken mit der Betonung auf Vertrauen und Authentizität in menschlicher Kommunikation hatte eine zunehmend bedeutende Rolle für Hammarskjöld gespielt. Nach dem ersten Gespräch mit Buber hatte er an Erik Lindegren geschrieben:

> Kürzlich traf ich den alten Martin Buber – er ist wirklich ein großer Mann –, und er sagte, wir wären in einen Zustand geraten, in dem das individuelle Leben völlig von dem politischen Leben verschlungen sei, und dass das politische Leben eine Welt ohne Ein- und Ausgang repräsentiere. Er sprach von unserer enthumanisierten Existenz, in der die Sprache ihre normale Funktion der Kommunikation zur Aufrechterhaltung lebendigen Kontakts zwischen Menschen verloren habe. Ich glaube, dass er im Prinzip recht hat.

Auch wenn Hammarskjöld sein ganzes Leben lang gegen das Primat der Politik gekämpft hat (während er gleichzeitig immer die Macht suchte), so wurde sein Misstrauen gegen die politische Sprache in seinen letzten Lebensjahren immer deutlicher. Vielleicht lag das an den verbalen Bombenteppichen marxistischer Rhetorik, denen er während der Kongo-Krise seitens der Sowjetunion und ihrer Satelliten ausgesetzt gewesen war. Chruschtschow hatte ihn beschuldigt, mit falschen Karten zu spielen – so wie es bürgerliche Politiker während Hammarskjölds Zeit als Beamter der sozialdemokratischen Regierung in Schweden getan hatten.

Der Generalsekretär der Vereinten Nationen sei, so behauptete der Sowjetführer, eigentlich mit den Westmächten alliiert, »zwar gibt es neutrale Länder, aber keine neutralen Menschen«. Hammarskjöld hatte darauf geantwortet, als er am 30. Mai 1961 zum Ehrendoktor der Universität Oxford ernannt worden war. Da betonte er, dass auch, wenn es vielleicht keine »neutralen Menschen« gäbe, es doch Menschen geben müsse, die sachlich und unparteiisch handeln könnten, so wie nicht zuletzt die Beamten der UN. Ohne eine solche Vorstellung würde die gesamte Idee der internationalen Zusammenarbeit kollabieren.

Doch nicht alles in seinem Gepäck war von schwergewichtigem Ernst. Hammarskjöld hatte auch eine Karte von Brewster und Umgebung dabei, auf der passende Wanderwege mit Bleistift eingezeichnet waren. Und in seine Brieftasche hatte er ein paar Zeitungsausschnitte geschoben. Einer war eine Witzzeichnung, auf der eine Person einen Baseball-Schiedsrichter tröstet, der von den Spielern beschimpft wird: »Keiner erwartet von dir, dass

---

Am 30. Mai 1961 wurde Dag Hammarskjöld zum Ehrendoktor der Universität Oxford ernannt. Dort nutzte er seine Rede zu einer Antwort an den Sowjetführer Chruschtschow, der behauptet hatte, es sei unmöglich, als UN-Chef »neutral« zu sein. Hammarskjöld verteidigte das Prinzip vom selbstständigen internationalen Beamten und meinte, selbst wenn es vielleicht keine »neutralen Menschen« gäbe, so doch zumindest »neutrale Handlungen«. Hier sieht man ihn in Gesellschaft mit A. N. Bryan-Brown vom Worcester College.

du Dag Hammarskjöld bist, Potts. Gib einfach nur dein Bestes.« Ein anderer Ausschnitt trug den Text von *Bebop-a-lula*, einem Hit des Rockabilly-Stars Gene Vincent von 1957.

Das erste Anzeichen, dass etwas schiefgegangen war, erreichte ihn, als das Flugzeug in Accra in Ghana zwischenlandete. Reuters teilte mit, dass O'Brien eine Pressekonferenz abgehalten und verkündet habe, die UNO habe die Kontrolle über Elizabethville übernommen und Katanga sei wieder mit dem Kongo vereint worden. Hammarskjöld wies den Inhalt des Telegramms als unwahrscheinlich zurück; es war nie die Rede davon gewesen, Tschombé abzusetzen, sondern nur, ihn an den Verhandlungstisch zu zwingen.

Aber Reuters hatte recht. O'Brien hatte sich wirklich so ausgedrückt. Zudem lag er in der Sache völlig falsch. »Operation Morthor«, die um vier Uhr morgens desselben Tages eingeleitet worden war, hatte sich zu einer totalen Katastrophe ausgewachsen. Die UN-Truppen – Iren, Schweden und nepalesische Gurkha-Soldaten – waren auf starken Widerstand gestoßen.

Insgesamt taten ca. 20.000 UN-Soldaten im Kongo Dienst, von denen 245 fielen. Der schwedische Einsatz umfasste 6.332 Mann, von denen 19 fielen. Zusammengenommen starben im Verlauf der Kongo-Krise, die sich bis 1965 fortsetzte, ungefähr 100.000 Menschen.

Zwar hatte Belgien seine Kräfte zurückgezogen, doch die waren von hartgesottenen französischen, britischen und nordrhodesischen Fremdenlegionären ersetzt worden. Außerdem hatte Katanga eine effektive Luftwaffe, die zwar nur aus einem französischen Düsenjet bestand, aber da die UN-Kräfte überhaupt keine Unterstützung aus der Luft hatten, besaß dieses eine Flugzeug die Lufthoheit. Tschombé entkam, und Elizabethville wurde zu einem Kriegsgebiet mit heulenden Kugeln und Feuer auf die UN-Truppen.

Ganz schlimm ging es in der kleinen Bergbaustadt Jadotville, hundert Kilometer von Elizabethville entfernt, zu. Da gab es eine irische UN-Truppe von 155 Mann, die schnell von dreitausend Fremdenlegionären, belgischen Siedlern und kongolesischen Einheimischen umringt war. Die Iren verteidigten sich hartnäckig; »Halten die Stellung bis zur letzten Kugel, schickt Whiskey«, telegrafierte man ans Hauptquartier in Léopoldville. Schwedische und nepalesische UN-Kräfte versuchten, ihnen zu Hilfe zu kommen, wurden aber zurückgeschlagen. Nach fünf Tagen des Kämpfens gaben die Iren auf.

Selig unwissend, was all das anging, landete Hammarskjöld schließlich kurz vor drei Uhr in Léopoldville. Die Hitze war drückend, doch alles sah vielversprechend aus, als er in seinem dunklen, doppelreihigen Anzug mit einem wachsamen Bill Ranallo hinter sich dem Flugzeug entstieg. Er wurde von dem neuen Ministerpräsidenten Cyrille Adoula empfangen, der seit zwei Monaten im Amt war und eine Regierungskoalition vertrat, die sowohl den von der CIA finanzierten Mobutu umfasste wie auch Politiker, die Lumumba nahegestanden hatten. Nachdem er seine Truppen abgeschritten hatte – ein Bataillon nigerianischer und schwedischer UN-Soldaten –, besprach sich Hammarskjöld mit Adoula. Die Stimmung war optimistisch, und sie diskutierten eine Reduktion der UN-Truppen.

Erst als er zu Sture Linnérs Haus kam, erfuhr er, was in Katanga geschehen war. Der knapp 40-jährige Linnér war ein Beamter nach Hammarskjölds Geschmack: Dozent in Griechisch, aktiv beim Roten Kreuz und mit Erfahrungen aus der Geschäftswelt, unter anderem dem schwedisch-amerikanischen Grubenunternehmen Lamco. Dennoch kann es für Linnér nicht angenehm gewesen sein, seinen Chef von der Operation zu berichten, die nicht nur ohne seine Zustimmung eingeleitet worden, sondern zudem vollkommen missglückt war.

Hammarskjöld entschied sich rasch, die volle Verantwortung zu übernehmen. Im Prinzip hatte er ja die »Operation Morthor« gutgeheißen, wenn auch nicht den Zeitpunkt und die erweiterte Zielsetzung, die O'Brien öffentlich gemacht hatte. Im Laufe des Abends verschafte er sich einen Überblick über die Lage in Katanga, und um zwei Uhr nachts schickte er einen Bericht an die UN in New York. Am folgenden Tag, dem 14. Septem-

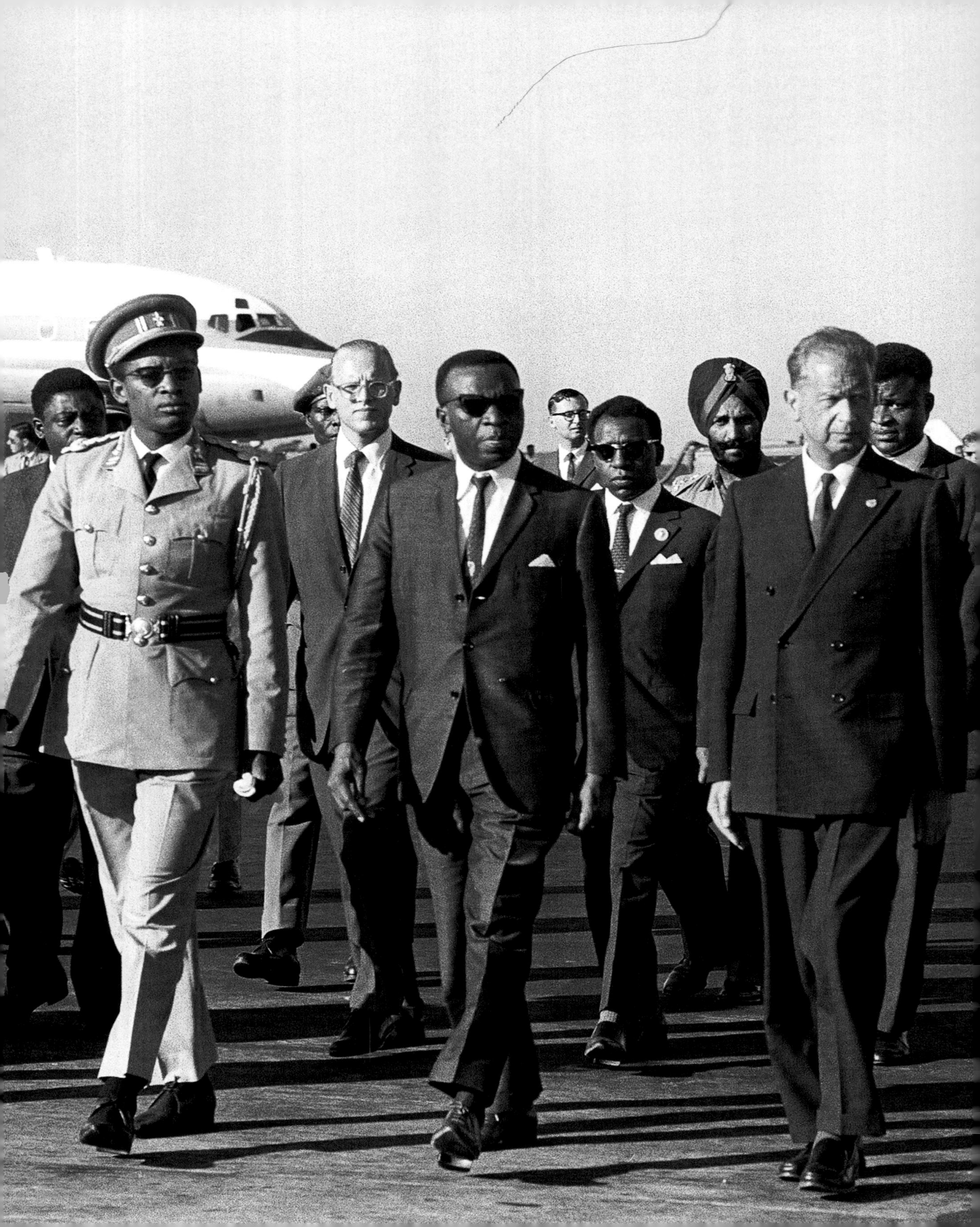

Dag Hammarskjöld bei seiner Ankunft auf dem Flugplatz Léopoldville am 13. September 1961. Der Dritte von links ist Sture Linnér, von Hammarskjöld persönlich zum Chef der zivilen Aufgaben der UNO im Kongo während der Krise ausgewählt. Er hatte die unangenehme Aufgabe, den Generalsekretär davon in Kenntnis zu setzen, dass »Operation Morthor« nicht nur ohne seinen Befehl eingeleitet worden, sondern auch gescheitert war. Links von Hammarskjöld in der vorderen Reihe Premierminister Cyrille Adoula und der vom CIA gelenkte Oberbefehlshaber Joseph Mobutu.

— 1 —

ber, kamen heftige Reaktionen von der internationalen Staatenwelt. Viele afrikanische und asiatische Länder drückten ihre Zustimmung für das Eingreifen in Katanga aus, während die Sowjetunion, die sich nur ungern hinter Hammarskjöld stellen wollte, das Problem darin sah, dass der Generalsekretär die UN-Truppen zurückgehalten habe.

In großen Teilen der westlichen Welt hingegen hagelte es Beschimpfungen für den Übergriff. Frankreich beschuldigte Hammarskjöld, seine Befugnisse übertreten zu haben, in Belgien wurden Vergleiche mit Nazi-Deutschland herangezogen und Nordrhodesien schickte Truppen an die Grenze nach Katanga, um der »ernsthaften Bedrohung« zu begegnen, die der UN-Einsatz angeblich darstellte. Die USA, die einen großen Teil der UN-Präsenz im Kongo finanziert hatten, drohten, ihre Unterstützung zu beenden. Und die britische Regierung schickte augenblicklich ihren stellvertretenden Außenminister Lord Lansdowne nach Léopoldville, um dem Generalsekretär die Leviten zu lesen. Das war eine Aufgabe, für die der konservative Politiker gut geeignet war: Der Achtzehnte Marquis von Lansdowne übertraf den schwedischen Generalsekretär sowohl was die Anzahl der Vornamen als auch der Titel anging.

Hammarskjöld tat sein Möglichstes, um Ordnung in die chaotische Situation zu bringen. Auf der einen Seite bremste er den eifrigen O'Brien, der wollte, dass die UNO die Macht in Katanga übernähme. Dem Generalsekretär ging es immer noch darum, Verhandlungen mit Tschombé führen zu können. Auf der anderen Seite versuchte er, die militärische Situation zu verbessern, indem er sich mit der Bitte um Jagdflugzeuge an Äthiopien wandte. Er bekam ein schnelles Ja aus Addis Abeba, doch Großbritannien weigerte sich, die nötige Überfluggenehmigung für Uganda und Kenia zu erteilen. Ebenso erging es Hammarskjöld mit der Bitte um amerikanische Transportmaschinen, mit denen er Verstärkungen nach Elizabethville einfliegen wollte – als die Flugzeuge schon in den Kongo unterwegs waren, wurden sie von einer »übergeordneten Behörde« zurückgerufen.

Am frühen Morgen des 16. September beschloss Hammarskjöld, zu versuchen, direkt mit Tschombé zu verhandeln. Das Problem war jedoch, dass niemand mehr in der UNO Kontakt zur Regierung von Katanga hatte, die sich versteckt hielt. Hingegen wusste Hammarskjöld, dass die Briten – trotz ihrer nominellen Unterstützung der UN im Kongo – Tschombé Rückendeckung gaben (es sollte sich später herausstellen, dass er, während die UN-Soldaten nach ihm suchten, in aller Ruhe im britischen Konsulat in Elizabethville Kaffee getrunken hatte). Deshalb überraschte Hammarskjöld ein paar Stunden später den aus England herbeigeeilten Lansdowne damit,

Auf seiner letzten Reise führte Hammarskjöld eine Reihe Bücher mit sich, dazu zwei Texte, an denen er arbeitete: den Essay »Slottsbacken« (»Der Schlosshügel«) über das Uppsala seiner Jugend, sowie eine Übersetzung von Martin Bubers Ich und Du *(das Manuskript ist auf dem Bild zu sehen). Ansonsten sieht man hier seinen UNO-Ausweis und seine Brieftasche, in der die Zeitungsausschnitte steckten.*

dass er ihm vorschlug, er solle ihm helfen, Kontakt zu Tschombé zu bekommen. Exakt das hatte Lansdowne selbst vorschlagen wollen – abgesehen davon, dass er Hammarskjöld für die »Operation Morthor« hatte beschimpfen wollen.

Dass der Generalsekretär der Vereinten Nationen bereit war, direkt mit jemandem zu verhandeln, der für viele nur eine Marionette der Belgier war, konnte natürlich als naiv betrachtet werden. Doch der Separatismus in Katanga war nicht nur eine Idee der großen Grubenunternehmen, sondern hatte in Teilen der Bevölkerung auch historische Wurzeln. Tschombé war ein erfahrener Politiker, der einer einflussreichen Familie in Katanga entstammte, er war von amerikanischen Missionaren ausgebildet worden und hatte in Brüssel studiert. Wahrscheinlich gab sich Hammarskjöld keinerlei Illusionen über Tschombés Verhältnis zu Belgien hin, doch er betrachtete ihn als notwendig, um eine friedliche politische Veränderung herbeizuführen.

Nach zwei Tagen intensiver Vorabverhandlungen einigten sie sich darauf, sich in Ndola in Nordrhodesien, nahe der Grenze zu Katanga, zu treffen. Der Plan weckte Widerstand bei der örtlichen UN-Führung. Der antikoloniale Ire O'Brien war der Meinung, Hammarskjöld wäre drauf und dran, den Separatisten ein fatales Erbe zu bescheren. Andere waren um seine Sicherheit besorgt. Nordrhodesien, das immer noch von Großbritannien abhängig war, konnte nicht gerade als neutraler Boden bezeichnet werden. Die regierende weiße Minderheit unterstützte Katanga aus Angst, dass ein starker selbstständiger Kongo ihre eigene, der Apartheid ähnelnde Führung bedrohen würde.

Aber Hammarskjöld war optimistisch und hoffte, er würde Tschombé überreden können, ihm nach Léopoldville zu direkten Verhandlungen mit der Zentralregierung zu folgen. »Der Chef war in einer so deprimierten Stimmung – schlimmer, als ich ihn je gesehen habe«, erklärte Bill Ranallo in einem Brief an seine Frau, der am Morgen des 17. September geschrieben worden sein muss. Aber, fuhr er fort, »… gestern Abend war [er] viel besserer Laune, nachdem er eine Verhandlung mit Tschombé in Ndola später am heutigen Tag vereinbart hat«. In seinem letzten Telegramm an Ralph Bunche in New York wirkte Dag ebenfalls auffällig optimistisch: »Wenn Tschombé unserem Plan gemäß nach Léopoldville mitkommen möchte, dann ist dies möglich.«

Gegen zwei Uhr nachmittags kam der Bescheid, dass Tschombé auf dem Weg nach Ndola sei. Drei Stunden später hob Hammarskjölds schwedische DC-6, die nach einem populären kongolesischen Rumba-Song »Albertina« genannt worden war, von Njdili, dem Flughafen von Léopoldville, mit demselben Ziel ab. Das Flugzeug war gerade repariert worden, nachdem es beim

Start vom Flughafen in Elizabethville am Morgen desselben Tages beschossen worden war. An Bord befanden sich, abgesehen von dem Generalsekretär, fünfzehn Personen: sechs Besatzungsmitglieder, zwei schwedische UN-Soldaten, vier Leibwächter (darunter Bill Ranallo) sowie drei UN-Beamte. Sture Linnér hätte auch mitfliegen sollen, doch noch an Bord der Maschine hatte Hammarskjöld – wie Linnér berichtet – gesagt, dass es vielleicht nicht so gut sei, wenn sie sich beide gleichzeitig von Léopoldville entfernten.

In Ndola hatten die Vorbereitungen für die Ankunft Hammarskjölds bereits am Nachmittag begonnen. Die Umstände waren günstig. Ndola war ein relativ moderner Flugplatz, und das Wetter war klar und nur ein wenig diesig. Im Laufe der Zeit war das Begrüßungskomitee auf dem ansonsten sehr ruhigen Flugplatz immer größer geworden. Mit dabei waren der Vertreter der britischen Regierung in Rhodesien, Lord Alport, der für das Treffen selbst verantwortlich zeichnete, eine Reihe höherer rhodesischer Beamter sowie die Piloten des Jagdflugzeugs, das Hammarskjölds Flugzeug eskortieren sollte, wenn es in den rhodesischen Luftraum eintreten würde. Tschombé wartete in der Lounge des Flugplatzes, wo er die Gelegenheit nutzte, ein Abendessen einzunehmen und eine Flasche Burgunder zu trinken.

Alport hatte den Flughafen für Besucher schließen lassen, woraufhin sich eine bunte Schar an den Zäunen versammelt hatte. Da waren ungefähr 30 Journalisten, die auf dem Weg von Ndola nach Elizabethville gewesen waren, dann aber zufällig im Radio von Hammarskjölds Plänen gehört und sofort kehrtgemacht hatten. Da waren schwarze Rhodesier, die zum Widerstand gegen das weiße System gehörten und den Generalsekretär begrüßen wollten. Auch der bekannte Fremdenlegionär Dick Browne, der britische Befehlshaber der *Compagnie Internationale*, einer weißen Truppe aus britischen, rhodesischen und südafrikanischen Söldnern, war da. Früher an jenem Tag war Hammarskjöld von dem britischen Journalisten Andrew Wilson interviewt worden und hatte mit Verbitterung über den »Abschaum«, soll heißen Tschombés Fremdenlegionäre, gesprochen.

Seit dem Start der Albertina in Léopoldville gegen siebzehn Uhr hatte man nichts mehr von dem Flugzeug gehört. Doch der Abend war klar und mondbeschienen, es gab keinen Anlass zur Sorge. Schließlich um kurz nach zehn Uhr meldete sich der Pilot der Albertina, der Schwede Per-Erik Hallonquist. Er war genötigt gewesen, eine längere Route um Katanga herum einzuschlagen, und rechnete erst gegen halb eins in der Nacht mit der Ankunft in Ndola.

Eine halbe Stunde später landete ein anderes Flugzeug aus Léopoldville. Darin saß der britische Minister Lansdowne, der sich mit Alport besprechen und vielleicht auch kontrollieren wollte, ob dieser die Angelegenheit zufriedenstellend regelte. Er begrüßte kurz Tschombé, der nun zusammen mit

Frau und Kindern den Flughafen verließ, um in einem Haus in der Nähe zu warten. In der nun folgenden Stunde hatte die Flugsicherung in Ndola sporadisch Kontakt mit der Albertina. Hallonquist war nicht gesprächig, doch ansonsten schien alles normal zu verlaufen. Der schwedische Pilot meldete, dass er die Landeanfluglichter in Ndola sehen könne und mit dem Anflug begonnen habe. Doch dann verlor man den Kontakt zur Albertina.

Das beunruhigte Lansdowne, doch er sollte direkt weiter nach Salisbury/Rhodesien fliegen und konnte in der Sache nicht viel ausrichten. Alport hingegen war ziemlich unbekümmert. Er dachte – so sagte er zumindest hinterher –, Hammarskjöld habe es sich anders überlegt und sei nach Elizabethville geflogen, was in seinen Augen das Vernünftigste gewesen wäre. Gegen zwei Uhr morgens schickte die Flugleitung in Ndola Anfragen an eine Reihe anderer Flugplätze, ob sie von der Albertina gehört hätten. Man erhielt ausschließlich negative Bescheide. Kurz nach drei Uhr wurde der Flughafen geschlossen, und Alport begab sich zu seinem eigenen Flugzeug, das auf dem Gelände geparkt war, um ein wenig zu schlafen.

Eine Stunde später erhielten zwei Polizisten in Ndola die Nachricht von einem »großen Blitz am Himmel«. Sie weckten einen genervten Flugplatzchef, doch dieser weigerte sich, die Sache zu untersuchen. Erst am nächsten Morgen, nach Druck aus Salisbury, begann man mit der Suche. Gegen halb drei am Nachmittag ging die Nachricht ein, dass ein Köhler namens Fairie Mazibisa etwa fünfzehn Kilometer nordwestlich vom Flugplatz in Ndola ein Flugzeugwrack gesehen habe. Eine Viertelstunde später meldete ein rhodesischer Pilot, er habe die Albertina gesichtet.

Die Sonne stand hoch am Himmel und die Hitze war drückend, als die Polizei etwas später an den Ort kam. Zuerst sahen sie eine hundert Meter lange Straße aus abrasierten Baumwipfeln, an deren Ende ein rauchender, ausgebrannter Flugzeugkörper lag. Die Propeller waren verdreht, die Motoren waren abgerissen und ein Stück weiter im Wald gelandet, und über einen weiten Umkreis verteilt lagen Wrackteile. Die Polizei entdeckte schnell, dass einer der Passagiere noch lebte. Man gab ihm Morphium und Wasser, doch er starb etwas später im Krankenhaus. Alle anderen – die Besatzung, die UNO-Beamten, die Soldaten – waren tot. Einige Leichen lagen noch im Flugzeug, doch die meisten waren beim Aufprall herausgeschleudert worden. Dag Hammarskjölds Körper wies als einziger keine Verbrennungen auf. Er lag ein Stück vom Flugzeug entfernt in der Nähe eines Busches mit einem Grasbüschel in der Hand friedlich auf dem Rücken.

Im UNO-Haus in New York war die Sorge gewachsen. Es war offenkundig, dass etwas passiert war, doch den ganzen Sonntag über kamen keine Nachrichten aus dem Kongo. Erst um zehn Uhr am Montagmorgen (vier Uhr nachts in Rhodesien) erhielt Ralph Bunche vom amerikanischen Militär den definitiven Bescheid, dass Hammarskjölds Flugzeug abgestürzt war und niemand überlebt hatte. Im Laufe des Nachmittags und des Abends verbreitete sich die Nachricht um die Welt. Am nächsten Morgen, dem 19. September 1961, waren die Zeitungskolumnen schwarz. Die ganze Welt trauerte, und die Beileidsbezeugungen gingen in großer Zahl bei der UNO und in Schweden ein. Die USA schlugen ein Monument für Dag Hammarskjöld vor, Burma war der Meinung, dass er postum den Friedensnobelpreis erhalten sollte (den er im Dezember desselben Jahres dann auch bekam). Der Papst äußerte sich, und Rabbiner, Priester und Imame hielten ihre Gemeindemitglieder an, für den toten Generalsekretär zu beten.

Vor dem UN-Gebäude in New York wurden sämtliche Flaggen der 99 Mitgliedsstaaten abgenommen, nur die blau-weiße UNO-Flagge blieb in einsamer Majestät stehen, wurde aber zu Ehren des Mannes, der die Weltorganisation mehr als jeder andere symbolisiert hatte, auf halbmast gesenkt. Die UNO-Angestellten in den Büros und auf den Gängen weinten. Im 38.

Es dauerte fast fünfzehn Stunden, bis das Wrack der Albertina gefunden wurde. Das ist nur einer von vielen seltsamen Umständen um den Tod von Dag Hammarskjöld bei Ndola am 17. September 1961. Schnell kamen Gerüchte in Umlauf, dass es sich um einen Mord gehandelt habe.

VÄGMÄRKEN

Endast den hand som stryker ut
kan skriva det rätta.

Stock war die Stimmung schwarz vor Trauer. »Solch einen Menschen wird es nie wieder geben«, dachte Brian Urquhart. Der junge Kofi Annan, der zu Besuch im Haus war, erinnert sich, dass am Fahrstuhl jemand »Die haben ihn ermordet! Die haben ihn ermordet!« gerufen habe.

Hammarskjölds Freunde waren schockiert. »Die Nachricht von D. H.s Tod ist so schrecklich, dass sie nur schwer zu denken ist«, schrieb John Steinbeck an einen Freund, und fügte hinzu:

> Gestern vor zwei Wochen habe ich mit ihm zu Abend gegessen. Meine Handschrift ist zittrig, nicht wahr? Dags Tod hat mich schwer mitgenommen, das glaube ich, ich fühle mich in mir drin zittrig. Habe über seine Persönlichkeit in den Zeitungen gelesen, und ich möchte wohl sagen, dass ich einen anderen Mann kannte als die. Er war weder kühl noch begeisterungslos noch neutral. Er war leidenschaftlich in dem, was er tat […] Ich scheine heute keinen zusammenhängenden Brief schreiben zu können.

In der Generalversammlung wanderte der Blick der Delegierten zu dem leeren Platz auf dem Podium links von Frederick Boland. Einer nach dem anderen erhoben sich die Delegierten und huldigten dem umgekommenen Generalsekretär. »Er starb auf unserer afrikanischen Erde, für den Frieden in meinem Land«, sagte der Vertreter des Kongo. Indiens Krishna Menon, der keineswegs immer am selben Strang gezogen hatte wie Hammarskjöld, beschrieb ihn als »einen großen Staatsmann […] und unser aller Freund«. Der UN-Botschafter der USA Adlain Stevenson stellte die Frage, ob irgendein Mensch mehr für den Frieden geleistet habe:

> Die Erinnerung an diesen Mann, menschlich, gebildet, besonnen, getragen von einer poetischen und philosophischen Vision, leidenschaftslos – abgesehen von einer Leidenschaft für Vernunft und Anstand –, schüchtern und mutig, diese Erinnerung wird von uns immer als das Beste erinnert werden, was die Vereinten Nationen sein können …

Doch gab es im Chor der Lobeshymnen auch Dissonanzen. Die Regierungen von Belgien und Frankreich klangen auffällig zurückhaltend, Hammarskjölds Tod sei »tragisch«, mehr nicht. Die Russen wiesen eiskalt darauf hin, dass sie ihn nicht als den Generalsekretär der UNO anerkannt hätten. Vor dem UN-Gebäude demonstrierten Flüchtlinge aus Osteuropa mit Plakaten, auf denen Chruschtschow als der Verantwortliche angeprangert wurde. Der ehe-

---

Nach Hammarskjölds Tod fand man in seiner Wohnung in New York ein Manuskript mit einem Begleitbrief an seinen Freund Leif Belfrage, der ihm die Verantwortung übertrug, zu entscheiden, ob man es veröffentlichen solle. Als es 1963 unter dem Titel *Zeichen am Weg* erschien, waren viele über Hammarskjölds intensiven Dialog mit Gott über Fragen von Pflichtgefühl, Verantwortung, Schuld, Liebe und Glauben erstaunt. Seither hat das Buch akademische Wissenschaftler ebenso inspiriert wie Millionen gewöhnlicher Leser in der ganzen Welt.

malige US-Präsident Harry Truman meldete sich auch zu Wort: »Die« hätten Hammarskjöld ermordet, erklärte er. Als die *New York Times* ihn bat, das zu präzisieren, antwortete er: »Da müssen Sie Ihre eigenen Schlüsse ziehen.«

Die meisten Verdächtigungen richteten sich jedoch gegen das weiße Regime in Nordrhodesien, das ohne Frage sowohl ein Motiv als auch Mittel gehabt hätte und zumindest auch ein Flugzeug mit der Möglichkeit, Hammarskjölds Maschine abzuschießen. Lord Alports seltsamer Unwille herauszufinden, wo die Albertina blieb, heizte auch den Verdacht an, dass Großbritannien, Tschombés Beschützer, in die Sache verwickelt sein könnte. Die britische Regierung fühlte sich dermaßen unter Druck gesetzt, dass man sich genötigt sah, ein Dementi zu veröffentlichen, in dem man die Beschuldigungen als »skandalös« und »undenkbar« bezeichnete. Andere wiederum vermuteten Verschwörungen belgischer Fremdenlegionäre.

Die Diskussion setzt sich bis heute fort. Eine fast unüberschaubare Menge neuer Bücher, Artikel und Ermittlungen über den Absturz in Ndola ist zu einem Teil des Erbes von Dag Hammarskjöld geworden. Niemand hat definitiv die Theorie widerlegen können, dass es sich um einen Navigationsfehler handelte. Doch gibt es auch noch vieles andere, was zu erklären wäre, von Lord Alports seltsamem Verhalten bis hin zu Zeugenaussagen von belgischen Söldnern, CIA-Agenten und britischen Militärs.

Ein anderes beachtliches Erbe Dag Hammarskjölds war der Loseblatt-Ordner mit Texten, den man nach seinem Tod auf dem Nachttisch in seiner Wohnung an der 73rd Street fand. In einem nicht datierten Begleitbrief an Leif Belfrage schrieb er, dass es sich um »eine Art Tagebuch« handle, das ohne den Gedanken daran, dass es jemand je zu sehen bekäme, begonnen worden sei. Doch nachdem er UN-Generalsekretär geworden sei, habe er mit einer Veröffentlichung gerechnet, und »diese Notizen geben das einzige richtige ›Profil‹, das gezeichnet werden kann«. Er überlasse es Belfrage, zu entscheiden, ob sie wert seien, gedruckt zu werden. – Belfrage fand, sie seien es wert. Die Texte erschienen 1963 unter dem schwedischen Titel *Vägmärken* und wurden rasch ins Englische übersetzt. Für Hammarskjölds Kritiker, vor allem seine Widersacher aus dem Kommunistenblock, doch auch für eine Reihe schwedischer Linksintellektueller, wurden sie zu einem Beweis dafür, dass er von einer religiösen Opfermystik getrieben gewesen sei. Doch im größeren Teil der Welt wurde das Buch mit Bewunderung und Interesse gelesen. Nicht zuletzt Theologen und religiös inspirierte Schriftsteller haben den inneren Dialog des UN-Chefs mit Gott interpretiert.

Doch im September 1961 waren es weder die Unklarheiten über den Flugzeugabsturz noch das Verhältnis des Generalsekretärs zu Gott, die im

Zentrum standen, sondern die Trauer um diesen seltsamen, etwas schwer zugänglichen Mann, der die Hoffnung der Menschheit auf Frieden und Vernunft verkörpert hatte.

Am 19. September verließ ein Flugzeug mit sechzehn Toten Salisbury in Rhodesien, die um die halbe Erde zu ihren Heimatländern gebracht werden sollten: einer in die Schweiz, neun nach Schweden, einer nach Irland, einer nach Kanada und vier nach New York. Über den Särgen in der ansonsten leeren Kabine lagen Flaggen: die blau-gelbe Schwedens, das rote Ahornblatt Kanadas, das weiße Kreuz der Schweiz, das amerikanische Sternenbanner und Irlands Fahne mit hellgelben, weißen und grünen Feldern. Unter den wenigen Passagieren waren Sture Linnér und Dags Neffe Knut Hammarskjöld. Als sich das Flugzeug Stockholm näherte, stiegen zu jeder Seite drei schwedische Jagdmaschinen auf und bildeten den Ehrenkonvoi. Auf dem Flughafen Bromma dann wurde Dags Sarg von den Brüdern Sten und Bo entgegengenommen.

Ein Bauer in Uppland zeigt seine Ehrerbietung der Autokolonne, die Dag Hammarskjölds Sarg von Stockholm zum Begräbnis nach Uppsala bringt.

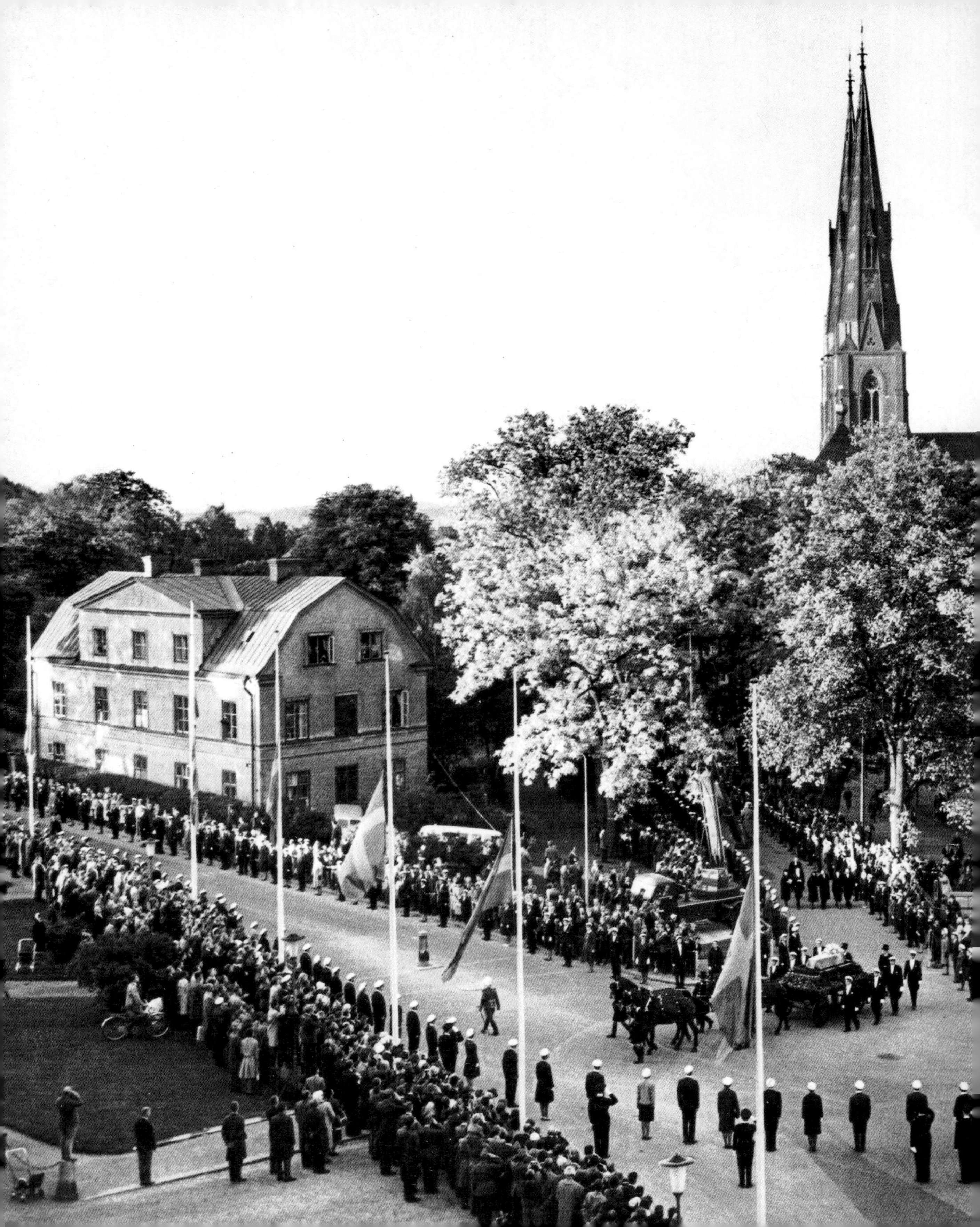

Dag Hammarskjöld wurde am 29. September 1961 in Uppsala begraben. Die vierhundert Gäste kamen aus allen Ecken der Welt und die Einwohner von Uppsala säumten in großer Zahl den Weg des Leichenwagens mit Ehrenwachen aus Studenten und UNO-Soldaten. Aus Respekt vor Hammarskjölds Abneigung gegen Sentimentalität wurden nur wenig Reden gehalten, doch die Emotionen waren stark, und sogar die Pressefotografen weinten.

Am Abend des 28. September versammelten sich ungefähr einhunderttausend Menschen auf dem Feld Gärdet in Stockholm, um Dag Hammarskjölds zu gedenken. Am folgenden Tag fand mit vierhundert Gästen aus aller Welt die Trauerfeier in der Domkirche von Uppsala statt. Der Sarg war in eine schwedische Flagge gehüllt und von UNO-Soldaten und Studenten der Universität Uppsala umringt. Es wurde hauptsächlich Bach gespielt, und mit Rücksicht auf Hammarskjölds Aversion gegen Sentimentalitäten wurden nur wenig Reden gehalten. Dennoch waren die Gefühle enorm stark, sogar die Pressefotografen weinten. Die Journalistin Barbro Alving beschreibt die Szene:

Man sah Halbstarke Haltung annehmen. Man sah schwedische Mädchen in langen Hosen im Jahr 1961 den Kopf neigen. Man sah Frauen mit plumpen Handtaschen eine kleine Blume unter die pompösen Kränze von König Fredrik und dem König von Laos schmuggeln.

Dann wurde der Sarg zum Friedhof von Uppsala gebracht, wo Dag neben seinen Eltern unter einem großen Grabstein mit der Aufschrift »Familiengrab Hjalmar Hammarskjöld« beigesetzt wurde. Vielleicht war es passend, dass Hammarskjöld in das Uppsala seiner Kindheit und Jugend zurückgebracht und neben Hjalmar, Agnes und Åke begraben wurde.

Doch es ist auch bezeichnend, dass Dag Hammarskjöld im Tod im Schatten seines Vaters liegen sollte, wo doch seine Taten so viel größer waren. In einem kritischen Artikel im Zusammenhang mit der Gedenkrede von Dag über Hjalmar in der Schwedischen Akademie 1954 hatte Herbert Tingsten behauptet, Vater wie Sohn würden die Leidenschaft und das Gefühl vermissen lassen, das erforderlich sei, um mehr als ein gehorsamer Beamter zu werden. Er berief sich hierbei auf den britischen Schriftsteller Joyce Cary, der die Welt in *men of order* und *men of grace* eingeteilt hatte. Erstere waren taugliche Administratoren, die Ideen und Visionen anderer erfüllen konnten. Letztere besaßen Phantasie, Zukunftsglauben und das Streben, die Welt zu einem besseren Ort zu machen und andere dazu zu inspirieren, das auch zu tun. »Diese Perspektive [...] fehlt bei den beiden Hammarskjölds vollkommen«, meinte der Chefredakteur von *Dagens Nyheter*.

Er hatte ohne Frage recht damit, dass Dag Hammarskjöld *a man of order* war. Genau wie für den Vater waren Gesetz und Pflicht für ihn zentral. Doch denkt Tingsten nicht weit genug. Das Bemerkenswerte an Dag Hammarskjöld war, dass er ebenfalls *a man of grace* war, und zwar in der ganzen Bedeutung des Begriffes: Das Pflichtgefühl war mit der starken Überzeugung vereint, dass die Welt besser und schöner werden könne.

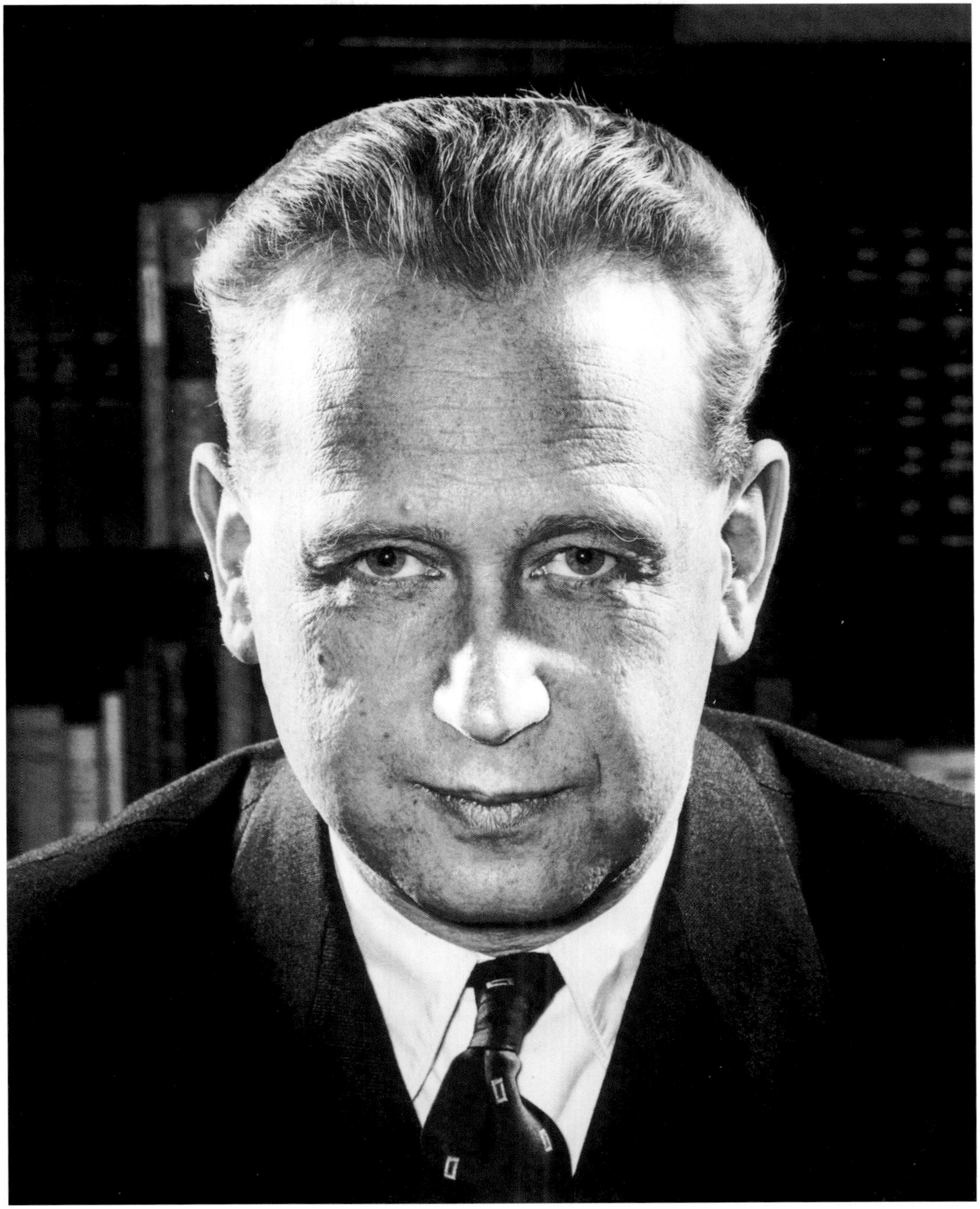

NACHWORT

Der gewaltsame Tod von Dag Hammarskjöld im September 1961 war für Millionen von Menschen auf der ganzen Welt ein schmerzhafter Schock. So auch für mich, der die Nachricht während einer Militärübung mit der Flotte in der nördlichen Ostsee im Radio hörte. Es war zufällig der Tag nach meinem 21. Geburtstag, was dem Tag meines Eintritts in die Mündigkeit eine besondere Bedeutung verlieh. Seither ist Dag Hammarskjöld für mich, ebenso wie für viele andere schwedische Diplomaten, eine stete Quelle der Inspiration gewesen.

Die Erinnerung an Dag Hammarskjöld ist bis heute in höchstem Maße lebendig. Und es gibt viele Gründe dafür: seine Integrität, sein Mut und seine Unparteilichkeit, sein diplomatisches Geschick und der hingebungsvolle Glaube an die UN-Deklaration, sein Einsatz für die Rechte kleiner und schwacher Nationen. Ihm ist es gelungen, eine diplomatische und moralische Plattform sowohl für sich selbst als auch für die UN als Organisation zu schaffen. Diese war auf seine reiche, vielseitige und auch komplexe Persönlichkeit gegründet, die in vielerlei Hinsicht sein Berufsleben entscheidend formte.

Hammarskjöld war sehr bewusst, wie eng die Fragen um Frieden, Sicherheit und Menschenrechte miteinander verknüpft waren. Heute ist noch klarer, dass echte politische Lösungen gleichzeitig den Einsatz für Frieden, Fortschritt und Menschenrechte erfordern. Es gibt keinen Frieden ohne Entwicklung, es gibt keine Entwicklung ohne Frieden, und es gibt keinen wahren Frieden und keine Entwicklung ohne Respekt vor den Menschenrechten.

Für viele stand Dag Hammarskjöld für die Hoffnung auf Frieden in einer bedrohten Zeit, die vom mangelnden Vertrauen zwischen den Großmächten geprägt war. Er erkannte, dass es die Aufgabe eines Generalsekretärs war, die Interessen aller Mitgliedsstaaten zu verteidigen, der großen wie der kleinen. Nie nahm er von seinen Überzeugungen und Einstellungen Abstand, die immer fest in den UN-Statuten verankert waren. Dag Hammarskjölds Leistung als Generalsekretär der Vereinten Nationen ist und bleibt ein wahres Vorbild und eine Quelle der Inspiration für die Zukunft, eine Leistung, die niemals in Vergessenheit geraten darf.

Jan Eliasson
Stellvertretender Generalsekretär der Vereinten Nationen

»Dag Hammarskjöld war von großer Bedeutung für mich, so wie sicher für alle übrigen Generalsekretäre. Durch sein Leben und seinen Tod, seine Worte und seine Taten hat er mehr für die Formung der allgemeinen Erwartungen an das Amt und für die gesamte Organisation getan als irgendein Mann oder irgendeine Frau in der Geschichte der UNO.

Hammarskjölds zentrale Ideen sind immer noch höchst relevant in dieser neuen internationalen Umgebung, und die Herausforderung für uns besteht darin, sie auf sinnvolle Weise anzuwenden. Es kann keine bessere Art geben, die Erinnerung an ihn zu pflegen, als die Ideale, die er so hoch hielt, zu verteidigen und für sie zu arbeiten.«

Der ehemalige Generalsekretär der UNO Kofi Annan in seiner Rede zum Thema »Dag Hammarskjöld und das 21. Jahrhundert«.

Dag-Hammarskjöld-Vorlesung des Jahres 2001, gehalten am 6. September 2001

»In der ganzen Welt werden wir vor die alten Herausforderungen gestellt, die Hammarskjöld alle wiedererkennen würde – und vor neue Herausforderungen, in denen sein Beispiel uns als Leitstern dienen kann.

Ich fühlte mich ebenso privilegiert wie demütig, in einer Position Dienst tun zu dürfen, die Dag Hammarskjöld einst so meisterhaft ausfüllte, und er ist immer eine starke Quelle der Inspiration für mich geblieben, sowohl persönlich wie auch in meinen Verpflichtungen als Generalsekretär. Seine Fähigkeit, die Statuten der Vereinten Nationen aufrechtzuerhalten und anzuwenden ist heute ebenso wichtig wie damals.«

Der Generalsekretär der UNO Ban Ki-moon in seiner Rede zum Thema
»Neue Bedrohungen, zeitlose Werte: die UNO in einer veränderlichen globalen Landschaft.«

Dag-Hammarskjöld-Vorlesung des Jahres 2016, gehalten am 30. März 2016

Die Dag-Hammarskjöld-Vorlesungen werden zum Gedenken an Dag Hammarskjöld gehalten, um die Werte sichtbar zu machen, die ihn persönlich und als Generalsekretär inspirierten: Mitgefühl, Mitmenschlichkeit und Engagement für internationale Zusammenarbeit und globale Solidarität. Die Vorlesungen werden alljährlich von der Universität Uppsala und der Dag Hammarskjöld Stiftung veranstaltet.

DAG HAMMARSKJÖLD STIFTUNG

Die Stiftung zum Gedenken an Dag Hammarskjöld wurde 1962 von der schwedischen Regierung eingerichtet, um die Erinnerung an Dag Hammarskjöld zu pflegen. Sie ist eine unabhängige Stiftung mit internationaler Leitung und einem beratenden internationalen Ehrenkomitee aus prominenten Persönlichkeiten (The International Honorary Committee). Die Stiftung hat seit ihrer Gründung eine vielseitige Tätigkeit ausgeübt, ihr Sitz ist im Geijersgården in Uppsala, nur einen Steinwurf vom Schloss Uppsala und den Orten von Hammarskjölds Jugend entfernt.

Ziel der Stiftung war es vor allem, die soziale, politische, wirtschaftliche und kulturelle Entwicklung in Entwicklungsländern zu befördern. Sie arbeitet seither aktiv an Fragen zur globalen Entwicklung und internationalen Zusammenarbeit, oft mit direkter Verbindung zur UNO. Dabei kooperiert sie eng sowohl mit internationalen und regionalen Akteuren wie auch mit Institutionen und Organisationen aus Wissenschaft und Zivilgesellschaft. Indem sie den Dialog fördert, Zusammentreffen und Seminare arrangiert und Publikationen herausgibt, ist die Stiftung eine Plattform für die Gründung von Netzwerken und strebt danach, die Stimme der Entwicklungsländer in der globalen Debatte zu stärken.

Dag Hammarskjölds Erbe umfasst auch seine ethischen Werte, insbesondere seine Auffassung von der Integrität des internationalen Beamten. Die Stiftung setzt sich dafür ein, diesen Werten innerhalb des UN-Systems größere Bedeutung zu verschaffen.

Darüber hinaus arrangiert die Stiftung zusammen mit der Universität Uppsala jedes Jahr eine Dag-Hammarskjöld-Vorlesung. Nach ihrer Rede erhalten die Vortragenden die von der Universität Uppsala gestiftete Dag-Hammarskjöld-Medaille.

Mehr Informationen über die Stiftung und ihre Arbeit finden Sie auf www.daghammarskjold.se

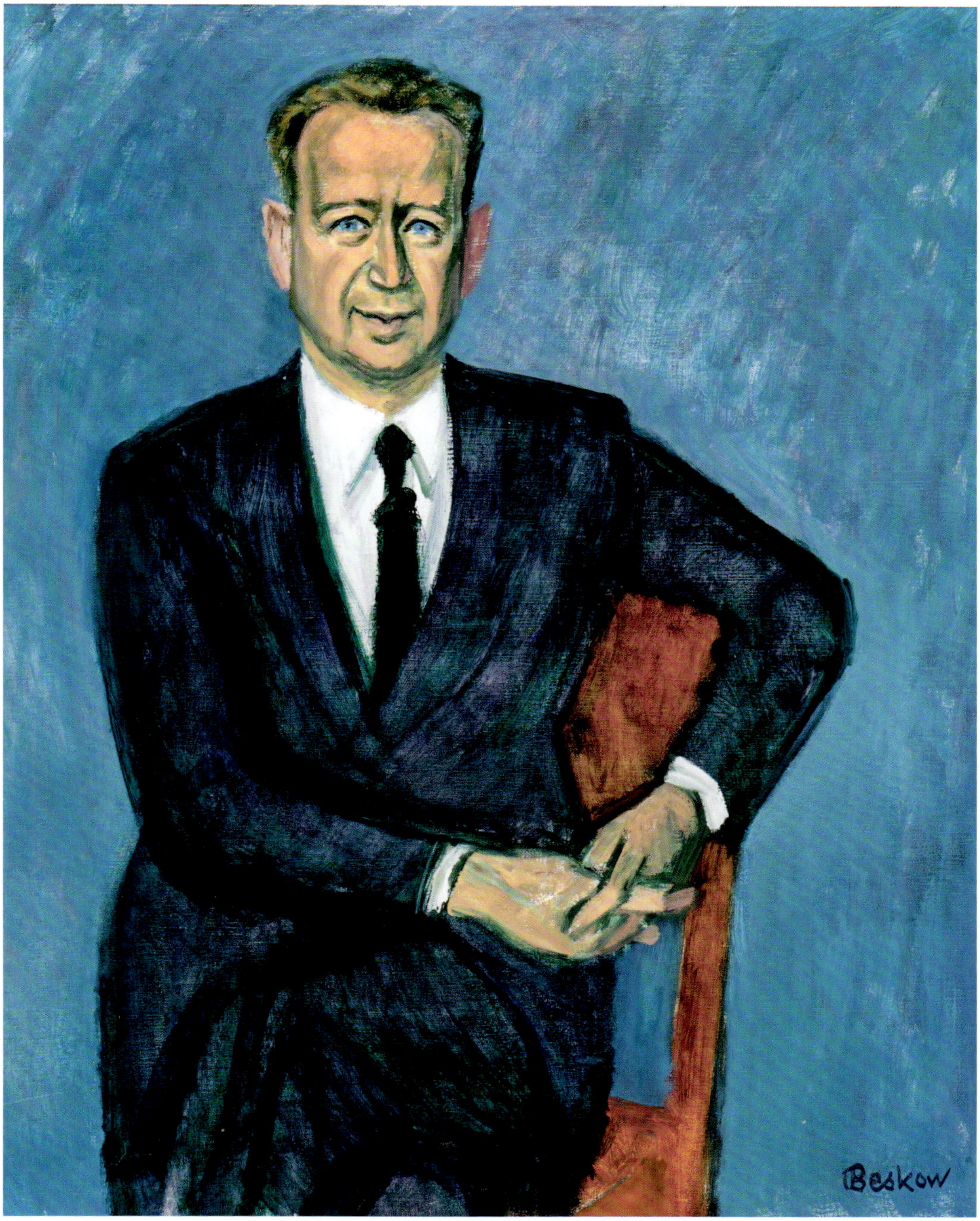
Beskow

BILDNACHWEIS

Seite	Fotograf/Quelle				
8	AP/TT	92	Times Machine,	166	Bo Beskow
11	John Lindsay/AP/TT		New York Times	168–169	Kungliga Biblioteket
12	AP/TT	94	Expressen/TT	171	Private Aufnahme
14–17	Kungliga Biblioteket	96	UN Photo	172	Bo Beskow
18	Dag Hammarskjöld	98	Sam Falk/	176	TT
19	Bonnierarkivet/TT		New York Times/TT	178	SVT Bild/TT
20–29	Kungliga Biblioteket	101	Kungliga Biblioteket	180	TT
30–31	TT	102–104	UN Photo	182–186	UN Photo
32	SVT Bild/TT	106	Kungliga Biblioteket	188	Dag Hammarskjöld
35	Private Aufnahme	108	UN Photo	190	AP/TT
36–39	TT	111	Lennart Nilsson/TT	191–193	UN Photo
40–55	Kungliga Biblioteket	113–115	Gösta Lundquist	194	AP/TT
57,1	Privat	118–119	UN Photo	195	UN Photo
57,2	Privat	121	Kungliga Biblioteket	196–197	Hammarskjöldfonden
58	Bonierarkivet/TT	123	UN Photo	199	Topfoto/TT
61–62	Kungliga Biblioteket	124	Kungliga Biblioteket	200–201	Ian Berry/
64–65	Lennart af Petersens/	126–127	Stockholms Stadsmuseum		Magnum Photos/IBL
	Stockholms Stadsmuseum	128–129	UN Photo	204	UN Photo
67	Gösta Lundqvist	130	Private Aufnahme	206	TT
71	KW Gullers/	134	Kungliga Biblioteket	208	Keystone Pictures/TT
	Nordiska Museet	136–140	UN Photo	210	SVT Bild/TT
73	Kungliga Biblioteket	141	UN Photo	212–213	UN Photo
74	Bonnierarkivet/TT	142–144	UN Photo	214–220	Kungliga Biblioteket
77	Gösta Lundqvist	146	Kungliga Biblioteket	223	TT
78	Private Aufnahme	149–154	UN Photo	224	Bo Dahlin/
79	Dag Hammarskjöld	156–157	AP/TT		Bonnierarkivet/TT
82–86	Kungliga Biblioteket	159–163	UN Photo	227	Lennart Nilsson/TT
90–91	SVT Bild/TT	164	Kungliga Biblioteket		

AUSGEWÄHLTE LITERATUR UND QUELLEN

Der größte Teil von Dag Hammarskjölds Nachlass befindet sich in der Handschriftenabteilung der Kungliga Biblioteket, Stockholm. Ich habe vor allem die Briefesammlung, Zeitungsausschnitte und Reiseberichte benutzt. Im Riksarkivet in Arninge befindet sich seine Säpo-Akte [die Akte der schwedischen Geheimpolizei, Anm. d. Ü.] und die Personalakte aus dem Außenministerium. Im UN-Archiv in New York gibt es ein paar wenige Schriften, einige Skizzen zu Reden, Transkriptionen von Pressekonferenzen usw. Außerdem hatte ich Zugang zu privatem Material von Greta Beskow (die Briefe von Bill Ranallo) und von Sten Hammarskjölds Enkelin Caroline Harmer. In der Dag Hammarskjöld Bibliotek in Uppsala gibt es einiges an Material, unter anderem ein umfangreiches Buch mit Zeitungsausschnitten zu Dag Hammarskjöld.

Die wichtigsten veröffentlichten Texte von Dag Hammarskjöld sind:

Dag Hammarskjöld: *Zeichen am Weg.* Manuel Fröhlich (Hg.), Ü.: Anton Graf Knyphausen. Verlag Urachhaus, Stuttgart 2011.
Wilder Foote (Hg.): *Servant of Peace: A Selection of the Speeches and Statements of Dag Hammarskjöld, Secretary-General of the United Nations 1953–1961.* Harper & Row, New York 1962.
Kaj Falkman (Hg.): *Att föra världens talan: tal och uttalanden.* (»Die Rede der Welt führen: Reden und Aussprüche«). Atlantis, Stockholm 2005.

Birnbaum, Karl (Hg.): *Ungdomsårens vittnesbörd: brev och uppteckningar 1925–1931.* (»Die Zeugenaussagen der Jugend: Briefe und Aufzeichnungen«). Kungl. Samf. för utgivande av handskrifter rörande Skandinaviens historia, Stockholm 2001.

Die Sekundärliteratur ist umfangreich, dabei dürfen zwei Werke nicht fehlen:

Roger Lipsey: *Hammarskjöld. A Life.* University of Michigan Press 2013.
Brian Urquhart: *Hammarskjöld.* W.W. Norton & Company, London 1994.
Diese beiden Werke ergänzen einander: Urquhart schildert Hammarskjölds politische Leistung als Generalsekretär, während Lipsey diese intellektuell und existenziell interpretiert.

Neben diesen beiden großen Biografien gibt es eine Reihe weniger ehrgeiziger, aber dennoch lesenswerter Studien:

Emery Kelen: *Hammarskjöld.* University of California 1966.
Joseph P. Lash: *Dag Hammarskjöld: Custodian of the Brushfire Peace.* Doubleday, New York 1961.
Richard I. Miller: *Dag Hammarskjold and Crisis Diplomacy.* Oceana Publications 1961.

Was Hammarskjölds Zeit in Schweden betrifft, habe ich mich vor allem auf drei Bücher gestützt:

Bengt Thelin: *Dag Hammarskjöld: barnet, skolpojken, studenten* (»Dag Hammarskjöld: Kind, Schüler, Student«). Carlsson, Stockholm 2001.
Karl Birnbaum: *Den unge Dag Hammarskjölds inre värld: inblickar i en människas tillbivelse* (»Die innere Welt des jungen Dag Hammarskjöld: Einblicke in das Werden eines Menschen«). Dualis, Ludvika 1998.

Und nicht zuletzt:

Hans Landberg: *På väg: Dag Hammarskjöld som svensk ämbetsman* (»Auf dem Weg: Dag Hammarskjöld als schwedischer Beamter«). Atlantis, Stockholm 2012.

Es gibt darüber hinaus eine Reihe persönlicher Erinnerungsbücher unterschiedlicher Bedeutung. Die besten sind:

Bo Beskow: *Dag Hammarskjöld: ett porträtt* (»Dag Hammarskjöld: ein Porträt«). Bonniers, Stockholm 1968.
Ders.: *Dag Hammarskjöld: en minnesbok* (»Dag Hammarskjöld: ein Gedenkbuch«). Bonniers 1961.
Sven Stolpe: *Dag Hammarskjölds andliga väg* (»Dag Hammarskjölds geistiger Weg«). Tiden, Stockholm 1964.

Letzteres enthält eine Reihe interessanter Informationen über die Jugendjahre Hammarskjölds.

Die besonderen Interessen Hammarskjölds werden unter anderem behandelt in:

Nr. 1, 2005 von »*Fjället*«, *Svenska fjällklubbens tidskrift,* tema: Dag Hammarskjöld.
Marie-Noëlle Little: *The Knight and the Troubadour: Dag Hammarskjöld and Ezra Pound.* Dag Hammarskjöld Foundation 2010.
Lars Lambert (Hg.): *Dag Hammarskjölds Uppsala: med Slottsbacken.* Kornhuset, Uppsala 2005.

Unter den mehr interpretierenden Titeln hatte ich großen Nutzen von:

Kaj Falkman: *En orörd sträng: Dag Hammarskjölds liv i haiku och fotografier* (»Eine unberührte Saite: Dag Hammarskjölds Leben in Haikus und Fotografien«). Ordfront, Stockholm 2005.
Kaj Falkman (Hg.): *Femton röster kring Dag Hammarskjölds Vägmärken.* (»Fünfzehn Stimmen zu Dag Hammarskjölds Zeichen am Weg«). Ellerströms, Lund 2005.

Vergleichbare Bücher sind:

Paul R. Nelson: *Courage of Faith, Dag Hammarskjölds Way in Quest of Negotiated Peace, Reconciliation and Meaning.* Peter Lang 2007.

Mats Svegförs: *Dag Hammarskjöld: den förste moderne svensken* (»Dag Hammarskjöld: der erste moderne Schwede«). Norstedts, Stockholm 2005.

Henry P. Van Dusen: *Dag Hammarskjöld: statsmannen och hans tro* (»Dag Hammarskjöld: der Staatsmann und sein Glaube«). Gummessons, Stockholm 1967.

Manuel Fröhlich: *Dag Hammarskjöld und die Vereinten Nationen: die politische Ethik des Generalsekretärs*. Schöningh, Paderborn 2002.

Es ist viel über Dag Hammarskjölds Tod geschrieben worden. Am überzeugendsten ist:

Susan Williams: *Who killed Hammarskjöld? The UN, the Cold War and White Supremacy in Afrika*. Hurst & Company 2011.

Auf Schwedisch gibt es:

Rolf Rembe / Anders Hellberg: *Midnatt i Kongo: Dag Hammarskjölds förlorade seger* (»Mitternacht im Kongo: der verlorene Sieg von Dag Hammarskjöld«). Atlantis, Stockholm 2011.

Eine gute Übersicht bietet:

Ingrid Carlberg: *Hammarskjölds död* (»Hammarskjölds Tod«). in: *Dagens Nyheter* 11.5.2014.

Der Abschnitt meines Buches über die Geschichte der UNO gründet sich u.a. auf:

Stephen Schlesinger: *Act of Creation: the Founding of the United Nations. A Story of Superpowers, Secret Agents, Wartime Allies and Enemies and The Quest for a Peaceful World.* Westview 2003.

Außerdem auf Memoiren und Biografien, wie z.B.:

Conor Cruise O'Brien: *Memoir: My Life and Themes.* Profile 1998.

Brian Urquhart: *Ralph Bunche: an American Life.* Norton 1993.

Zum Kongo:

Adam Hochschild: *Schatten über dem Kongo: die Geschichte eines der großen, fast vergessenen Menschheitsverbrechen*. Ü.: Ulrich Enderwitz, Monika Noll, Rolf Schubert. Verlag Klett-Cotta, Stuttgart 2012.

Robin McKown: *Lumumba: A Biography.* Doubleday 1969.

Henrik Berggren

REGISTER

Kursive Ziffern verweisen auf Bildunterschriften

Adenauer, Konrad 207
Adoula, Cyrille 211, *213*
Alm, Aase 120
Almqvist, Carl Jonas Love 21, *21*, 34
Alving, Barbro 226
Anderson, Marian *112*
Annan, Kofi 221, 230
Anrick, Carl-Julius 80
Armfelt, Gustaf Mauritz 129
Auden, W. H. *148*, 160
Åström, Sverker 69, 80

Bagge, Gösta 63
Ban Ki-moon 231
Bang-Jensen, Povl 184
Barnes, Djuna 161, 165
Beck-Friis, Johan 181
Belfrage, Greta 70, 171
Belfrage, Leif 70, 148, 171, *175*, *221*, 222
Bellman, Carl Michael 34
Ben-Gurion, David 141, *141*, 144, 155, 170
Ben-Gurion, Paula 141, *141*
Bernadotte, Folke 141
Beskow, Bo 81, 92, 120, *131*, 132, 134f., *147*f., 158, *159*, 160, *164*, *166*, *167*, 171, *177*, 179, 184, 198, 203f.
Beskow, Greta 81, *131*, *147*, 148, *164*, *166*, *167*, 171, 203f., 235
Beskow, Maria *166*
Boheman, Erik 95
Boland, Frederick 11, 221
Boström, C. J. 43

Bourguiba, Hab b 190
Branting, Hjalmar 18
Braque, Georges 120
Brock, Fritz 54, 56
Browne, Dick 217
Bryan-Brown, A. N. *209*
Buber, Martin 184, *185*, 203, 207, 209, *215*
Bunche, Ralph 152, 155, 191f., 198, 216, 219
Burns, Tommy *144*, 145

Camus, Albert 174
Cary, Joyce 226
Castro, Fidel 9, *11*, 187
Chiang Kai-shek 129
Chruschtschow, Nikita 9–11, *12*, 13, *141*, 187, 195, 209, *209*, 221
Conrad, Joseph 39, 51–53, 80, 93, 204, 207
Cooke, Alistair 145
Cordier, Andrew »Andy« 120, 152, 155, 191, 198, 203, 205

Dayan, Moshe 158
Dulles, John Foster 105, 112, *129*
Dumas, Alexandre 158

Eden, Anthony 133
Eisenhower, Dwight D. 9, 110, 128, *129*, 137, 181
Eliot, T. S. 72, 107

Engen, Hans 152, 155
Erik XIV. 22
Erlander, Tage 85, 88f., 92f.

Fawzi, Mahmoud 144
Faisal II. 110
Freud, Sigmund 41

Gaitskell, Hugh 166
Galsworthy, John 45
Garbo, Greta 160
de Gaulle, Charles 190f., *191*
de Geer, Louis 129
Getz, Stan 122
Gierow, Karl Ragnar 160, 171
Giono, Jean 207
Gromyko, Andrej 124, 199
Gustaf V. 25
Gustaf Adolf, Erbprinz siehe Gustaf VI. Adolf
Gustaf VI. Adolf 57, 95, *125*
Gustav II. Adolf 22
Gustav III. 84
Gustav Vasa 22
Guzmán, Jacobo Árbenz 125

Hagström, Marlene (geb. Hammarskjöld) 171, 174
Hägerström, Axel 42f., 52, 54
Hallonquist, Per-Erik 217f.
Hammarskjöld, Agnes (geb. Almqvist) 15, *16*, 17, *18*, 21, *21*, 22, 25, 27f., 39, *40*, 42, *45*, 70, 124, 226

Hammarskjöld, Åke *15*, 25, 27f., *36*, *39*, 41f., 66, 70, 226
Hammarskjöld, Bo *15*, 25, 27f., *36*, 41, *54*, 66, 70, 93, 125, 129, 223
Hammarskjöld, Hjalmar 15–34, *16*, *18*, *32*, 36, 39, 42f., 57, 60, 70, 75, 85, 93, 129, 132, 138, 226
Hammarskjöld, Knut 171, 223
Hammarskjöld, Marlene siehe Hagström, Marlene
Hammarskjöld, Peder 133, 171
Hammarskjöld, Sten *21*, *25*, 28, *34*, *36*, 37, 41, *45*, 57, 129, *171*, 223
Hansson, Per Albin 72
Harmer, Caroline 235
Harnack, Adolf von 45
Hedberg, Olle *125*
Hedin, Sven 57
Heidenstam, Verner von 34
Hemingway, Ernest 53
Hepworth, Barbara 185, *187*
Hillary, Edmund 124, *124*
Hindhede, Mikkel 45
Hjalmarson, Jarl 28
Hoover, J. Edgar 112
Hussein (König) 9

Johnson, Eyvind *125*, 174

Karleby, Nils 43
Karlfeldt, Erik-Axel *101*, 170

Karl IX. 18
Kasavubu, Joseph 180f., 195
Kaye, Danny *112*
Kelen, Emery 184
Kennan, George 161
Kennedy, John F. 187, *190*
Kerouac, Jack 122
Keynes, John Maynard 56
Khiari, Mahmoud 202f.
Kissinger, Henry 133
Klackenberg, Henrik 60, 68, 72, 75f., 80f.
Kristina (Königin) 22

Lagercrantz, Olof 175
Lagerkvist, Pär 137, 174
Landberg, Hans 59
Laxness, Halldór 174
Leopold II. 179f.
Lidner, Bengt 34
Lie, Trygve 6, 13, 100f., *101*, 104, *104*, 112, 116, 120, 122, 148
Lindegren, Erik 164f., 209
Lind, Per 117, 120, 171, 184
Linnér, Sture 191, 202f., 211, *213*, 217, 223
Lodge, Henry Cabot 105, *129*, 140
Lord Alport 217, 222
Lord Lansdowne 215, 217f.
Lumumba, Patrice 180f., 191f., *194f.*, 198, *199*, 211
Lundberg, Arne S. *87*
Lundeberg, Christian 17
Lundqvist, Gösta *79*

Macmillan, Harold 9
Malcolm X *11*
Malmberg, Bertil 165
Marx, Karl 54
Mazibisa, Fairie 218

McCarthy, Joseph 112
Meir, Golda 185
Mendès France, Pierre 133
Menon, Krishna 221
Mikaelsson, Peder 18
Milton, John 51
Mistral, Gabriela 161
Mobutu, Joseph 195, 211, *213*
Moissi, Alexander 45
Moll, Rutger 45f., 48–51, 53, 57, 70, 89, 184
de Montaigne, Michel 51
Mussolini, Benito 161
Myrdal, Gunnar 54, 56, 66, 81, 161

Nahrain, Shee *161*
Nasser, Gamal Abdel 9, 140, *140*, 144, 155, 170, 181
Nehru, Jawaharlal 9, 133
Nilsson, Nils 76
Nkrumah, Kwame 9
Noble, Victor 205
Nordenfalk, Carl 205
Nordensson, Harald 81
Nyström, Gustav 133

O'Brien, Conor Cruise 154, 195, 202, 210f., 215f.
Ohlin, Bertil 72
Olsson, Jan Olof 95
O'Neill, Eugene 160
Österling, Anders 174
Oxenstierna, Axel 18

Pasternak, Boris 174
Pearson, Lester »Mike« 105, 107, 152, 155, 167
Perse, Saint-John 164f., 174
Petrén, Sture 171

Picasso, Pablo 120
Pinza, Enzio *112*
Pius XII. *148*
Platz, Hanna 120
Pollock, Jackson 122
Pound, Ezra 161

Ram, Khali *161*
Ranallo, Bill 120, *131*, 148, 152, *164*, 166, 171, *173*, 179, 198, 203–205, 211, 216f.
Ranallo, Toddy *173*, 204
Ricardo, David 54
Rilke, Rainer Maria 207
Rockefeller, John D. 117
Roosevelt, Franklin D. 100, 148
Rooth, Ivar 59
Rössel, Agda *180*
Rothko, Mark 122

Sandburg, Carl 161
Saud (König) 124
Schnitzler, Arthur 45
Schweitzer, Albert 88
Selander, Sten 80, 174
Selassie, Haile *161*
Shakespeare, William 51
Smith, Adam 54
Smith, George Ivan 145
Söderblom, Åke 81
Söderblom, Nathan 41, 45
Spengler, Oswald 45
Staaff, Karl 17f., 25
Stalin, Josef 158
Stanley, Henry 179
Steinbeck, John 161, 221
Stevenson, Adlain 221
Stierhielm, Georg 34
Stolpe, Sven 21, 56, 69, 184
Sukarno 9
Svante Sture 22

Tagore, Rabindranath 45
Tenzing, Norgay 124, *124*
Thomas von Kempen 51, 207
Tingsten, Herbert 68f., 174f., 226
Tito, Josip Broz 9
Tolstoi, Leo 51
Touré, Sékou 190, 199
Truman, Harry S. 112, 222
Tschernyschew, Ilya *141*
Tschombé, Moïse 138, 180f., 192, *194*, 198, 202, 210f., 215–217, 222

Undén, Östen 84f., *87*, 88, 93, 95, 105
Urquhart, Brian 121f., 152, 155, 185, *195*, 203, 221

Vincent, Gene 210

Wachtmeister, Fredrik 17
Wachtmeister, Wilhelm 191
Waldenström, Jan 45f., 48–51, 54, 63, 89, 184
Wallenberg, Marcus 95
Wallensteen, Peter 181
Wassermann, Jakob 45
Wieschhoff, Heinz 191, 198, 205
Wigforss, Ernst 59, *59*, 63, 66f., 75f., 81, 84, 148
Willers, Uno 133, 171
Wilson, Andrew 217
Wilson, Woodrow 99

Zhou Enlai *128*, 129, 132–135, 138, 140

DANKSAGUNG

Die Redaktion möchte allen herzlich danken, die mit ihrer Arbeit zu diesem Buch beigetragen haben. Vor allem geht der Dank an die Familie von Dag Hammarskjöld, die großzügig und mit großem Engagement das Entstehen dieses Buches unterstützt hat; Caroline Harmer hat zusammen mit ihren Eltern Marlene und Gunnar Hagström sowohl Bilder wie auch Briefe beigesteuert.

Viele haben uns mit scharfem Blick und klugen Hinweisen geholfen: Ove Bring, Ingrid Carlberg, Kaj Falkman, Jesper Högström, Hans Landberg, Paul R. Nelson, Gunilla Pettersson-Berggren und Peter Wallensteen.

Mehrere verschiedene Quellen haben den Grund zu diesem Buch gelegt, und besonders wichtig ist das eigene Hammarskjöld-Archiv, das von der Kungliga Biblioteket verwaltet wird; dort haben uns Karin Sterky und die Reichs-Bibliotekarin Gunilla Herdenberg auf phantastische Weise unterstützt. Des Weiteren war Katarina Hjortsäter von der Dag Hammarskjöld Biblioteket in Uppsala eine große Hilfe. Greta Beskow, die mit Dag Hammarskjöld befreundet war, hat Bilder, Briefe und Erzählungen beigetragen. Die Recherche bei der UNO in New York ist mit Hilfe von Brenda Fong, Renata Morteo und Kumiko Sugiyama unter der Leitung von Maher Nasser betrieben worden. Dort gibt es auch die Dag Hammarskjöld Library, in der Mereani Vakasisikakala und Ariel Leibowitz und ihr Team wertvolle Beiträge leisteten.

Die wichtigste Bildquelle ist das Dag Hammarskjöld Archiv, doch viele Bilder stammen auch aus dem großen Bildarchiv der schwedischen Presseagentur TT, wo Stephan Bergman, Michael Persson und Torsten Nyström wegweisend waren. Dank an Fernando Ferre, Dawn Cohen und Greg Payan bei Associated Press, wie auch an die Fotografen Jacob Forsell und Jaak Kruusmägi bei IBL. Eva Selin, Vorsitzende des Svenska Fjällklubben hat mit Bildern und Wissen beigetragen. Johan Erséus hat Fakten überprüft, und der fertige Text schließlich ist von Henning Melber und Roger Lipsey durchgesehen worden, die mit ihrem langwährenden Engagement in Sachen Dag Hammarskjöld das größte Sachwissen besitzen.